（撮影：濱谷浩）

柳田國男（昭和26年春）

柳田國男

●人と思想

菅野　覚明　著

199

CenturyBooks　清水書院

凡例

一、柳田の著作からの引用は、主に『定本柳田國男集』によっているが、定本未収録のものについては、適宜他のテクストに依拠している。

一、定本はじめ旧字・旧かなのテクストからの引用は、原則として新字・新かなに改めたほか、適宜ふりがな・句読点を補った。ただし、旧カナのテクストからは、そのまま引用している。

一、定本、新版全集、文庫版全集からの引用文には、巻数とページ数を付記した。たとえば（11－二〇）（別1－三〇）（新31－一〇）（文32－八〇）は、それぞれ定本十一巻二〇頁、定本別巻一・三〇頁、新版全集三十一巻一〇頁、文庫版全集三十二巻八〇頁を表している。

一、引用文中の〔　〕の部分は、引用者が補った語・章句である。（……）は原文のママ、〔中略〕は引用者による。

一、著作（単行本）、雑誌名には『　』を、論文、講演、短編随想、談話筆記などのタイトルには「　」を付した。

一、本文中の人物の年齢は、生まれた年を一歳とし、以後正月ごとに一歳を加算する「数え年」で表している。

一、引用文中には、今日の人権意識に照らして不適切と思われる表現も見受けられるが、作品・論説の歴史的な価値に鑑みて、変更を加えていない。

はじめに――「柳田山」の道標

昭和二（一九二七）年の夏、柳田國男《やなぎたくにお》は、府下砧村《きぬた》（現東京都世田谷区成城）に新築した書斎兼別宅に移り、兼ねてよりの念願であった研究に専念する生活に入る。その当時、書生として柳田と起居を共にした野沢虎雄は、後年のインタビューの中でこんな感懐を洩らしている。

しかし、山とすれば柳田山というのは実に広大でね、入ってみて、どっちへいっても底のわからない深い山で、たいへんな世界ですね。一朝一夕には、とてもとてもという気がいたします。（「柳田国男との出会い」）

野沢の言う通り、柳田が生涯に築き上げた世界は、ひとたび足を踏み入れれば、たちまち出口も方角も見失われてしまうような奥深い山に似ている。多くの峰や谷が複雑に入り組み、あるかなきかの道が迷路のように走る、広大で底知れない山である。

柳田には、単行本だけでも八十点以上に及ぶ著作があり、それぞれが膨大な資料の蓄積の上に成り立っている。しかも扱われている主題は、人文学、社会科学のさまざまな領域にわたっており、それぞれの著作は研究領域ごとに異なるいくつかの群を形づくっている。彼の著作の全体を広大な山塊にたとえるなら、研究領域ごとの著作群は、山塊を構成する多数の峰に相当するといえるだろう。そういう「柳田山」の姿をイメージする手がかりとして、よく知られた単行本著書の大まかな分類を示しておこう。

一、柳田が大学で専攻した農政学・農業経済学に関するもの…『最新産業組合通解』(柳田の最初の著書)、『時代ト農政』、『都市と農村』、『日本農民史』など。

二、民俗学の基礎となる民間伝承の記述…『後狩詞記《のちのかりのことばのき》』(民俗に関する最初の著書)、『遠野物語』、『妖怪談義』、『山の人生』、『日本の昔話』、『地名の研究』など。

三、民俗学の原理論・方法論に関するもの…『青年と学問』、『民間伝承論』、『郷土生活の研究法』など。

四、民俗の観点から新しい史学の領域・方法を提示した著作…『国史と民俗学』、『明治大正史・世相篇』など。

五、霊魂観や祭祀など、日本の信仰史に関する研究…『日本の祭』、『先祖の話』、『神道と民俗学』、『氏神と氏子』、『祭日考』など。

六、女性と信仰に関する研究…『妹の力』、『女性と民間伝承』。

七、家制度の歴史に関する研究…『婚姻の話』、『家閑談《いえかんだん》』。

八、常民の生活史、風俗史に関する研究…『木綿以前の事』、『食物と心臓』、『火の昔』など。

九、文学史、芸能史に関する研究…『口承文芸史考』、『昔話と文学』、『桃太郎の誕生』、『民謡覚書』、『物語と語り物』、『笑の本願』、『不幸なる芸術』など。

十、動物・植物の民俗誌…『野草雑記』、『野鳥雑記』、『孤猿《こえん》随筆』。

十一、独特の風景論・地理論を展開した自然哲学的な紀行文集…『雪国の春』、『秋風帖《しゅうふうちょう》』、『豆の葉と太陽』など。

十二、国語史や方言に関する研究…『国語の将来』、『毎日の言葉』、『方言覚書』、『西は何方《どっち》』、『蝸《か》牛《ぎゅう》考』など。

十三、日本民族の起源、海と日本人のかかわりに関する研究…『海南小記』、『島の人生』、『海上の道』（生前最後の単行本著作）。

もちろん、ここに挙げた以外にも重要な著作はいくつもあるし、示した分類も体系的整理とは程遠いラフなものである。しかし、柳田の世界が、一見しただけでは中心点や相互の脈絡のつかみがたい複雑な姿をしていることは、ここからでも十分うかがい知ることができると思う。柳田の著作にある程度通じている人でも、改めてこれらの中から彼の主著を選べと言われたら、おそらく一瞬考え込んでしまうのではないだろうか。

柳田の世界が入り組んだ迷路のような印象を与えるのは、彼の文章の独特のわかりにくさによる部分も大きい。そのことは柳田本人も認めていて、相手によくわかるように話すべしと主張する文章の中で次のように述べている。

そういう私などが、殊に文章が拙劣で言うことが七面倒で、その癖何を言ってるのか屡々《しばしば》判らぬようになるという非難のあることは、自分でもよく認めて居る。

（『国語の将来』19－二〇一）

しかし、この弁明自体も曲者なのである。柳田の文体の特徴とされる持って回ったような表現や、肝心の部分の説明が省かれた言い方（レティサンス・黙説法）は、実はかなり意図的に選ばれているのである。柳田の論考の多くは、特定の「仮想敵国」（池上隆祐《たかすけ》「柳田国男との出会い」）を相手にしており、想定された批判相手がわからないと意味がよく取れないようになっている。さらに、膨大な背景知識を、説明抜きで本文に繰り込んでくるから、知識を共有しない読者はしばしば意味不明な文章に出会うことになる。

たとえば、人が働きながら何となく口ずさむ「鼻唄」の起源を論じた「鼻唄考」という文章がある。かつての常民生活においては、勤労も遊びも恋も、生の営みはすべて等しく「仕事」であった。「恋をする者は同時に働く者」（17－四四）であって、田植えに見られるように、恋歌を歌うことと仕事をすることとの間には何の区別もなかったのである。しかし、社会の変化とともに、歌は次第に仕事から切り離されてきた。鼻唄は、歌が仕事から分離してできた新たな音曲の形態であり、近代における生の全体性の解体を象徴する芸術である。ほぼそういう論なのだが、実はこれは単なる芸術論ではない。この論には、田植え歌を無用な遊びとしか見ないような当時の農政当局者たちに対する批判が込められている。柳田が念頭に置いているのは、たとえば次のような発言である。

歌を唄ってやる仕事は疎かになる。一生懸命真面目である時は歌の唄いようがない。〔中略〕歌を唄いながら田植を宜い加減にやって居る、真面目にやって御覧なさい、器械を用いないでもモッと立派に植えられます。

（横井時敬《ときよし》「農業の根本的改良」『農村行脚三十年』）

柳田の文章に多く現れるこうした「あてつけ」を、折口信夫《おりくちしのぶ》はすべて理解していたといわれる（池上前掲）。しかし、大学者の折口ならともかく、普通の読者がそこまで達するのは容易なことではない。

このように広大で奥の深い柳田の思想世界は、どのような体系性を持つのか。彼の探求を貫くライトモチーフは何か。これまで、多くの論者がこうした問いを手に、「柳田山」の踏破を試みてきた。先学が示してくれた道標によれば、柳田の世界は、二つの大きな尾根筋と、その足元に隠れた暗く深い谷からなっている。一方の尾根は、人間の有形的・物質的な生活を研究する経済学的な思考、もう一方は、無形的・内面的な生活を研究する精神史的なアプローチである。この二つへの関心の背景となっているのは、柳田が大学で専攻した経済政策の学と、青年時代に身につけた文学的な素養である。そしてこれらが交錯するところには、幽霊や妖怪の住まうほの暗い谷間の領域が潜んでいる。経済（自然）と、規範・信仰（精神）とが交錯するこの幽冥の領域への関心を支えているのが、父親や和歌の師が信奉し、柳田自身も幼少時から影響を受けていた平田派国学の思想である。

本書は、右のような大きな見取り図に従って、柳田國男の世界の全体像をとらえることをめざしている。柳田の著作については、できるだけ多くをとり上げ、時代背景や想定された論争相手についても可能な限り詳しくふれている。本書を、柳田の人と思想の全体を網羅する入門書として活用していただけることを願っている。

目次

序　章

「読書童子」國男少年

「化物絵巻」（部分。国立歴史民俗博物館蔵）　写真上は「川童」（河童）、写真下は「山童」（右）、「山彦」（左）。國男少年の父松岡操は、いつも「化物の話をしてくださると必ず後でそれを絵に描いて見せ」てくれたという（13 頁参照）。

生い立ちと家族

生地と両親

柳田國男は、明治八（一八七五）年七月三十一日、兵庫県神東郡《じんとうぐん》田原《たわら》村辻川（現神崎《かんざき》郡福崎《ふくさき》町西田原）に、松岡操《みさお》・たけ夫妻の六男として生まれた。

「松岡」から柳田姓に変わるのは、柳田直平《なおひら》・琴《きん》夫妻の養嗣子として入籍した、二十七歳のときである。なお、「柳田」は「やなぎた」と読み、「田」は濁らない。また、名は正式には「國男」と書く。戦後、活字化されたものに「国」の字がしばしば用いられたことに対して本人は特に何も言わなかったとのこと（柳田為正《ためまさ》「父を語る」）だが、以下の本文中では正式の表記を使用することにする。

柳田の生地田原村は古い歴史を有する土地で、住民の家のほとんどが「戦国終り頃からの土着」（「柳田國男自伝」23－五〇五）という、典型的な定住農民の村であった。その中にあって松岡家は、「新らしい隠居分家で、しかも早くから持地を手離し、村と農業によって結び付けられない半漂泊民」（同）であり、代々医業や漢学教授を生業としていた。

父松岡操（号は約斎、一八三二～九六）も始めは医師であったが、のちに医業に見切りをつけて、漢学の師匠などいくつかの仕事を転々とした。一時は仏教に凝って、法華経の書写などをしていたが、やがて、本居宣長・平田篤胤の国学に心を寄せるようになる。柳田が生まれた頃には、「神道に復した」と言って経典や仏具をことごとく川に流し、「そちこちの御社の神官」を務めていた（同）。操は、世事には極めて疎かったが、「篤学にして同時に子供のような心持の人」（「一目小僧」5－一一八）であったという。操が、平田派国学の幽冥思想に惹かれ、民間信仰や妖怪伝説を好んで研究したのも、「子供のような」その気質によるところが大きかったのであろう。柳田自身もまた、父操のこうした「移り気な気質」と「子供らしさの好奇心」とが、自分の中に受け継がれていることを意識していた（「柳田國男自伝」23－五〇八～九）。

橋川文三は、「柳田がこの父からうけた気質的影響はかなり大きく、とくに読書の性癖と神秘的な他界感覚の素質とは、この父の親ゆずりともいうべきものであった」（『柳田国男　その人間と思想』）と指摘している。「平田先生の古今妖魅《ようみ》考を読んだのは、まだ少年の時代のことでした」（「妖怪談義」自序4－二八七）と述べられているように、柳田はおそらく父親を介して早い時期から平田派の著作に親しんでいる。また、父操はいつも、「化物の話をしてくださると必ず後でそれを絵に描いて見せ」（「一目小僧」5－一一八）てくれたという。柳田と父操の交情は、そうした「神秘的な他界感覚」を共有する中で深められていったのであろう。柳田民俗学がやがて力説することになる、「霊は永久にこの国土のうちに留まって、そう遠方へは行ってしまわない」という「日本人の死後の観念」（『先祖の話』10－四二）は、「この国土の人の死にて、その魂《たま》の行方は、何処《いずこ》ぞと云うに、常盤《とことわ》にこの国土に居ること、古伝の趣と、今の現《うつつ》の事実《ことのあと》とを考えわたして、明らか」（『霊《たま》の真柱《みはしら》』）という、父操の信じた平田派の教説と重なるものであった。

他界観や妖怪について書かれた著作の中で、柳田は、折にふれて父親の思い出を語っている。たとえば、先祖の魂が山の峰に留まることを証拠付ける魂祭りの資料を集め、「魂になってもなお生涯の地に留まるという想像は、自分も日本人である故か、私には至極楽しく感じられる」（15－五六一）と、柳田自身の死後に対する考えが述べられた「魂の行くへ」という論考は、次のように結ばれている。

昭和二十四年の九月五日、この月曜日は、松岡約斎翁が亡くなられて、ちょうど五十三回目の忌辰である。翁は仏教は信じられなかったが、盆の魂祭は熱心に続けて居られた。（15－五六一）

「神道に復した」父操の態度を受け継ぐかのように、柳田は、仏教に対しては終生一貫して排斥的な立場を取り続ける。柳田民俗学のルーツの一つが、「敬神の念と勤王の志とが並外《は》ずれて厚かった」（『故郷七十年拾遺』別3－四九九）、この父親の存在にあったことは間違いないであろう。

母たけ（一八四〇～九六）は、田原に隣接する加西《かさい》郡北条町（現兵庫県加西市）の旧家の出である。國男少年は、小さい頃から皆にからかわれるほど母親べったりの子であったという。負けん気の強い女性で、世間知らずの夫に仕え、懸命に五人の子を育て上げた。柳田は、自分の「片意地と潔癖」（『柳田國男自伝』23－五〇九）は母親譲りのものだと述べている。とはいえ決して気難しい人間ではなく、「例えば近所の夫婦喧嘩を仲裁する特殊な才能をもっていた」。また、読み書きはできなかったが、耳で聞いたことを何でも覚えている並外れた記憶力の持ち主でもあったという（『故郷七十年』別3－一五六）。母たけのこうしたありようは、後に民俗学の中で論じられる伝承保持者としての女性像

（『女性と民間伝承』）と重なるものであった。

兄弟たち

松岡操・たけ夫妻には、男ばかり八人の子があった。このうち次男俊次は十九歳で、また四男芳江、五男友治はそれぞれ二歳、四歳で早世している。

昭和に入るまで生きた五兄弟のうち、長兄松岡鼎《かなえ》（一八六〇～一九三四）は、初め小学校の教員をしていたが、二度にわたる結婚生活の破綻を経験したのち故郷を離れ、明治二十年二月、茨城県北相馬郡布川《ふかわ》町（現利根町布川）に医院を開業する。その年、十三歳の國男少年を引き取り、翌々年には両親と二人の弟（静雄、輝夫）も鼎宅に身を寄せる。明治二十六年、千葉県南相馬郡布佐《ふさ》町（現我孫子市）に移転、郡会議員、町長、県医師会長などを勤め、昭和九年、七十五歳で没した。

次兄井上通泰《みちやす》（一八六六～一九四一）は十二歳で井上家の養子となり、はじめの名泰蔵を通泰と改めている（通泰は、早世した次男を数えれば「三兄」であるが、柳田自身は「次兄」と呼んでいる）。帝国大学医科大学卒業後、眼科医院を開業する。早くから和歌を学び、香川景樹に傾倒して『桂園叢書』を刊行している。和歌・文学を通じて、文壇・論壇・政界に幅広い交友関係を持っており、柳田も、この兄の人脈からさまざまな恩恵を受けている。御歌所寄人、宮中顧問官、貴族院議員を勤め、晩年は『万葉集』や『風土記』の研究に没頭し、昭和十六年、七十六歳で没した。

次弟の松岡静雄（一八七八～一九三六）は、明治三十（一八九七）年海軍兵学校を卒業してから、大正七（一九一八）年大佐で予備役に編入されるまで、約二十年間を帝国海軍の士官として過ごした。第一次世界大戦では、ドイツ艦隊を追ってミクロネシアに出動し、一時、ポナペ島の占領統治に当たった。海軍を退いた後は、南洋諸島の言語や生活文化の研究に没頭し、『太平洋民族誌』、『ミクロネシア民族誌』、『ミクロネシア語の綜合研究』など多数の著書を著した。晩年は国学の古代研究にひきつけられ、国語や日本古典研究で多くの業績を残している。昭和十一（一九三六）年、五十九歳で没。

末弟松岡輝夫（一八八一〜一九三八）は、映丘《えいきゅう》の号で知られる日本画家である。幼年時から優れた画才をあらわし、十七歳のとき、兄國男の仲立ちで、住吉派大和絵の大家山名貫義《つらよし》に入門する。東京美術学校日本画科を首席で卒業、大正五（一九一六）年の第六回文部省美術展覧会（文展）で特選首席となった「室君《むろぎみ》」をはじめ、「伊香保の沼」「右大臣実朝」など多くの名作を残している。明治四十一年東京美術学校助教授に就任、大正七年同教授に昇進、昭和十年に退職するまで、橋本明治、高山辰雄、杉山寧《やすし》ら多くの優れた学生を育てた。「新興大和絵会」や「国画院」を結成するなど、画壇の組織者としても活躍した。昭和十三（一九三八）年、五十八歳で没している。

柳田は、二人の弟の気質の中に、自分とよく似たものを見出していたようである。

私以下の三人は皆凝り性と、人のやらないことをやってみようとする野心と、負けん気というような性癖をもっていた。（『故郷七十年』別3－三〇五）

気質的な類似だけでなく、日本民俗学（國男）、日本古典の研究（静雄）、日本画（輝夫）と、「日本」への深い関心もまた、三兄弟に共通するものであった。

文学への接近

「読書童子」國男少年

松岡家は「代々学問をした家」で、父操も大変な読書好きであった。柳田もまた、「家に有るだけの本は皆読んでしまって、まだ常に飢えを感じて居」るような子どもであった。しかし、柳田の幼少時、生家にはほとんど蔵書がなく、「二十冊と纏《まと》まった本は一種も無」いような状態であった。「文章軌範はあるが八大家文は無い。遠鏡や詞の玉の緒はあって、肝腎の古事記伝が無い」(「少年読書記」23－四七二)という中で、三つか四つだけ、「子供がいつでも手をつける本」(『故郷七十年』別3－三六八)があったという。その中には、幼い兄弟たちが奪い合って読んだ『武家百人一首』という絵入りの書物と、柳田が「それを何遍読んだかわからない」という、『南総里見八犬伝』原本の端本(第六輯)があった。事実の歴史に神霊や妖怪変化の世界を貼り合わせた『八犬伝』の伝奇世界は、大いに柳田の嗜好にかなっていたようである。化け猫に食い殺された赤岩一角《いっかく》の亡霊の告げに従い、一角に化けた怪猫を犬士が退治するという、第六輯の中の話はよほど印象的であったらしく、著作の中でもしばしば触れられている(『山島民譚集《さんとうみんだん》(一)』『孤猿随筆』など)。

明治十七(一八八四)年、一家は母たけの実家がある加西郡北条町(現加西市)に移転する。翌年柳田は北条町の高等小学校を卒業するが、体が弱かったため上級学校には進学せず、辻川の旧家三木家に預けられる。三木家の先代慎三郎は、大阪の儒者中井竹山の門流に属する漢学者で、柳田の祖母とは漢詩仲間であった。

「読書童子」（23－四七三）國男少年は、四万冊近い蔵書を有する三木家の土蔵で、第一の濫読時代を満喫することになる。日がな一日、長持ちにもたれて草双紙（江戸の絵入り通俗小説）や随筆を指導者もなくでたらめに読み続ける生活は約一年続き、その間に「一生煩わされている雑学風の基礎」（『退読書歴』23－一二九）が作られてしまったと、のちに柳田は回顧している。

『救荒要覧』と『利根川図志』

明治二十（一八八七）年二月、長兄松岡鼎が医師となって、茨城県北相馬郡布川町（現利根町布川）で開業する。柳田は、次兄井上通泰に伴われて上京し、九月の半ばに布川の長兄宅に預けられる。柳田にとって、人生最初の旅であった。柳田は、この利根川べりの地で「第二の濫読時代」（『故郷七十年』別3－一〇六）を迎えることになる。相変わらず体が弱いために学校へは行かず、素裸で棒切れを持って飛び回る一方、「帰って来るとやたらに本を読む、じつに両刀使い」（同）の毎日を送る。長兄が借りていた家の家主が蔵書家で、その土蔵にあった雑書を借りては読むだけ読んでしまうと、今度は隣家の主人が持っていた硯友社の雑誌『我楽多文庫』を読み、また次兄が送ってくれる歌集や国学者の随筆を読むなどして、「最も悪い濫読の癖は腹の底まで滲み込んで了った」（『老読書歴』23－三

（六七）という。森鷗外の作品を愛読し、「特に熱烈なる崇敬」（『家閑談』15―三二八）を捧げるようになったのもこの時期であった。

布川での濫読時代、國男少年は、後の柳田学の主題につながる二つの書物に出会っている。一つは、飢饉に対処する政策の便覧書『救荒要覧』である（ただし、いわゆる救荒書は『救荒便覧』等多数あり、柳田が読んだものが具体的にどの便覧書であったかはわからない）。布川は、天明、天保の飢饉の爪痕が深く残る土地であった。川端の地蔵堂に奉納された悲惨な図柄の絵馬は、少年の心に大きな衝撃を与えた。柳田自身も、母の里北条で飢饉の惨事を経験している。回想の中で柳田は、「そうした子供心の印象から、私は『救荒要覧』などを読まずにおれなかった」（『故郷七十年』別3－二二～二三）と述べている。「飢饉を絶滅しなければならないという気持」（同）は、大学で救荒制度の研究に取り組み、やがて農商務省へ入省する動機になったという。農政学から離れたのちも、この動機は、「『何故に農民は貧なりや』の根本問題」（『郷土生活の研究法』25－三二七）として、柳田民俗学の経世済民的な側面に生き続けることになる。

もう一つ、彼がこの地で「大いなる好奇心を以て、最初に読んだ本」は、『利根川図志』であった（岩波文庫『利根川図志』解題）。同じ布川の医家として兄松岡鼎と親交のあった赤松家の先代、赤松宗《そう》旦《たん》の著したこの書は、この地を流れる利根川の景観とともに、永く彼の印象のうちにとどめられた。

江戸時代には、見聞・考証・地誌・論説など雑多な知識を百科事典的に書き記した書物が多く現れた。一般に「近世随筆」と呼ばれるこのジャンルは、『玉勝間』（本居宣長）、『塩尻』（天野信景《さだかげ》）、『嬉《き》遊笑覧《ゆうしょうらん》』（喜多川筠庭《いんてい》）、『一話一言』（太田南畝《なんぽ》）などの例からうかがえるように、近世知識人にとっては最も一般的な知の表現形式でもあった。利根川流域地方の絵入り百科事典ともいうべき『利根川図志』もまた、典型的な近世の地誌随筆の一つである。柳田が好んで読み漁ったのは、こうした近世の紀行随筆・考証随筆の類であり、それらの知識は、少年期に培われた彼の素養の大半を占めているといってよい。そして、柳田自身が告白しているように、近世随筆の「目に見えぬ感化」は、のちの柳田民俗学の中にも深く染み付いている。

先ず第一に年少の頃から、出来るだけ人の読まない本を読み、人の知らない事を知ろうという、野心を以て学問を始めたこと、是は今から考えて見ると、江戸後期に始まった随筆流行、よく言えば考証学風の目に見えぬ感化だったらしい。

（「私の信条」23－四九九）

和歌の師、松浦萩坪《しゅうへい》

明治二十二（一八八九）年九月、國男が十五歳のとき、両親と二人の弟（静雄、輝夫）が布川に移り住んでくる。翌年冬、柳田は上京して兄井上通泰宅に同居し、上級学校進学のための準備を始める。中学校卒業資格を得るため、いくつかの学校に転編入を繰りかえした後、明治二十六年、十九歳で第一高等中学校（明治二十七年、第一高等学校と改称）に入学する。この時期、柳田は文学の世界に接近し、短歌や新体詩を発表するようになる。

明治二十二年十一月、兄井上通泰が森鷗外らと主宰していた雑誌『しがらみ草紙』第二号には、兄通泰の短歌や父操の漢詩とともに、「黒色」を題材とした柳田の短歌一首が掲載されている。

夕がらす寝ぐら求むる山寺の軒に干すなり墨染めの袖

というこの一首が、彼の書いたものが活字となった最初である。『しがらみ草紙』には、この他にも姫路の歌人秋元安民《あきもとやすたみ》の伝記を寄稿している。

「しがらみ草紙」の中には、私の書いたものが大分《だいぶ》入っている。私が物を書き出した初めでもある。松岡國男の名で出ている。（『故郷七十年拾遺』別3－四五三）

上京後は、井上の紹介で森鷗外宅に出入りし、「あの時分に鷗外さんを教科書にしておった」というほどの深い影響を受ける。西洋文学の世界に深く接するようになるのも、鷗外の感化によるものであった（「外国にいろんな文学があるということを、鷗外さんに教えてもらった」）。また、文学というものが人間世界のあらゆる事象をとらえることのできる、「範囲の広い」方法であることを知らされたのも、鷗外の作品からであった（『民俗学について　第二柳田國男対談集』「三代文学談」）。

またこの頃（明治二十四年六月か）、やはり兄通泰の紹介で、短歌を学ぶために桂園派の歌人松浦萩坪（本名は辰男、一八四四～一九〇九）の門下に入る。柳田は、「まさしく「昔」を人にした様な」、古風で風変わりな師から、十七年にわたって「人生の観方と云うようなものをも教えられた」というほどの感化を受けることになる（「萩坪翁追懐」23－三八九）。有栖川宮家の侍従の家に生まれた松浦萩坪は、「人間としても変わった型の人」（「旧派歌がたり」）で、柳田の父親松岡操と同じく、「平田学以来の霊魂の存在を信じる所の所謂《いわゆる》幽冥道」（同）の信者であった。

「うつし世」と「かくり世」

平田派国学の幽冥道の思想は、柳田民俗学の性格を考える上で大きな鍵となるものである。その基本をなすのは、我々が暮らすこの世の中は、「顕明界（うつし世）」と「幽冥界（かくり世）」とから成り立っているという考えである。我々の目に見える世界領域が「うつし世」で、現に目の前にありながら我々には見えない領域が「かくり世」である。「かくり世」は、大国主命が主宰する神々の住む世界であり、また死後の霊魂の行き先でもある。「かくり世」の神々の中には、貴い神、正しい神ばかりではなく、疫病の神、疱瘡《ほうそう》の神、痔の神などといった賤しい神、邪悪な神もある。いわゆる狐狸妖怪の類もまた一種の神である。そして、人間の死後の霊魂も、そこで生前の行いに応じて貴賤大小さまざまな神となる。「かくり世」からは、「うつし世」を見たり聞いたりすることが出来、人間の行いがよければ幸いを与え、悪事があれば罰する力を持っている。

平田学派の復古神道家たちは、「かくり世」の実在を信じ、その内実を知るためにさまざまな研究を積み重ねた。彼らは、それまで俗信であるとして切り捨てられてきた口碑や奇談を真面目に研究対象として取り上げた。たとえば平田篤胤には、『稲生物怪録《いのうもののけろく》』、『古今妖魅考』という、いわゆる妖怪変化に関する著作がある。前者は、享保年間に備後国三次《みよし》郡で起こったとされる妖怪事件の顛末を、異本三部を校合し、絵図を入れて、編集・整理したものである。稲生平太郎という十六歳の青年が、連夜出現する妖怪に勇敢に立ち向かったというこの話は、後に泉鏡花の小説にも題材を提供している。後者は、古今の妖怪変化の記録・物語を博捜し、「天狗現象をして悉《ことごと》く悪僧の為す所」（「幽冥談」）であることを説いたものである。すでに述べたように、柳田はこの書を、「まだ少年の時代」(『妖怪談義』4―二八七)に読んでいる。

また篤胤は、当時巷間で評判となっていた不思議な事件にも強い関心を示し、自らそれを調査している。文政三(一八二〇)年の秋頃、篤胤の知人である下谷長者町の薬種商山崎美成《よししげ》のもとに、寅吉という不思議な少年が出入りしていた。寅吉は七歳のときに神隠しにあい、七年の間、浅間山の天狗のもとで修行して高山平馬(白石平馬ともいう)という名を与えられ、天狗の使者となったという。篤胤は国学者でもある山崎美成とともに、山人《やまびと》や山神、天狗のこと、幽冥界の事情などを寅吉少年に質問し、そのやりとりを記録に残した。これが、『仙境異聞』である。他にも篤胤は、死後に冥界で熊野権現に出会い、隣村の農家の子として生まれ変わったという少年の話を筆録した『勝五郎再生記聞』を著している。

萩坪もまた折にふれて、「かくり世」は、今こうして対座している私とあなたの間にも充満しているのだから、一人だと思って変なことをしたり、二人だけだと思って変な話をしたりすることはできないのだと語ったという。また、臨終の枕元で、「私は芳村と約束がしてある。もう死ぬから知らせねばならないと云われて使を走らせて知らした」という。「芳村」というのは、神習教《しんしゅう》の管長であった芳村正秉《まさもち》である。柳田は、「霊魂の行方」をめぐって萩坪と芳村との間にどのような了解があったのか、「芳村さんに会えばわかると思いながらとうとうその機を得ないで過ぎたのは残念である」と述べている(「旧派歌がたり」)。

最初の新体詩

幽冥観だけでなく、萩坪の和歌についての考え方もまた、柳田学にとって、本質的といってよい重要な示唆を与えている。歌は、書いて人に見せるよりも口ずさむ興味を貴ぶべきものであり、「即興を歌いあげて座中の人と共に楽しむもの」（「萩坪翁追懐」23－三八九）であるというのが、萩坪の教えであったという。ごく普通の日常生活においても、我々の頭の中では、微妙なリズムや旋律を伴った思考や感情がひっきりなしに行きかっている。また、ため息とも掛け声ともつかぬ歌のような言葉が、無意識のうちに口ずさまれていることもある。そういう、我々が常時温めている音楽的な思いを、繰り返し口ずさんで形にするのが和歌だというのが、柳田の理解した萩坪翁の教えであった。

明治三十年前後、柳田は盛んに新体詩を制作するが、彼の詩作方法もまた、「我とはなしにうめき出でたりし声ども」（『野辺のゆき丶』序・文32－九）を形にするという、桂園派の流儀を受け継いだものであった。そして、和歌が高尚な文字文化にかかわる特殊な技芸ではなく、日常生活の中で生起する普通の感情から生まれるという考えは、柳田の文学観の根幹を形成するものとなる。

中学校へ行かず、「野育て」（「柳田國男自伝」23－五〇七）で放任されていた國男少年は、この時期にはじめて、友人というものを持つことになる。松浦萩坪の下で、彼は生涯の友人となる田山花袋（一八七二～一九三〇）と出会う。柳田より二年ほど早く門人となっていた花袋は、紅葉会という若い歌人のグループを組織していた。花袋に誘われて紅葉会に参加した柳田は、そこで、太田玉茗《ぎょくめい》、宮崎湖《こ》処子《しょし》、国木田独歩らと知り合うことになる。柳田に島崎藤村を紹介したのも、花袋であった。後に柳田は、小説をめぐる考え方において花袋に対する手厳しい批判者となるが、しかし花袋の人柄については、「どういうものか、まあ虫が好くというのか、ずっと好意をよせていた」（『故郷七十年』別3－三四八）というように、好感を抱き続けており、その交友は花袋が没するまで変わることなく続いた。

また、第一高等中学校では、松本烝治ら、後に政財界で活躍する多くの友人を得ている。島崎藤村、平田禿木《とくぼく》、星野夕影《せきえい》、戸川秋骨《しゅうこつ》、上田敏ら『文学界』の同人たちとの交友も高校時代に始まった。当時、柳田の祖母方の又従兄弟中川恭次郎が、『文学界』の発行を引き受けており、その関係から柳田も新体詩を発表するようになったのである。

『文学界』三十五号（明治二十八年十一月）に掲載された、彼の最初の新体詩を紹介しておこう。

夕ぐれに眠のさめし時

うたて此世はをぐらきを
何しにわれはさめつらむ、
いざ今いち度かへらばや、
うつくしかりし夢の世に、

（文32－一二）

吉本隆明は、この詩を「柳田国男の心性を象徴する」ものととらえ、「〈眠〉からさめたときはあたりがもう薄暗かったので、ふたたび〈眠〉に入りたいという少年の願望のようなものが、かれの民俗学への没入の仕方をよく象徴している」（『共同幻想論』）と述べている。この詩に限らず、黄昏や影のモチーフに象徴される「現世と幽界の境界を逍遥する感覚」（橋川文三『柳田国男　その人間と思想』）

が彼の新体詩の世界の特徴をなしていることは、多くの論者によって指摘されている。

父母の急逝

明治二十九（一八九六）年七月、母松岡たけが五十七歳で死去、さらに九月には父操が六十五歳で急逝する。柳田が詩作にはまり込んでいたのは、両親の死をはさむ約二年間で、その頂点をなすのは、詩集『野辺のゆきゝ』である。この詩集は、宮崎八百吉（湖処子）編『抒情詩』（明治三十年年四月刊）に、国木田独歩、田山花袋らの詩集とともに収録された。『野辺のゆきゝ』に収められた二十三篇の詩に繰り返し現れるのは、愛する者との別れのモチーフ、そして、墓と他界のイメージである。その背景には、利根川べりの布佐の町に住む、とある少女への恋の挫折と、両親の相次ぐ急逝という事情があったといわれる。序文の末尾に、柳田は次のように記している。

> 我がなつかしさに勝へぬ母の君と、常に我を憫みたまひし姉上と、我が思ひ出る日多き昔の友と、共に皆苔の下に逝きて、とこしへに帰り来まさず、あたりの事すべてかくはかなきと、我身の病多きとは、終に此集の世に出づる事を急がしめき
> （文32－一〇～一一）

その後、『帝国文学』明治三十一年六月号に二篇の詩を発表したのを最後として、柳田は詩作を絶っている。

第Ⅰ章

官僚としての出発

官僚時代の柳田國男（37 歳頃）
　柳田は明治 33（1900）年 7 月、大学を卒業して農商務省に入省、以後、大正 8（1919）年に貴族院書記官長を最後に退官するまで、20 年近くを官僚として過ごすことになる（38 頁参照）。

柳田家との養子縁組

東京帝国大学入学

両親の死は、柳田が高等学校を卒業する前年のことであった。両親の急逝にあって、「私のそれまで抱いていた計画」（『故郷七十年』別3－二五八）はすっかり狂ってしまった。「人並にえらくなって、両親を馬車に乗せて上げたいとか、もし万一兄に不幸があった時は、両親や甥姪たちのために医者にでもなって世話をしてやろうとか」（同）いう気持ちは、だんだん薄れてしまったという。

とはいえ、当時の大学予科制度の下では、東京帝国大学から政官界へという明治国家のエリートコースは、高等学校三学年の時点で、すでに約束されたものとして彼の前にあった。柳田は、明治三十年七月に第一高等学校を卒業すると、同九月、ほぼ自動的に東京帝国大学法科大学政治科に入学する。はっきりとした目的もないままに入学したのではあるが、しかし、明治国家のエリート養成機関に身をおいたことは、結果的に彼の人生にとっての大きな転機をもたらすことになる。それは、彼の大学時代が、誰にも等しく訪れる青春との別れのときに当たっていたという意味でもあるが、それ以上に重要なのは、自覚的な方法と体系を備えた社会科学を大学で学んだことが、彼の知識や世界観に強力な支柱を与えたという点にあると思われる。

大学では、統計学講座教授松崎蔵之助《くらのすけ》の下で農政学を専攻した。大学在学中に、柳田直平・琴夫妻の養嗣子となる話が持ち上がり、卒業後の明治三十四年五月、正式に入籍し、「柳田」姓を名乗ることになる。

農政学を専攻した動機について、柳田は次のように語っている。

大学はせっかく法科へ入ったが、何をする気もなくなり、林学でもやって山に入《はい》ろうかなどとロマンチックなことを胸に描くようになった。しかし林学はそのころいちばん難しい実際科学で、大変数学の力が必要であった。私は数学の素養が十分でないので、農学をやることにした。両親も亡くなり、もう田舎に住んでもかまわないくらいの積りであった。そこへ松崎蔵之助という先生が、ヨーロッパ留学から帰り農政学（アグラール・ポリティク）ということを伝え、東京大学で講義をしておられた。新渡戸博士が東大へ来る以前の話だが、そんなこと《ママ》から、私も農村の問題を研究して見ようかということになり、卒業して農商務省の農政局農政課という所に入ったのである。　（『故郷七十年』別3－二五五）

農政学を選んだ理由として、柳田は、林学が難しかったからという以上のことを述べていない。彼自身「はっきりしたことは申せませんけれども」（「私の歩んできた道」）というくらいで、漠然とした直感は働いたのであろうが、半ばは気まぐれに近いものだったのであろう。あるいは、こんなところにも父親譲りの「移り気な気質」（「柳田國男自伝」23－五〇五）が現れているのかもしれない。とはいえ、農業経済学や経済政策学という、当時日本に入ってきたばかりの新しい学問は、それまで江戸の随筆的学問や詩歌・文学の世界にばかり親しんでいた柳田にとって、きわめて新鮮で刺激に満ちたものであった。ことに、農業を経済の問題として、すなわち市場や資本の観点からとらえるという発想は、大げさにいえば、彼の世界を見る見方を根本から変革するほどの衝撃を与えたように思われる。

農政学という学問

柳田が大学で専攻した農政学（精確には、農業経済政策学）は、経済政策学の一部門である。周知の通り、イギリス流の自由主義経済学においては、経済政策の学が独立して研究されることはほとんどなかった。経済政策の学は、主に十九世紀後半のドイツで発達したが、柳田が大学で学んだのも、ドイツ系の経済学であった。資本主義の後進国であるドイツでは、自国の歴史的経済事情にもとづいた保護主義的政策を理論的に根拠付けるため、自由貿易の理論である古典派経済学を批判する経済学が生まれてきた。これが、歴史的・政策論的な経済学研究を特色とする歴史学派経済学である。

歴史学派経済学のさきがけといわれるフリードリッヒ・リストは、農業・工業の調和的発展をめざす保護政策を主張した。その後ドイツでは、一八七〇年代の資本主義の急速な発展にともなう貧富の格差の拡大、資本家と労働者の対立の激化など、深刻化してきた社会問題への対処が経済政策の主要なテーマとなってくる。一八七二年には社会政策学会が創立され、国家の政策によって社会改良を図る社会政策学派が形成される。社会政策を軸とするドイツ経済学（新歴史学派経済学）は、明治二十年代に帝国大学の教授たちによって盛んに紹介され、明治三十年には、ドイツの学会をモデルとして、日本にも社会政策学会が誕生する。柳田も大学卒業後まもなく入会したと見られ、卒業翌年の明治三十四（一九〇一）年三月例会出席者の中にその名を見出すことができる。

柳田は農政学という学問を、次のようなものとしてとらえていた。農政学とは国家の立場に立って、農業に関わる望ましい経済政策のあり方を研究する学問である。国家がなすべき望ましい経済政策には、二つのものがある。その第一は農生産物総額の増加、すなわち国富の増加であり、第二は、農生産によって個々の国民が、「其生活状態を改良し幸福を増加」することである。国富の増加を目的とする政策は「生産政策」、幸福の増加をめざす政策は「分配政策」と呼ばれる。この二つはすべての経済政策において併せ行うべきものであり、とりわけ近年の市場経済社会では、第二の「分配政策」がその重要性を増してきている。柳田は、そのように述べている（『農政学』28－一九八〜一九九）。

生産政策と分配政策、この二つの経済政策を通して国家が追求するところの究極の目的は何か。柳田はそれを、「一国総体の幸福と平和」「国民総体の幸福」（『農政学』28－二七七、二八四）、「国民ノ全部又ハ其最大部分ノ幸福ノ増進」（『農業政策』28－四六八）などといいあらわしている。「国民ノ全部ノ幸福増進ハ言フ迄モナク理想ノ極致ナリ」（『農業政策学』28－三四二）という言葉は、国家の経済行為の究極目的を示していると同時に、農政学者柳田自身が求める理想の表明でもあった。

「三倉」の研究

松崎教授の下で柳田が取り組んだ研究テーマは、近世日本における救荒備蓄・米価調節制度である

「三倉」の研究であった。研究の動機は、飢饉の悲惨を目の当たりにし、『救荒要覧』を読まずにいられなかった少年時の体験にあったと、柳田は述べている。

三倉とは、富者に穀物を供出させて備蓄し、必要に応じて貧民に供給する制度「義倉《ぎそう》」、多数の者が分に応じて穀物を出し合い、自治的に管理して飢饉に備える「社倉《しゃそう》」、米が余ったときに買い入れ、不足のときに市場に放出して米価を調節するために設けられた「常平倉《じょうへいそう》」の三つをいう（ただし、義倉と社倉の名義はしばしば混同して用いられる）。三倉の制度に萌芽的に現れている、農民の自治と共同による自己救済の機能は、やがて柳田が農業政策を構想する際の大きな手がかりを与えることになる。「三倉」の研究は、彼の現実世界を見る目が学問と結びついた、最初の経験であったといえる。誰もが詩人であるような青春期の終わりに、西洋由来の実用的な社会科学に出会ったことは、柳田の生涯において極めて大きな出来事であった。というのも、そのことは、散文的な大人の世界に入っていくに当たって、彼が実社会に相渉っていくための強力な武器を手に入れたことを意味するからである。

それまで「想世界」の人であった新体詩人たちも、この時期にやはり、大人の世界たる現実社会に着地していくための新たな方法を模索していた。田山花袋、島崎藤村、国木田独歩らは、自然科学に範を仰ぐ自然主義小説の道を選ぶことになる。『文学界』の盟友たちは、等しく訪れた「歌のわかれ」を境に、一方は政策官僚から学究への道を、一方は作家の道を歩みはじめる。しかし、道は大きく異なっているように見えても、現実社会への強烈な関心という動機において、根は一つだったのである。

先に述べたように、柳田は、大学卒業の前年に詩作を絶っている。柳田をはじめとする詩人たちの転身は、さまざまな形で『文学界』同人たちの小説の題材となっている。たとえば田山花袋は、小説『妻』の中で、柳田をモデルとした「角帽、金紐釦《きんボタン》一色の白い眉の昂《あが》った好男子」（『妻』三）の「西さん」に、次のように語らせている。

「僕はもう詩などに満足しては居られない。これから実際社会に入るんだ。戦うだけは戦うのだ。現に、僕はもう態度を改めた！」

「詩を罷《や》めなくっても好いじゃないか。」

「それは、君などは罷めなくっても好いさ。君などはそれが目的なんだから……。けれど僕は文学が目的ではない、僕の詩はディレッタンチズムだった。もう僕は覚めた。恋歌《こいか》を作ったッて何になる！　その暇があるなら農政学を一頁でも読む方が好い。」（『妻』八）

柳田家への入籍

小説『妻』は、大学生「西さん（＝柳田）」が、「門際に見事な八重桜がある」大きな屋敷（柳田家）に入籍するに至ったいきさつについて、こんな風に語っている。

「それは中々面白いさ。先の家ではね、君、西君が高等学校に居る時分から眼を付けて居たんだそうだ。僕等が昔よく行った戸沢先生の家ね、あの歌の会に、品の好いお婆さんが来たろう？被布《ひふ》などを着た？　あれが西君の将来の細君になる人の祖母様《おばあさん》なんだ。先方《むこう》ではあの頃から眼を着けて居たんだ。戸沢先生も中に入ったらしいよ。」（『妻』八）

「戸沢先生」のモデルは、柳田の和歌の師、松浦萩坪で、その歌の会に出入りしていた「品の好いお婆さん」というのは、柳田家の当主直平の実母、安東菊子である。直平は、信州飯田の安東家から柳田家に入った婿養子で、四人の子どもはいずれも女子であった。菊子は、歌会で出会った國男青年の人柄にほれ込み、直平の四女孝《こう》の婿に迎えようとしきりに当主に働きかけた。菊子とともに歌会に出ていた直平の長女順も祖母と同意見であったという。柳田は、入籍を決めた前後のことについて、次のように述べている。

安東のおばあさんは長男〔菊子実家の長男安東欽一郎〕が遊んでいたのでその人〔欽一郎〕が先に述べた赤穂で会った人〔柳田の二女の結婚前に身元調査に来た人物〕と同じように、半年がかりで播州へ行ってしらべ、熱心にときたてて私は柳田にされた。私の実家に欠点がない事がわかって後柳田へ行ったのである。その当時の四、五年間私は父をなくして張合のない生活をしていたのであるが、もう一人私の家内の姉〔柳田の妻孝の長姉順〕が松浦先生の所へ来ていて、この人がまた全力をあげて私の調査をしていた。この二人の歌よみが松浦先生のファンで、然《しか》も帰ると二人で私の話を柳田へする。それがもとになって一年か一年半位遊びに行くと大事にして呉れるものだから私も柳田家に行く気になったのである。（「旧派歌がたり」）

明治三十四（一九〇一）年五月四日、柳田家に入るための「引取式」が行われ、同二十九日、柳田直平の養嗣子として入籍する。養父直平は旧信州飯田藩の出身で、当時は大審院判事であった。引取式には、大学の同窓生や役所の同僚とともに、田山花袋、国木田独歩も列席した。三年後の明治三十七年四月、柳田は、かねてより婚約中であった柳田孝（当時十九歳）と正式に結婚する。柳田國男・孝夫妻は、長男為正（動物生理学を専攻し、お茶の水女子大学教授となる）をはじめ、一男四女の子宝に恵まれた。

小説『妻』の柳田像

柳田の養子縁組については、友人たちの間でもいろいろと取沙汰がなされたようである。『妻』の中で花袋は、養子問題に対する友人たちの思いを、かなり露骨に語らせている。その中には、柳田がかつて思いを寄せていたというある少女の死と結び付けて、このたびの縁組は、「実にロマンチック」だったその恋の「反動だね」とか、「其娘の死は恋と関係があったか何《ど》うか？　西君の今度の養子問題は単に家庭の温さを知り度《た》いというばかりであるか、何うか？　他に功名心を充す為めの誘惑もなかったろうか」（『妻』八）といった、柳田家の者が知ればきわめて不快に思うであろう憶測も含まれている。

こうした暴露的な描写は、自然主義作家としての文学的信念に従ったものだと言ってしまえばそれまでだが、しかし、柳田その人は、決して快くは思っていなかったであろう。後年柳田は、花袋の代表作『蒲団』を、「あんな不愉快な汚ならしいもの」（『故郷七十年』別3－三四七）と酷評している。自然主義や身辺雑事小説に対する柳田の厳しい見方は、花袋の作品にしばしば見られる、モデルへの配慮を欠いた「露骨なる描写」や、行き過ぎた没倫理性への嫌悪感に由来するところが大きかったのであろう。

とはいえ、『妻』の中で記される、「西君は平生家庭に非常に重きを置く人」で、「好い家庭の快楽さえあればそれで満足だ」と言っていたということ、あるいは、「君などは束縛を非常に嫌って何んでも自由でなければならないように言うけれど『やさしい束縛』なら僕は喜んで受ける。そうした束縛が無くっては僕は淋しくッてたまらんと言って居たよ」（『妻』八）ということなどは、おそらく事実に近かったであろう。少なくともこれらの発言の中に、後の柳田民俗学に見られる「家」への深い思い入れに通ずるものがあるのは確かである。

「漂泊」と「定住」、「旅」と「故郷」は、柳田民俗学のキーワードの一つであるとともに、柳田の人生そのものを象徴する言葉でもある。十三歳で故郷を離れ、なかば一家離散に近い「半漂泊」の青年時代を送ってきた柳田にとって、柳田「家」の一員となることは、新たな故郷に生まれなおすことに等しいものだったのだろう。

故郷とのつながり

「我々の有する故郷意識」は、「至って込み入った心理現象」であるが、そのポイントは、「昔からの与えられた自分の座席」の意識にあると柳田は言う（『日本農民史』16－一八八）。家庭の中にも似たようなものがあって、「例えば次男坊の地位、出戻り叔母の地位などのように、一人〳〵に他の者が塞ぐことの出来ぬ穴」（同16－一八九）がある。彼が「やさしい束縛」の中に得ようとしたものとは、まさにこの「自分の座席」「他の者が塞ぐことの出来ぬ穴」に他ならなかった。

柳田も付き合いのあった宮崎湖処子の作品に、『帰省』（明治二十三年刊）という小説がある。明治の青年たちに熱狂的に支持されてベストセラーとなったこの小説は、父の墓碑銘を書くために故郷に帰って、そこで「理想の細君をもらうというだけのことを書いたもの」（『故郷七十年』（別3―二二）である。都会へ出て郷里との縁の切れかかっていた主人公が、帰省し、土地の女性と結婚することで、改めて「自分の座席」を確認するというストーリーは、柳田自身のありようともどこか重なって見える。『帰省』では、父の墓碑銘を書くことが故郷とのつながりを象徴する出来事となっているが、柳田もまた、養家の先祖や家系に並々ならぬ関心を寄せ、いくつかの調査記録を残している。柳田学における「故郷」や「先祖」の問題については、後にまた詳しく見ていくことにする。

農商務省入省

明治の農業問題

明治三十三（一九〇〇）年七月、柳田は大学を卒業して農商務省に入省、以後、大正八（一九一九）年十二月に貴族院書記官長を最後に退官するまで、二十年近くを官僚として過ごすことになる。農商務省では、農務局農政課に配属され、農会や産業組合の普及・指導に関する業務に携わった。

柳田が農商務省に入った明治三十三年という年は、明治農政の大きな変革期に当たっていた。農会法・耕地整理法（ともに、三十二年公布・翌年施行）、産業組合法（三十三年公布・施行）といった重要な法律が相次いで施行され、「日本の農政の一変するくらい改革された時代」（「私の歩んできた道」）であった。

明治三十年代までの明治国家の農業政策は、農業生産の増大を目的とする勧農政策を基本としていた。勧農政策の中心は、西洋近代農法の導入による農事改良である。大農法による商品作物栽培、牧畜・畜産の技術など、それまで知られていなかった西洋農法が次々と紹介された。優良品種の発見、選種法・稲作法の改良、灌漑・排水の改良など、近代的農学の知識にもとづく在来農法の改良が進められた結果、米作の収量も増加した。こうした技術面での農業近代化を指導したのは、札幌農学校

（明治九年開校）、駒場農学校（明治十年開校）で学んだ農学士や、各地に設立された農事試験場の技師たちであった。

しかし、農業生産が全般に増大していったにもかかわらず、農民の生活は向上せず、むしろ困窮の度を深めていった。明治十四（一八八一）年、大蔵卿に就任した松方正義は、西南戦争の戦費負担などによって破綻に瀕していた国家財政を再建するため、増税と歳出抑制で得られた余剰歳入を不換紙幣の整理資金に充てる、いわゆる松方デフレ政策を推し進めた。これによって正貨準備高は増加し、貿易も輸出超過に転ずるなど、松方財政は一定の成果を挙げた。しかし一方で、急激なデフレ政策は農産物価格の暴落を引き起こした。農家の現金収入が激減したにもかかわらず、地租は定額金納であったから、相次ぐ増税もあいまって、農村は窮乏のどん底にあえぐこととなった。納税や肥料購入のために借り入れた高利の負債に耐え切れず、多くの自作農が土地を手放して小作農に転落した。

明治二十年代になると、農民の窮乏は、農業そのものの存立を脅かす重大な社会問題となってきた。大蔵省・農商務省などの政策顧問を務めたドイツ人経済学者パウル・マイエットは、日本の自作農は、このままでは「明治二十四年の今日より起算すれば二十箇年の後、全く消滅する」と試算している（『日本農民ノ疲弊及其《その》救治策』）。農村の疲弊は、財源の基礎を地租に頼り、兵士の供給の多くを農村に仰いでいた明治国家にとって、看過できない重大問題であった。従前の生産政策一本やりの農政は見直しを迫られ、新たな社会問題に対処する社会政策的な農政へのシフトが求められてくるのである。柳田が担当させられた産業組合や農会は、そうした社会政策的農政を象徴する新制度であった。

官僚生活に入る

『故郷七十年』では、柳田の入省のいきさつは次のように述べられている。

> 農商務省には、私の大学にいたころまで、高等官は一人もいず、局長の下はみな技師で、一人の事務官もいなかった。そこへちょうど産業組合とか農会法とかいう農業関係の法律が一時にたくさん出たため、岡野敬次郎さんの口利きで、われ〳〵法学士が四、五人も同省へ入った。
>
> （「就職」別3－二五五）

「局長の下はみな技師で」という記述からうかがわれるように、当時の農商務省は技術官僚主体の官庁であり、農務局は、農学校出身の農学士の牙城であった。国の農政を動かしていたのは、主に駒場農学校出身の農学者官僚であり、農学士の学術研究団体である農学会は、農業政策を左右する大きな影響力を持っていた。柳田の直属上司となった農政課長酒《さ》勾《こう》常明《つねあき》（『柳田国男伝』をはじめ、「酒匂」と記されることが多いが、「酒勾」が正しい）も、駒場農学校の第二期生の農学士・農芸化学士である。酒勾の著書『改良日本米作法』は、日本人の手になるはじめての科学的な稲作研究書として知られている。酒勾のような農学者官僚は、土地改良事業や害虫予防・駆除などの勧農政策において並々ならぬ手腕を発揮した。しかし、社会・経済の構造的問題に対処するための新しい法制が整備されるのにあわせて、農商務省においても、法学や経済学の専門家が必要とされるに至ったのである。

さて、官吏としての生活に入ったとはいうものの、その実質は、大学以来の学究生活の延長といってもよいものであった。この時代には、帝国大学教授が政府の役職を兼ねることも珍しくはなく、柳田の就職を口利きした法科大学の商法担当教授岡野敬次郎も、農商務省参事官を兼任していた。また、若手高級官僚が私立大学で講義を受け持つのも、一種の慣例となっていた。柳田もまた、大学の恩師松崎蔵之助教授の紹介で、早稲田大学、専修大学などで農政学の講義を受け持ち、講義録を作成するために「一生懸命本を読み」、「わずかのあいだに農業政策に関する研究」に没頭している(「私の歩んできた道」)。

私の大学を出たころは、たいていどこかの私立大学へ講義に行かせられたものである。まあ一つの関門であった。私も明治三十四年から五年にかけて早稲田へ出かけて行った。また三十五年から日露戦争の前まで、専修大学に行っていたこともある。科目は農業政策であった。

(『故郷七十年』別3－三八四)

農政課での仕事も、新制度の普及・指導のための講演や、農村事情の視察など、それ自体が農政学研究の一環であるような業務が多くを占めていた。また、就職後も大学院に籍を置いて(明治三十八年まで)研究を続け、社会政策学会の一員として(大正十一年、学会が自然消滅するまで)研究の発表も行っている。その当時、産業革命の進行とともに深刻化してきた社会問題への対処をめぐっては、すべてを自由競争にゆだねる放任主義、資本主義体制そのものの破壊をめざす社会主義、国家の政策や富者の慈善活動によって問題解決を図る社会改良論の三つの立場があり、社会政策学会は、社会改良論者たちの牙城となっていた。農政官僚としての柳田もまた、国家の政策によって資本主義の安定をめざす社会改良論の立場に立っていた。

柳田が農商務省に在籍したのは、明治三十三年七月の入省から、三十五年二月に内閣法制局に転ずるまでの約一年半である。しかも、農商務省入省から半年ほどは文官高等試験の受験勉強に専念しており、実質的な勤務は、三十四年一月からの一年余りである。この間の彼は、補助金の案文や農会法施行規則案の作成、講演・視察のための出張旅行、早稲田大学での講義（三十四年十月から）などをこなしている。柳田家への入籍も、この年のことであった。

三十三年七月に大学を出てから、農商務省の農政課に入り、三十五年二月までそこにつとめた。仕事は産業組合のことゝ、農会法が主であった。そのためこの間に方々を歩いたが三十四年に柳田家に入った。結婚したのは三十七年であったが、籍は早く移していたわけである。柳田家は信州飯田の藩士であったので、公務を兼ねて父祖の故郷飯田に行った。（『故郷七十年』別3－一七二）

明治三十四（一九〇一）年二月、柳田は「産業組合の講演をしながら群馬県を見て来いといわれて」、一週間ほど「同県に出張」する。この出張が、彼の役人としての最初の旅行であった。同じ年の十一月には、長野県農会の依頼で、約四十日間にわたって「信州の一市十六郡のうち、木曽一郡を残した全県下を草履履きで」歩き、「産業組合の話」や「県農会とか、町村農会とかが、どうあるべきかということ」を講演して回った（同）。「公務を兼ねて」長野県飯田を訪れ、柳田家の親類へのあいさつ回りをしたのはこのときのことである。帰路には小諸に立ち寄り、小諸義塾の教師となって当地に赴任していた島崎藤村のもとを訪れている。

文学サロンの結成

詩作を絶ち、官僚としての生活に入ったのちも、柳田は依然として文学への関心を持ち続け、「作家」となったかつての盟友たちとの交流も、変わらずに続けられた。市谷加賀町の柳田邸には、花袋、独歩をはじめ、川上眉山《かわかみびざん》、小栗風葉《おぐりふうよう》らが集まって文学談義に花を咲かせた。「土曜会」と名づけられたこの会合は、のちに会場を料理店に移し、柳田の結婚後には「龍土会」という文学サロンに発展する。また、明治四十年には柳田自身が音頭を取って、「イプセン会」を結成する。これらの文学サロンとの関わりは、『遠野物語』が刊行された明治四十三年頃まで続く。

役所勤めの合間には、ツルゲーネフ、ハイネ、ゾラ、モーパッサン、ドーデ、フローベール、イプセンなどの作品を次々と読破し、また一方で、「『破戒』を評す」、「写生と論文」、「読者より見たる自然派小説」といった作品論・文学論を文芸雑誌などに発表している。晩年の回想の中で、柳田はこの当時の「外国文学への心酔」を、次のように説明している。

外国文学への心酔は半開国見たいでおかしいが、是は我々が人生を現象として見る為に必要であった。幾ら愛するものでも、一度は之を天然の事実として観察しなければ、本当はその未来の幸福を講じて遣ることが出来ない。其技術の練修の為にも、先ず極端に縁の遠いものゝ生活を、知って置く気になったのが元である。（「柳田國男自伝」23－五〇八）

「その未来の幸福を講じて遣る」べき対象である「愛するもの」とは、具体的には日本国民を指している。回想を額面どおりに受け取るなら、彼の西洋文学への関心は、日本人の生活を客観的に観察する技術を習得するためのものであり、社会の改良を志す官僚としての問題関心と一致するものであったということになる。その説明の真偽はともかくとして、この時期に読み漁った西洋の文学作品の中に、のちの柳田の社会思想や歴史観・宗教観に極めて大きな影響を及ぼしたものが含まれているのは確かである。その一つが、彼の宗教観に大きな影響を与えたハインリッヒ・ハイネの『諸神流竄記《るざんき》』である。

『諸神流竄記』（Götter im Exil.『流刑の神々』の題で岩波文庫に邦訳がある）は、「キリスト教が世界を支配したときにギリシア・ローマの神々が強いられた魔神への変身のこと」（小沢俊夫訳）を書いたもので、柳田はこれを読んで大きな感銘を受けたという。「いずれの民族を問わず、古い信仰が新しい信仰に圧迫せられて敗退する節には、その神はみな零落して妖怪となるものである。妖怪はいわば公認せられざる神である」（「一目小僧」5－一二五）とする柳田の妖怪観は、キリスト教の勝利によって古代ギリシア・ローマの神々が悪霊の地位にたたき落とされたとするハイネの理解と一致している。柳田は、「お化けを前代信仰の零落した末期現象ということは、私の発明では無論無い。ただ我々は外国の学者に盲信せず、自分の現象を検《けん》し、自分の疑惑を釈《と》くことを心掛ける必要を認めるのみである」（『妖怪談義』4－三〇七）と述べているが、この「外国の学者」には、もちろんハイネも含まれている。

アナトール・フランスの影響

柳田が外国の書物のうちで最も影響を受けたものと認めている、アナトール・フランスの作品と出会ったのもほぼ同じ頃である。

編集部　先生が外国の本で一ばん影響を受けられたのは……。

柳　田　アナトール・フランスですね。非常に影響を受けてるんです。〔中略〕小説や作品で繰返して読んだ本といえば、アナトール・フランスぐらいです。ものによると三べんも四へんも読みました。たとえば「白き石の上にて」などというのは、英訳で読み、フランス語で読み、日本訳で読みました。シルベストル・ボナールというのが病みつきでね。あれからすっかり好きになって。ずいぶん読みました。

（『柳田國男対談集』「文学・学問・政治」）

『白き石の上にて』（一九〇五年刊）は、六人の青年紳士がローマの廃墟を散策しながら、人類の歴史と未来について清談を交わすという趣向の小説である。内容は、過去、現在、未来を主題とした三つの話から成っている。第一段では、『使徒行伝』第十八章を下敷きにした聖パウロをめぐる裁判が題材とされている。作中の現在時に進行中の日露戦争について、登場人物がさまざまな意見を交わすのが第二段である。そして第三段では、社会主義が実現された未来世界のさまが描かれている。

おそらく柳田は、「我々はかつて日本人に、資本主義制度と戦争とを教えてやりました。そして、その日本人が、いま我々と同じようになったがために、我々は日本人を恐れているわけです」（『白き石の上にて』権守操一《ごんもりそういち》訳）という日本人論から、大きな刺激を受けたことであろう。大正九（一九二〇）年に書かれた人種差別をめぐる未刊の講演草稿には、「黄禍論などと云うものは、多くは白禍の策源地近くから出るものだとアナトール・フランスが申した」云々という記述も見られる（「準備なき外交」29－四九三)。また、柳田から、「大変いいものだから、ぜひ読め」とこの書を勧められた和辻哲郎は、「読んで、考えが変るくらいに影響をうけ」、それがきっかけで日本の思想・文化を見直すようになったと述べている(『柳田國男対談集』「日本文化の検討」)。

しかし、日露戦争をめぐる論評もさることながら、柳田民俗学の発想に本質的な影響を及ぼしたのは、この作品に現れているアナトール・フランスの歴史思想であろう。ローマの遺跡を散策しながら、そこでかつて生起した出来事を幻視する第一段の趣向は、現在の事物がそのまま歴史である、すなわち今ここの事物に歴史が刻まれているとする、柳田民俗学の歴史観の一つの源泉となっていると思われる。さらに柳田がより直接的な刺激を受けたのは、「未来に対する認識は、現在や、過去に対する認識に比例している」(権守訳、一四二頁)という考え方である。のちに見るように、柳田が民俗学の基本的なあり方として繰り返し主張したのは、人間生活の将来を考えるために過去を学ぶということであった。

『白き石の上にて』の登場人物の一人は、次のように語っている。

だが要するに人間社会の過去は、或る部分に於ては、我々にわかっているんだから、その過去の連続であり結果である未来の社会が、我々に全くわからないということはないはずですよ。それに、或る社会現象を観察して、この現象が過去に於てどんな条件の下に起きたかがわかれば、それによって未来にはどんな条件の下に起るかを限定することも不可能ではないはずだね。

(権守訳『アナトオル・フランス長編小説全集』第十一巻、一五三頁)

過去を知ることが未来への洞察につながるということの論は、柳田に相当に強い印象を与えたようである。門人への書簡の中にも、「アナトールフランス「白い石の上に」という漫筆をよみしこと曾て有之《これあり》。未来というものを洞見する能力は昔をよく理解して始て生ずるもの、ように説いてあったかと記憶す」（大正八年十一月七日胡桃沢《くるみざわ》勘内《かんない》宛書簡・別4－五一八）という記述が見えている。

岡谷公二は、「国男とフランスとのあいだに、体質の上で似ている面があることは確か」（『柳田国男の青春』）だと指摘しているが、特に柳田が「病みつき」になったという小説『シルヴェストル・ボナールの罪』には、柳田自身の言葉と見まがうような感想や意見がそこここにちりばめられている。我々は柳田の著作の中で、「人類はほとんど全部、死者をもって成るといってもよいほどに、生者の数は死者のおびただしさにくらべては取るに足らぬ」（伊吹武彦訳一一一頁）とか、「人間はいつも現状をよくしようとつとめてきたのです。その不断の努力が不断の革新となって現われたのです」（同一七〇頁）といった作中人物の言葉と同等の思考に繰り返し出会うことになるだろう。柳田のアナトール・フランス観を最も端的にあらわしているのは「親切な傍観者」（「翻訳は比較」31－三五三）という言葉だろうと思われるが、この評はそのまま『シルヴェストル・ボナールの罪』の主題を言い表してもいる。

農政学者としての活動――『農政学』『農業政策学』

内閣法制局への異動

明治三十五（一九〇二）年二月、柳田は内閣法制局参事官（高等官ポスト）に栄転する。わずか一年半で農商務省から法制局へ異動になった背景には、次のような事情があった。

その当時、法科大学卒業者は、大学卒業時（七月）に高等官としての採用が内定し、十一月の文官高等試験合格を待って直ちに高等官に任用されるのが慣例であった。柳田も入省した年の文官高等試験に合格している。しかし、弱小官庁であった農商務省には、就くべき高等官ポストが不足していたため、柳田は合格後も属官《ぞっかん》（判任官）として勤務を続けていた。これに対して法科大学出身者の間からは、悪しき人事先例を作るものだという非難の声が沸き起こった。柳田の栄転は、そうした法科大学関係者の利害にからんでの異動劇であったといわれている。

結局柳田が、所管官庁である農商務省の役人として産業組合や農会の普及・指導に当たったのは、実質、明治三十四年の一年間である。三十五年二月には、法案の作成や行政制度に関する審議・立案などを管掌する内閣法制局に移っているので、職掌の上では農政とは縁が切れることになる。しかし、農政との関わりは、農商務省を離れてからも依然として続いていた。

柳田は、大正三（一九一四）年四月に貴族院書記官長に就任するまで、十二年ほどを内閣法制局で過ごしているが、それは、柳田が生涯のうちで最も深く農業政策に関わった時期であった。この頃彼は、農商務省、全国農事会、産業組合中央会、報徳会などからの委嘱を受けて、農事改良や産業組合普及に検する講演や講習会の仕事を数多くこなしている。また、新たに中央大学（明治四十年から）、法政大学（明治四十三年から）でも農業政策の講義を担当している。農政学関係の研究業績を次々に発表したのも、この法制局時代である。柳田の農政学者としての活動のピークは、農政に関する最初の著書『最新産業組合通解』が刊行された明治三十五年から、彼の唯一の農政論集である『時代ト農政』が出された明治四十三年までの約九年の間である。この間彼は、この二著のほか、農政学の講義録三篇と雑誌に発表された二十編ほどの論考を残している。

農本主義者との衝突

先に見たように、柳田の考えでは、農政学研究の目的は、「国民総体の幸福」（『農政学』28－二八四）を実現するために、国家が農業に関して何をなすべきかを明らかにすることにある。しかし、当時の農政界の常識からすると、そもそも農政学が「国民総体」のためにあるということは必ずしも自明のことではなかった。

すでに述べたように、明治三十年代から四十年代にかけての農政を主導していたのは、駒場農学校出身の農学者・技術官僚たちである。農学会においては東京帝国大学農科大学教授の横井時敬、農政官僚としては、農商務省で柳田の上司であった酒匂常明（明治三十一年農政課長、三十六年農務局長）などが代表的な人物であった。彼ら農学校出身者に共通する農政に対する考え方は、大きく二つの柱からなっている。一つはすでに述べた農業技術の近代化による生産増大政策、そしてもう一つが思想面における農本主義である。

農本主義は、もともとは、農業は食糧を生産するゆえに尊いという素朴な信念に発している。明治期の技術官僚たちの農本主義思想は、国民の多数を占める農民たちが持つそうした信念を背景としながら、農業を経済活動としてではなく、政治的・社会的な意義をもつ活動としてとらえ、そこに他の産業に優越する農業の存在価値を見出そうとするものである。横井や酒匂らの農本主義者は、国防上の必要性、衛生上の理由、善良な風俗と社会秩序の維持など、経済外の根拠から農の存在価値を主張した。明治の経済界は、農本主義と商工立国論の根深い対立を抱え込んでおり、政府の経済政策も、農本主義派と商工立国派の綱引きに左右されていた。これが官庁のセクショナリズムと結びついて、農業政策は、商工立国の立場に対抗して農業の利益を守るものだという考え方が、農業・農政界の常識となっていた。「国民の幸福」はもちろん当時の農学者・農政官僚も口にするところではあったが、彼らの頭の中にある「国民」とは、事実上は、地租を負担する農村の支配的階級たる地主・自作農を意味していた。

しかし、柳田が農政の目的と考える「国民総体」には、農民・農業者だけではなく、あらゆる産業の従事者が含まれる。農政といえども、一国の経済政策である以上は、農商工いずれか一つの繁栄を基準にして行うことは許されない。たとえ、農業が国民の大多数の従事する産業であったとしても、それを理由に経済政策は農業を重んずべしと主張するなら、それは「多数の圧制を公認する」ことになり、少なくとも近代国家のあるべきあり方に反するものである。柳田は、そのように述べている（『農政学』28－一九五）。いうまでもなくこの主張は、農本主義的な考え方とは真っ向から対立するものであった。たとえば横井時敬は、商工業や鉱業をあからさまに農業の敵と見なし、農商務省の分割論を主張しているが、これは当時の農政官僚や農村指導者層の多数を代表する意見であった。

省内部の対立と足尾鉱毒事件

横井によれば、そもそも農政を担当する官庁が、商務・工務をあわせた農商務省であること自体が問題であるとされた。農業と商工業の利害が衝突するような事案があれば、農商務省の立場ははなはだ困難になる。「商工に同情を寄すれば、農業家恨み、農業に同情を寄すれば、商工家怒る」ということになる。そして、たいがいの場合、省内部局の力関係でどちらか一方に偏った政策が採られる。しかも、農商務省は東京にあり、大臣への働きかけという一事をとっても、都会を拠点とする商工業者が有利である。政治的に劣勢にある農政を立て直すために、農務局を分離独立して農務省とすべきである（横井「農商務省…農商の分立」『第壹農業時論』）。

ちなみに、この論考の中で、横井があげている部局の衝突（つまりは、農業界と商工業界との衝突）の代表例が足尾鉱毒事件への対応だった。鉱毒被害が問題となった当時、農商務省内で最も勢力があったのは鉱山局であった。そのため農務局による調査結果は隠蔽され、農商務省においては、渡良瀬川沿岸の被害は「鉱毒に起因することなし」との決定を見たと横井は述べている。足尾鉱毒事件において、駒場農学校出身者の古在由直《こざいよしなお》が鉱害に関する調査報告書を作成し、横井がこれを援護したことはよく知られており、次のような逸話が伝えられている。

足尾鉱毒問題当時、時の国立農事試験場長古在由直先生（後の東大総長）は勇敢にも夜陰に乗じて渡良瀬川で試験用水を採取、鉱毒なりと分析結果を発表（農学雑誌）。このことについて農民新聞で堂々論陣を張られたのが横井時敬東京高師講師（後《のち》東大教授、東京農大学長）。政府は遂に鉱害をみとめざるをえなかった。みよ！　この明治学者の気骨と正義観を。

（広沢吉平《きちへい》「佐藤寛次先生の思い出」）

横井のこうした行動はもちろん、資本主義的産業（商業・鉱工業）を敵視してひたすら農業者を保護するという原理主義的農本主義の立場から出たものである。明治三十五（一九〇二）年一月の社会政策学会例会において、横井の提案により、「鉱毒事件調査会」が組織され、柳田も委員の一人に選ばれている。そこで柳田がどういう役割を受け持ったかは不明である。ただ、柳田は明治三十六年から三十七年にかけて、古代から近世までの日本における銅の産出と貿易についてのデータをまとめた「日本産銅史略」を『国家学会雑誌』に発表しており、これが調査会の仕事と何らかの関係を有しているのかもしれない。

死者もまた国家の成員

農政が目的とするのは、農業者だけではなく、商工業者はじめあらゆる階層の利害であるという柳田の主張は、「現今の農業政策」は「都会の侵害より田舎を救い出すを以て最も急務となす」(「農商務省…農商分立」)という農本主義者の常識(それは当時の農政界の常識でもあった)からすれば相当に異端的なものであった。しかも、柳田の突出した主張は、それだけにはとどまらなかった。そもそも柳田のいう「国民総体」には、個々の国民の数的総和という以上の独特の意味合いが込められており、それはまた、彼のかなり特徴的な国家観とも結びついていた。

柳田の考えるところの「国家」と、それを構成する「国民」とは、次のようなものである。

加之国家ハ現在生活スル国民ノミヲ以テ構成ストハ云ヒ難シ。死シ去リタル我々ノ祖先モ国民ナリ。其希望モ容レザルベカラズ。又国家ハ永遠ノモノナレバ将来生レ出ヅベキ我々ノ子孫モ国民ナリ。其利益モ保護セザルベカラズ。

(『農業政策学』28－二九四)

国家は、生きている人びとだけでなく、すでに死んだ人びとと、これから生まれてくる人びとをも成員として含む時間を越えた共同体であると柳田は言う。こうした理念的な議論は、哲学や法学の思考とは縁の遠い自然科学畑(農学)出身の農政学者たちには、ほとんど理解されなかったであろう。もっとも、このような国家観は柳田独自のものではなく、同様の考えはイギリスの保守主義思想家エドマンド・バークにも見られるものである。フランス革命を批判した書物の中で、バークは次のように述べている。国家という合同事業は、一時的利益のために作られ、いつでも気ままに解消できるような低級な事業ではない。国家は、科学、芸術、道徳の完全な完成のための合同事業であり、その達成には長い時間がかかる。したがって、「それは、いきている人びとだけのあいだの合同事業ではなく、いきている人びとと死んだ人びととうまれてくる人びととのあいだの合同事業である」（水田洋訳『フランス革命についての省察』）。橋川文三は、柳田の国家観は、大学時代にバークの考えを学ぶことで形成されたのではないかと推察している。

いずれにせよ、「現在活きて居る人ばかりが日本国民ではない」（「田舎対都会の問題」16－四四）という考え方は、柳田が国家や共同体を論ずる際の大きな特色となっている。柳田の国家観における、時間を越えた共同体の統一という考え方は、のちに彼が「家」を論ずる際には、「家門は此意味に於て、年代を超越した縦の結合体であった」（『先祖の話』10－一二四）という形で反復されることになる。とりわけ、縦の共同を構成する死者たち、すなわち「既に土に帰したる数千億万の同胞」（「農業経済と村是」16－一七）への関心は、やがて先祖信仰の問題としてとらえなおされ（三一六頁参照）、柳田民俗学の最も重要なモチーフを形づくることになる。

産業組合の思想——『時代ト農政』

貧窮農民の救済

それでは、農政学者としての柳田は、当時の具体的な農政問題についてどのように考え、またどのような「社会改良」を構想していたのであろうか。明治三十年代から四十年代にかけての日本の農政が直面していた最大の政策課題は、窮乏のどん底にあえぐ農民をいかにして救済するかということであった。当時の農政の指導者的立場にあった横井時敬は、「日本の農民は極端に云えば憐れなる者である。実に豚的生活である。人間的生活でない」と農民の窮状を訴え、「貧乏を止める工夫をせねばならぬ」と叫んでいる（「農業の根本的改良」『農村行脚三十年』）。

しかしながら横井は、一人ひとりの農民の「幸福」を目的として、「貧乏を止める」ことを説いたわけではない。彼が農民救済の必要を訴えたのは、農民の窮乏が国家のためによろしくない結果をもたらすという理由からであった。「豚的生活」にあえぐ零細農民たちは、農業に見切りをつけて都市へと流出している。農村労働力の減少は、地主にとっては労賃の上昇、つまり生産コストの上昇をもたらす。また、没落した自作小農たちは、生産向上の意欲を失い、そのことは農業生産全般の停滞につながっていく。頑健な兵士の供給源である農村の衰退は、国防上の見地からも由々しき問題である。

「農業を盛んにするのは即ち国家の為めである」（「農民の覚醒」『農村行脚三十年』）というのが、横井ら農本国家主義者にとっての農政の大目的であり、貧困問題もまた、「貧乏する人が多いが宜《よ》いか少いが宜いか、国家の為にドチラが宜い」かという基準で測られるものであった（「農業の根本的改良」『農村行脚三十年』）。

「貧乏なさるのは勝手であろうが、国家の為に貧乏してはならぬ」（同）という立場から、横井ら農本主義者が提言し、農政当局が推進したのは、第一には、従来から行われてきた、技術改良による生産増大政策である。柳田入省時の上司であった酒匂農政課長は、塩水選種、短冊形苗代、稲苗の正条植など、いわゆる十四か条の農事必行事項を指令し、反当りの収量増加を図った。しかし、猫の額のようなわずかな耕地にしがみつき、その日その日の飯米にあくせくしている零細農民には、農事改良に力を注ぐ余裕はなかった。小作農は、害虫が発生しても駆除せずに放置し、むしろ被害を理由として地主に小作料の減免を訴える道を選んだ。酒匂は、年次統計が発表されるごとに、「農産増殖の事実」を期待したが、その願いはいつも水泡に帰したと嘆いている（「農政所感」）。農事改良の実効が上がらないことに業を煮やした行政官庁は、農事必行事項を守らない農民に対して、罰金・拘留の罰則を課して改良を強制した。これが、いわゆるサーベル農政である。

収量増加をめざす生産政策と並んで採られたのが、農産物価格を維持するための保護関税政策であった。また、高利貸以外に金融手段を持たない農民に、低利資金融通の道を開く産業組合や、災害等に備えるための農業保険の制度が創設された。しかし、横井や酒匂ら農本主義者にとって、そうした政策・制度は、困窮農民のこれ以上の転落を防ぐという消極的な意味しか持たず、農業や農村の抜本的な構造改革は彼らの意図するところではなかった。

柳田の農民自立推進策

柳田は農商務省入省当初から、旧来の生産政策、農民保護政策では農民生活の根本的な改良は図れないと主張し、酒勾農政課長をはじめとする農政界の主流と衝突を繰りかえしていた。田山花袋の小説『妻』にも、柳田をモデルとした登場人物「西さん」が、「先輩からの圧迫を常に役所で受け」ながら、「今日は一日口が酸くなるほど議論をした」、「いくら重要な新しい議論をしても老人連には解らんのだから」と嘆く様子が描かれている（『妻』二十九）。

柳田の見るところ、農民・農村の抱えるさまざまな問題は、日本農業が資本主義市場経済に適応できていないという構造的な欠陥から生じたものである。農産物の市場での売却を前提に成り立っている現在の日本の農業は、すでに商業・鉱工業と変わらぬ一種の職業、すなわち営利活動になっている。にもかかわらず、農村の経済構造や農民の意識、さらには農政のあり方さえもが、いまだに自然経済時代の「職業ナラザル農」（『農業政策学』28－三三五）の幻影を引きずっている。そのことは、わが国の農業者が、職業・企業としては到底成り立たない、きわめてわずかの利益に甘んじながら生産を続けているという事実によく現れている。農業によって得られる利益は、平年においてもかろうじて生計を維持できる水準にとどまり、余裕を蓄えて資本を増加することはできない。

そのため、いったん不作や自然災害に遭遇すればたちまち再起不能に陥り、窮民へと転落してしまう。しかも、このような状態を農民自身が疑問に思わないばかりか、農政学者・当局者までもが、零細農民の窮状は、動かすことのできないわが国農業の所与の条件と見なしていた。たとえば横井時敬は、農業は「経済上の言葉で言って見れば、企業と云うものではない」(「農業の根本的改良」)のであり、農民が経済思想を身につけたら、馬鹿馬鹿しくて農業などできないであろうと公言している。

柳田は、農民が「職業ナラザル農」の境遇に甘んじている現状を変えない限り、農民の幸福を実現することはできないと考える。すなわち、農政の目標は、農民を市場経済における経営主体として自立させることにあり、国家の政策はその自立を支援するものでなければならないというのが、柳田の基本的な農業政策観であった。そして柳田は、農家経営の自立支援策として、経営規模拡大政策(中農養成策)、小作料金納制の採用、産業組合の活用などを提言している。中でもとりわけ柳田が大きな期待をかけたのは、産業組合(目的別に信用組合、販売組合など四種に分かれる)の制度であった。

産業組合の本質と狙い

産業組合は、資本力のない小農・小商工業者の転落を防止するために創設された制度で、「中産以下の産業者」を連合させて「蛩固なる一の信用主体を構成」することを目的としている(平田東助『産業組合法要義』)。柳田は、産業組合を貧困撲滅の切り札と考え、ほとんど個人的な情熱を傾けてその普及業務に取り組んだ。「社会一切の害悪に対する万能の霊薬」(「土地と産業組合」)とされる産業組合の利益を、柳田は二つの面から説明している。その一つは、低利での融資が受けられるとか、共同で廉価に物品が購入できるといった「有形的利益」である。しかしながら、産業組合の真の精神は、そういった「有形的利益」ではなく、むしろ「無形的」なものにある。

> 産業組合の主たる精神は却《かえっ》て無形的即ち円満なる社会、幸福ある家庭を構成する無形的要素を与えんとするにあり。（「産業組合講習会講習筆記」、以下「講習筆記」と略す）

産業組合によって得られるのは、「協同一致の利」であるが、協同することによる効果は、金銭上のことよりも、「智識の上」の方面に著しく現れる。たとえば、村に一人の老農があれば、さまざまな農業知識が郷党の間で分配・交換・応用され、まるで「智識の組合」を持ったようなことになる。動物が、強い力を持ちながら進歩することができないのは、知識の交換・共有ができないからである。産業組合は、表面の組織は商事会社と変わらぬように見える。しかし、産業組合の真価は、一週間あるいは二週間に一度集合して、「組合其他《そのた》農事上の談話をなし懇親と智識を進むる」ところにある。維新前には、郷党の間には親子以上の親密な交際・助け合いがあったが、それらは利己主義の横行する今日の競争社会の中で次第に廃れようとしている。産業組合は、かつて存在した郷党間の親睦を維持するのにも役立つであろう。また、対人信用による融資の制度は、組合員の道徳心（勤勉・正直）を養成する効果も期待できる。柳田はそのように述べ、産業組合を「一種の教育機関として利用する」ことを説いている。

法人としての産業組合は、組合員の経済的自立を支援するための「経済の機関」である。実際、産業組合は「営利を目的とせる法人」ではあるが、商法に依拠する商事会社とは異なり、「利益配当」、すなわち個々人の私益の追求を目的とする機関ではない。産業組合の本質は、各人の利己的活動を支援するのではなく、協同して全体の利益を追求していく活動を通して、各人が幸福を実現していくことにある。「自力、進歩協同相助是《これ》、実に産業組合の大主眼なり」（『最新産業組合通解』28－一三〇）と柳田は言う。協同して全体の利益（公益）を追求していくことが、そのまま個人の利益（私益）の増加につながる。協同することそれ自体が、個人の自立となるのである。

産業組合がそのような「相助自立の合同」（「産業組合資金融通所の話」）を本質とするならば、それはもはや単なる「経済の機関」ではなく、幸福な人間生活そのものの成立にかかわる「人道」の機関である（「産業組合の必要有益なるは利益の問題にあらず。人道の問題にして我国多数の人民をして僅かの災害に餓死するが如き事を防ぎ即ち少しも今日の境遇より堕落せしめず外間よりの圧迫に堪えしめ能く風教を維持せんとするにあり」・「講習筆記」）。

柳田は、産業組合普及活動に当たって、一方では、個々の農家の経営規模拡大や資本供給の手段として利用することを説いた。また一方では、懇親、智識交換といった精神的な協同の必要を説いた。これは、かつて自然経済の村が果たしていた互助組織としての役割を、新時代にふさわしい仕方で産業組合に継承させようとするものであった。いわば柳田は、産業組合を手段として、農民個人と村の協同組織の両方を、一挙に近代化することを狙っていたのである。

孤立する柳田農政学

農家経営の近代化を図る柳田の農政論は、「余りにもその時代の農政学や農業経済学の問題意識や認識水準から高く距りすぎ」（東畑《とうばた》精一「農政学者としての柳田国男」）ており、当時の農政界では「ただ孤独なる荒野の叫び」（同）としてあった。たとえば、幕末以来の農民の互助組織である報徳社は、非常時のための助貸という融資制度をもっていた。柳田はそれを、生産拡大のための積極的な投資に活用するよう提言している。これに対して報徳社の大御所岡田良一郎の答えは、「借金して肥料を買うは惰農の事なり、故に小農は金融に格別の必要無きものと知るべし」（「再たび柳田國男氏の報徳社と信用組合論を読む」）というものであった。横井時敬もまた、投資資金の借り入れという資本主義的な発想をまったく受け付けず、信用組合の不用論さえ唱えるありさまであった。

『時代ト農政』の序文で、柳田は「どうも柳田の説は変だと駒場の専門家が言われました。又某県の良二千石《りょうにせんせき》〔注、すぐれた地方長官〕もあの男の言うことは分らぬと断定せられたそうであります」（16－六）と述べている（「駒場の専門家」は横井、「某県の良二千石」は、橋川文三は「下岡忠治《しもおかちゅうじ》」と推測するが、あるいは鹿児島県知事として辣腕を振るい、自身も産業組合を創設した「加《か》納久宜《のうひさよし》」あたりかもしれない）。

たしかに、柳田の具体的な提言は先進的に過ぎて受け入れられなかった。しかし、柳田は農民の自立は、最終的には各人の自覚に俟《ま》つほかはなく、国の政策はあくまでもそれを誘導・支援するに過ぎないという考え方を持っていた。そして、当事者自身の意欲を刺激し、自ら生活の改良に取り組ませる力を持つものは、教育・学問の力であると信じていた。そのことは、『農業政策学』の中の「農事教育」の論や、産業組合の教育的効果を強調する論の中にはっきり現れている。「国民総体の幸福」というものも、結局は当事者としての国民一人ひとりが、なぜ現在はこのような状態になっているか、また現状の何を改革すべきかを、自ら学び、知り、考えること以外に真にそれを実現する道は開かれないというのが、農政界での孤立の中で柳田が深めていった確信であった。この確信はやがて、「常民生活の歴史」を常民自らが知る学としての日本民俗学の道へと通じていくのである。

個人主義思想の克服

明治三十六（一九〇三）年五月二十二日、一人の第一高等学校生徒が、「巌頭之感《がんとうのかん》」と題する次のような一文を大樹の幹に刻み、日光華厳の滝に身を投げて命を絶った。

悠々たる哉天壌《てんじょう》、遼々たる哉古今、五尺の小躯を以て此大をはからむとす。ホレーショの哲学竟《つい》に何等のオーソリチーを価《あたい》するものぞ。万有の真相は唯一言にして悉《つく》す、曰く「不可解」。我この恨《うらみ》を懐いて煩悶終《つい》に死を決するに至る。既に巌頭に立つに及んで、胸中何等の不安あるなし。始めて知る、大なる悲観は大なる楽観に一致するを。

この事件は、それまでの死生観ではとらえられない哲学的な自殺として、世間に大きな衝撃を与えた。柳田は、産業組合講習会でこの事件に触れ、「彼の或る青年が日光華厳の滝に其の身を投じたるが如きも個人主義より終に自分のみ満足を得んとしたるが為めなり」（「講習筆記」）と述べている。そして、産業組合はこのような「個人主義の弊害」に対する「調和剤」であると主張する。

利己的な個人主義は、柳田の最も嫌う思想であった。民権運動盛んな時分、泥酔した博徒が庭に入り込んで、「自由の権」だと騒いだ事件があり、それ以来「自由」という言葉に良いイメージを持っていないと、柳田は折に触れて語っている（「母の思ひ出に」・『故郷七十年』、「自治農政」、「講習筆記」）。「自分一個の利益と抵触するものは悉く不当のものの様に考えて居る様《よう》な者」（「自治農政」）に対して、柳田は晩年にいたるまで嫌悪の情を隠さなかった。人間は孤立しては生きていけないのであり、「名称こそ組合と言わぬが、人は孤立独行して生活することの出来るものでないからは、町村も一つの組合である。大字、小字も一つの組合である。言葉を換えれば人の生活は常に組合である」（「産業組合資金融通所の話」）というのが、柳田の人間観でありかつ産業組合観であった。

とはいえもちろん、彼のいう「協同」「合同」は、個を滅却した共同性への埋没を意味するものではない。「元来産業組合は自助的のものなれば人の世話を受けざるを以て本旨とするなり」（「講習筆記」）という自立・自助こそが、産業組合の精神であり、また本来の人間共同の精神でもある。組合員は他人に依存する精神を捨て、「独立心」「独立自営心」を育てなければならない。組合の協同は、「各自の有する独立自営心を糾合して一の大なる独立自営を作りたるもの」であって、互いに頼り合うことを意味するのではない。「個人主義唯我主義を退けんには産業組合は尤も適当なる方法なり」と柳田は言う。そこで彼が思い描いているのは、農本主義者の考えるような自然村の伝統的な秩序ではなく、「自力を以て発達するの覚悟」（「自治農政」）を持つ自立した個人が協同する、「合同的自助」「共同自助」の組織であった。

「私が自己の内部生活を実在の上に基礎づけようとする要求に忠実であるならば、私はEgoistであるより外はなかった」（倉田百三『愛と認識との出発』）。これは、当時、多くの青年知識人たちの心をとらえた強迫観念であった。こうした極端な独我論・利己主義にとらわれた自我が、「いかにして私が自己を肯定するごとく、確実に、自明に、他人の存在を認識すること」（同）ができるかというのは、明治末から大正期にかけての時代の思想的課題であった。「個人あって経験あるにあらず、経験あって個人あるのである」（『善の研究』序）という立場から出発する西田幾多郎の哲学、「倫理を単に個人意識の問題とする近世の誤謬から脱却」（『倫理学』序論）し、倫理学を「間柄」としての「人間の学」として規定する和辻哲郎の倫理学、近代日本の哲学を代表する彼等の思索は、いずれも個人主義からの脱却という問いから出発している。産業組合論にはじまる柳田の共同体論もまた、そうした時代の問いに対する一つの応答であった。

第Ⅱ章

民俗学への道

路傍の石碑（岩手県遠野市）「路の傍に山の神、田の神、塞の神の名を彫りたる石を立つるは常のことなり」（『遠野物語』98）。柳田の描く遠野郷は、経済的な単位としての小世界であるのと同時に、境界神に守られた観念的な共同体でもある（102頁参照）。

趣味の天狗・山人研究――「幽冥談」「天狗の話」

第三の濫読時代

さきに見たように、明治三十五（一九〇二）年、柳田は二十八歳で内閣法制局参事官に転じている。翌年、徴兵検査のため浅草に寄留、検査結果は丙種であった。当時浅草近辺は徴兵率が低かったといわれる。浅草への寄留は、あるいは養嗣子を徴兵されないための養親の配慮によるものであったのかもしれない。明治三十七（一九〇四）年、日露戦争が勃発すると、「いつ召集されるか知れないというので、戦争に関係のある仕事をしている方がよかろうということになり」（『故郷七十年』別3－三八四）、横須賀の捕獲審検所（拿捕した船舶の処置を決める機関）の検査官を兼任する。明治四十一（一九〇八）年一月には、兼任宮内書記官、四十三（一九一〇）年六月には、兼任内閣書記官記録課長となる。大正二（一九一三）年には、法制局で最上席の専任参事官となり、翌大正三（一九一四）年四月、四十歳で貴族院書記官長に転ずるまで、十二年余りを内閣法制局で過ごした。

柳田の在籍していた時期の内閣法制局は、「とにかく暇が多い」役所であったという。その閑暇の中で次第に深入りしていった趣味が、いつのまにか民俗学という学問を準備していくことになる。柳田の生涯において、法制局時代は役人生活以外に「もう一つくらい何か余暇に出来るだろうという気持」、「道楽としてというか、副業として何か出来るだろうという気持」で始めた、「民俗学というものの材料をあつめる仕事」(『私の哲学』)が次第に軌道に乗り、日本民俗学の基礎が固められていく時期であった。

柳田は、当時の法制局の雰囲気を、次のように語っている。

我々の居た頃までは、法制局は一種の研究所、乃至は学校のような性質を半面には具えて居た。議会が幾度か解散せられると、審議立案の事務は忽ち進行を中止する。外地の施設の如きも一般にまだ簡易であって、懸案というものが尠《すく》なく、暫く閑散の日の続くことも稀でなかった。用の無い時には我々は読書をした。もしくは調査と称して数旬の旅行をした。

(「法制局時代の上山氏」23－四五一)

この「暇の多い」環境の中で、彼のいわば第三の濫読時代が訪れる。柳田が職務の上で関係していた内閣文庫には、「内務省の地理局で採集した昔の地誌類が沢山あって」、史料探しにほとんど苦労することなく「自分の傾いた趣味の道を進む事が出来た」のは、「第二の幸福」であった(『老読書歴』23－三六八)。「困蟻《こんぎ》労程」と題する明治三十六年の読書記録からは、内閣文庫に出向いて紀行随筆や地誌の類を読み漁っていたことがわかる(注、柳田没後に発見された明治三十五年から六年にかけての読書日記。成城大学民俗学研究室編『伝承文化』第五号所収。ただし第一巻は「困蟻功程」と題されている)。「困蟻労程」はもともと、農政学の勉強のために記録されたものであるが、農業経済に関するメモに交じって、西洋の文学作品の読書記録や、「天狗」「むじなの小豆洗い」「ものいう猫」など彼の趣味に関する記事が散見される。そして、『遠野物語』が刊行された明治四十三年六月には、兼任内閣書記官記録課長を命じられ、正式の職務として内閣文庫の書物の整理に携わることになる。

明治の天狗ブーム

柳田がいう「傾いた趣味の道」とは、具体的には天狗や山男など、山中の怪異を研究することであった。内閣文庫に入り浸ってその蔵書を読み漁っていた頃、柳田は、「集古会」という発掘品や古物を収集・研究する好事家の集まりに参加している。そこで彼は、『石神《いしがみ》問答』の主要な文通相手の一人、山中笑《えむ》（共古《きょうこ》）と知り合っている。「民俗学の上で国男が兄事した最初の人間」（岡谷公二『柳田国男の青春』）とされる山中共古は、「メソジスト派の篤実な牧師であり、民俗学の先駆者であり、江戸文化の研究家」（同）であった。山中は、日本の石器時代人をめぐって明治二十年代に交わされたアイヌ・コロボックル論争には、アイヌ人説の立場で参加したことでも知られている。その集古会の機関誌『集古会誌』に付された会員名簿（明治三十九年五月）の「研究蒐集又は趣味を有する欄」に、柳田は「天狗に関するもの」と書き入れている。明治四十二年に発表された「天狗の話」という随筆の冒頭で、柳田は、「私が天狗を研究して居るというのは無論虚名である」（4－四一七）と冗談めかして述べている。

この頃の柳田は、趣味で天狗を研究している物好きなお役人として知られていたようである。その当時國學院の学生であった折口信夫は、『遠野物語』刊行以前から「仙人の事など」を研究する人として柳田のことを聞き知っていたという。折口もまた、柳田のことを天狗・山人の研究をしている平田派の幽冥思想家の一人と思いこんでいた。のちに折口は、「そういう方面では、宮地厳夫《みやじいずお》さんなど、いう方が、平田翁の影響で深入りしていましたから、そう言う傾向の方かという風に、先生をも想像していました」(「先生の学問」)と述べている。

現代の妖怪趣味の世界では、天狗はどちらかというと目立たない扱いを受けている。しかし柳田の天狗研究は、特定の妖怪だけを問題にする狭い趣味ではなかった。平安・鎌倉時代における妖怪世界の立役者が「鬼」であったように、明治時代において「天狗」は、お化けの代名詞ともいうべき存在であった。明治の初め、洋学者たちは因習や迷信を打破する啓蒙運動を展開したが、その際彼らが、宗教的迷妄を象徴する存在として槍玉に挙げたのが「天狗」であった。啓蒙知識人の雑誌『明六雑誌』には、「死刑論」「拷問論」「妻妾論」など、封建時代の因習を攻撃する多くの論が収められているが、それらと並んで「天狗」や「狐」に関する論説も掲載されている。津田真道《まみち》の「天狗説」(『明六雑誌』第十四号・明治七年七月)と題する論では、「天狗」は、愚民を脅して仏道に帰依させるために僧侶が作り上げた架空の存在であって、それを博学多識の学者までが信じているのは解せないことだと述べられている。天狗を信じている学者というのは、平田篤胤派の国学者を指している。柳田自身も、「幕末から明治の初年にかけては、天狗話の多かった時代」(『柳田國男対談集』「銷夏奇談《しょうか》」)であったと見ており、「今日本で幽冥と云う宗教の一番重《おも》な題目は天狗の問題」であると述べている(「幽冥談」)。明治時代において、「天狗に関するもの」への関心は、死後の世界や神仏の世界をひっくるめた「他界」全体への関心を意味していたのである。

山人と神隠し

柳田は、父松岡操の影響もあって、子どものころからお化けの話を愛好していた。平田篤胤が天狗について論じた『古今妖魅考』を読んで以来、天狗の話を蒐集していたとも述べている（「平田先生の古今妖魅考を読んだのは、まだ少年の時代のことでしたが、あれではお寺の人たちが承知せぬだろうと思って、更に幾つもの天狗・狗賓《ぐひん》に関する実話というものを、聴き集めて置こうと心がけました」『妖怪談義』自序・4－二八七）。ことに篤胤の『仙境異聞』が記録する「神童寅吉」の物語には大いに興味をそそられたようで、柳田はさまざまなところでこの物語について言及している。

しかも、柳田の故郷である「播州は神隠しの話の非常に多いところ」（『故郷七十年』別3－一五〇）であり、柳田自身も幼年時代に二度にわたって神隠しに遭いかけた経験を持っている。その当時、神隠しをすると考えられた「最も有力なる嫌疑者」は「天狗狗賓」であったが、柳田の生まれた村の一帯はまた、「グヒンサンの話の多い地方」（『山の人生』4－七四・八〇）でもあった。天狗は、彼の幼少年時代における最も身近な畏怖の対象だったのである。

『遠野物語』が刊行される以前、柳田は、いわゆるお化けの世界に関するいくつかの文章を発表している。明治三十八（一九〇五）年九月には、天狗の伝承を題材とした「幽冥談」という談話筆記を、親友国木田独歩の主宰する『新古文林』誌上に発表している。「幽冥談」は、柳田が民俗的なものに関するまとまった考えを発表した最初のものであるとされる。この中で彼は、平田篤胤の幽冥論や、ハイネの『諸神流竄記』の要旨を紹介している。明治四十二年には、すでに述べた「天狗の話」を『珍世界』誌に発表（三月）、また翌四十三年には、天狗に関連する妖怪談や山中の怪異を取り上げた「怪談の研究」（三月）、「山人の研究」（四月）を発表している。これら一群の考察からは、柳田が天狗や神隠しの伝承から何を探り出そうとしていたのかをうかがうことができる。

　柳田の見るところ、天狗にまつわるさまざまな伝承は、諸外国とは異なる日本の妖怪変化の特質を示している。柳田がとらえている日本の「妖魔」の大きな特徴は、「山に属している」ことと、「神隠し」を行うことの二つである。柳田が関心を持って材料を集めているのも、「世間でよく云う妖怪談」（怪談百物語の類や、『聊斎志異』などを種本とした怪談文学など）に出てくる「普通の妖怪」ではなく、「山男」「天狗」など山に住み、神隠しをすると伝えられている妖怪変化である（「怪談の研究」）。西は九州の南端から、東は奥羽まで、山中の不思議な住民である「山人」の消息を聞かない場所はない。「山人」は、古くは「天狗」の別名ともされていた。所によっては、「山神」「山男」「山女」「山童《やまわろ》」「山姫」「山丈《やまじょう》」「山姥」などといい、また「大人《おおひと》」と呼ぶこともある（「山人の研究」）。

　このように、日本では「妖魔」が「山に属している」のは、誰もがあたりまえのことと思っている。しかし、「西洋の魔所は決して山のみに限られていない」し、また日本のように神隠しが多い国も世界の中では珍しい（「怪談の研究」）。どの国の国民もみな、「銘々特別の不可思議」、すなわちお化けの伝説・信仰を持っている。それらは大きく共通する部分もあるが、それぞれ「違った特色」も持っている（「幽冥談」）。日本にはなぜ神隠しの話が多いのか、また、日本の妖怪変化の多くはなぜ深山に住むといわれているのか。そういった違いを研究すれば、昔の人の生活感情や日本人の国民性の特色を解明することができるのではないか。柳田は、そのように考えていた。

山人先住民族説

公務で地方に旅行した際にも、柳田はその土地に伝わる天狗や山男の伝承を聞き取って、こまめにメモを取っている（『北国紀行』）。この頃の柳田の頭の中には、天狗・神隠しに関する一つの仮説が組み立てられていた。その仮説とは、山人・山男・山女などと呼ばれる山中の異人は、実は日本列島の先住民の末裔であるとする説である。

柳田によれば、大和民族が渡ってくる以前にこの列島に住んでいた民族は、古い時代には国津神とか荒ぶる神と呼ばれていた。台湾の先住民に「熟蕃」（帰順し、同化した先住民族）と「生蕃」（帰順しない先住民族）があるように、国津神とよばれた人びとも、その一部は大和民族と和睦し同化していったが、一部には帰順せず、敵対し続けた者もあった。そして、一部の同化を拒んで山に住んだ人びとは、ある時代には「鬼」と呼ばれ、またある時代には「天狗」の名で呼ばれた。時代が進むにつれ、彼らは次第に山奥に追い込まれて孤立した生活を続け、今日ではほとんど絶滅の危機に瀕している。

しかし今日でも、「伐木坊《きりきぼう》」、「天狗の礫《つぶて》」、「小豆とぎ」、「山中の大草鞋」など、全国各地さまざまな山中の怪異現象が語り伝えられている。それらの多くは、おそらくは山中で暮らす先住民たちの平地民に対する威嚇行動であると考えられる。たとえば「神隠し」といわれる神秘現象も、実は平地住民からの掠奪によって配偶者を得ようとした彼らのしわざであろう。このような仮説のもとに柳田は、山の神の信仰や境界に神を祀る風習などの起源を、敵対する異民族に対する恐怖という現実的な基礎に求めようとしたのであった。

もっとも、山中の異人が異民族の末裔であるとする説自体は、すでに井上圓了が『妖怪学』(「理学部門第五講・異人篇」)の中で述べていることであって、柳田の独創ではない。また、柳田の異民族説自体も、のちに南方熊楠《みなかたくまぐす》の反論にあってからは、表立って主張されることがなくなってしまう。とはいえ、彼の山人研究の意義は、異民族仮説そのものではなく、むしろ仮説を導きの糸として生まれた副産物のほうにある。その一つは、日本人の山に対する信仰の構造を明らかにしたこと、そしてもう一つは、山中で漂泊する人びとの歴史や生活実態を明らかにしたことである。「山に埋もれたる人生」に光を当てた『山の人生』(大正十五年刊)は、そうした彼の山人研究の一つの到達点である。

官僚としての農村行脚

調査・講演旅行

内閣法制局時代の柳田が、法案や制度の立案・審議といった本業以外に、農事講習会などで数多くの講演を行っていたことはすでに述べた。農政が大きな変革期を迎えていた明治三十年代後半から四十年代にかけては、農村での講習会が一種のブームとなっていた。農学者や農政学者の主な仕事は、地方を回って講演をする「農村行脚」であり、「少し有名な農学者になれば引張りだこ」（対談「近代文芸の源流をたづねて」）の状態であったという。柳田もまた、講演や視察の名目でたびたび地方への出張旅行を命じられている。

柳田の官吏としての公務出張旅行は、明治三十四（一九〇一）年に、群馬県の養蚕地帯を視察したのが最初である。その後の主な「官費」旅行を拾ってみると、同年十一月から約四十日間の長野県講演旅行、明治三十五年八月、東北方面の視察旅行（二週間）、明治三十六年二月には小作騒動の視察で岡山県北部へ出かけている。明治三十七（一九〇四）年には、捕獲審検所の用務で月に数回、横須賀、佐世保への出張があった。明治三十八年から三十九年にかけては、産業組合関係の講演のため、茨城、奈良、福島、愛知、静岡各県に一週間から二週間の日程で出向いている。明治三十九（一九〇六）年の秋には、約二ヶ月間かけて東北、北海道、樺太をめぐっている。明治四十年にも、新潟、山形、秋田、福島各県をめぐる約一ヶ月間の講演・視察旅行を行っている。

「私は元来が農民史を専攻してみようと思って、学問を始めた人間である」（『郷土生活の研究法』25－三二六）と自ら述べているように、柳田が大学で研究したのは日本の農民史・農業経済史である。農民・農村の歴史の深い知識に裏付けられていることが、彼の農政学の特色であり、強みでもあった。そして、彼が歴史研究のなかで培ってきた農民・農村に対する理解は、旅先で農村の実態を観察することによって、さらに深められていくことになる。

明治時代の農村調査

明治における学者たちの農村行脚には、大きく二つの型がある。一つは、近世のいわゆる老農の仕法（経営指導）や農法指導の流れを受けつぐものであり、もう一つは西洋近代農法を学んだ農学士たちによる農事の巡回指導に始まるものである。明治初期には農学校出身者と先進的な農法の実践者である老農（勧農社を創設して西日本農法の普及に当たった林遠里《おんり》などが有名である）が、協力して農事改良を指導した例も多い。

明治十四年に農商務省が設置される頃から、農事指導の主たる担い手は農学校で養成された技師たちの手に移っていく。行政権力を背景とした「洋服・山高帽の県技師や農会技師」（『日本老農伝』）の半強制的な巡回指導が威力を振るう一方で、近世老農の仕法の伝統を汲む農村指導・農村調査に携わる学者・農政家も少なくなかった。その代表的な例として、明治二十年代、疲弊した村落に招かれて立て直しを請け負った石川理《り》紀《き》之《の》助《すけ》をあげることができる。「天下の老農」と称された石川は、蓑笠・草鞋という老農スタイルで村をめぐり、財政再建のために「適産調《てきさんしらべ》」と称する精密な実態調査を行った。その調査項目は、地勢、土壌、人口、耕地の面積・所有関係・地価・地租、資産・負債、物産、風俗、歴史など村落に関する考えられる限りの事項にわたっている。適産調は、明治二十八年から三十五年までに二県八郡四十九町村で実施され、七百三十一冊の記録が蓄積された。

この石川と結んで全国を行脚し、地方産業の振興運動を展開したのが前田正名《まさな》である。前田は、山梨県知事、農商務省次官経験者で、野に下ったのちにいわゆる町村是《ちょうそんぜ》運動を提唱した。町村是というのは、「適産調」にヒントを得て前田正名が構想したといわれる町村の現状調査及び将来計画の文書である。石川と同様、前田も蓑笠・草鞋というスタイルで全国を回り、町村是の作成運動を展開した。「洋服・山高帽」は西洋農学を学んだ農政官僚や農業技師を象徴する姿であったが、農学校出身者でも、斎藤萬吉のように粗服に草鞋・脚絆の老農スタイルを貫く者もあった。

駒場農学校で酒勾常明と同期であった斎藤は、「法学者及び経済学者の説明する所の農政学」は、農業の実地に適用できないものであると批判し、農村経済の実地調査報告をまとめた『実地経済農業指針』などを著している。農事試験場の技師時代に、ある県の試験場員が立派に着飾って頭髪をピカピカさせていたのを、「そんな立派な服装をして農事の世話ができるか」と一喝したという逸話も伝わっている。農村は善農、老農及び「生き神様」（村長、小学校長など学問のある指導者）で成り立つと考え、農科大学の教え子に「生き神様」になることを勧め、自分も行く末は村長になってみたいと説いてやまなかったという（須《す》々《す》田《だ》黎吉《れいきち》「斎藤萬吉の人となり」）。帝国大学出身の法学士柳田が常に意識しなければならなかったのは、ハイカラな洋服学者に批判の眼を向ける老農・篤農的な農学校出身者（宮沢賢治などもそうした類型に含まれるだろう）たちの視線であったろう。

経済事情の地方的特殊性

農山村の実地の調査・観察を踏まえながら、柳田が改めて注目したのは、同じ農村とはいっても、その経済事情は土地によって千差万別であるという事実であった。明治四十二年七月の講演をもとにした論考「農業経済と村是」の中で、柳田は次のようなことを述べている。

明治の今日、農業は地方によって事情を異にし、かつ少しもとどまらずに変化し続けている。養蚕など特用農産物生産の発展により、自家の食料である米・麦を生産しない農家が出てきたことが明治の農業の大きな特徴である。このまま進めば、将来は同じ経済状況の下であっても各地方の利害が相反して、全国一律の解決ができない問題が起こることを予想しなければならない。江戸時代までは、「米中心の農業経済」政策が全国の農村にあまねく適用できたが、現在では、平地の米作を標準とした一律の農政ではカバーしきれない問題がだんだんと増えてきている。「日本は全体世界に稀なる山国で且つ島国」である。「孤島」を集めれば相当な面積にのぼり、「僻遠の山村」は国土の半分を占めている。それゆえ、「平地農に対する農政ばかりでは済まぬ」（16－一九）のである。

　この頃の柳田の文章には、画一的な農業行政への批判と、米作地域ではない「山」や「島」の視点から日本をとらえなおす見方とが表裏一体になった発言がしばしばあらわれる。たとえば「肥筑の民風」（明治四十一年七月）では、「統一に過ぎたる行政方針を以て平地の標準を適用」することによって、阿蘇の高原地帯の牧畜を主とする永年の土地制度が破壊されることへの危惧が表明されている。甘藷を主食とし、米が贅沢品となっている島の産業を報告した「天草の産業」（明治四十一年十月）は、「単純なる法則の下に、社会の行動を律し様《よう》とする書生の想像には及ばない所かと思う」という一文で結ばれている。また「山民の生活」（明治四十二年十一月）では、「立派な技師技手を何人も置いて、稲はこうして植えるがよい、虫はこうして取れ、肥料は何がよいと綿密に世話を焼く」、いわゆる農事改良とは全く無縁な焼畑・切替畑が日本の広い地域に行われていることが説かれている。

「島々の話（その一）」（明治四十二年五月）には、経済事情の地方的特殊性の理解が、日本文化論の構想へと展開していくさまをうかがわせる次のような発言もあらわれてくる。

　日本は決して平地ばかりの国では無いので、非常な深山もあれば数千の離島がある。平地だけに文明を布いて満足することの出来ぬ国である。（1－四四六）

同じく「島々の話（その二）」（四十三年四月）では、中国正史の倭国伝にしばしば見られる「山島に依って居を為す」という言葉を引きながら、日本人の祖先は「舟で渡って来ながら山民であった。険岨なる山島に居を占むることを、苦にしなかった故に国を開き得たのである」と述べ、「古い日本を知る為には深山と共に島々を求めねばならぬ」（1－四五四）と主張している。のちに見るように、

「山」と「島」は、柳田民俗学の鍵となる重要な概念である。前者は山神・山人の研究から先祖信仰の研究へ、後者は晩年の『海上の道』などにおける日本人論へとつながっていくのである。

農山村の「隠れた連帯」

各地の農山村を歩く中で、農業経済の実態と並んで、柳田が特に関心を持って観察したのは、村々で古くから行われているさまざまな共同事業の慣行であった。

すでに述べたように、農政学者としての柳田は、農業者が自らの力で生活を改良していく手立てとして、産業組合の制度に大きな期待を寄せていた。柳田が産業組合制度に注目した背景には、日本の農民が古くからさまざまな互助組織を結成して幸福を追求してきたという事実があった。そして、産業組合以前のそうした事実上の組合制度の歴史は、大学時代の柳田の研究テーマでもあった。明治四十（一九〇七）年に発表された論考で、柳田は次のように述べている。

遠く実例を外国に求むるを要せず、現に同胞農民が知りつゝ又は知らずに多くの農業組合を作りて、共同せる事実は、日本の如きの小農にては到底孤立独行して自ら繁栄する能わざるを証するものなり。（「農業組合論」）

日本のように零細農民が多数を占める国では、農業者が単独で自らの繁栄を切り開いていくことは不可能である。それゆえ、古来人びとは、共同の力によって個人の幸福の増進を図ってきた。田植え、稲刈りなど、年に何度か集中的に人手が必要な時期に互いに協力することは、「殆《ほとんど》破るべからざる旧慣」であった。彼の考えでは、「日本の農業者が現在又は将来に於て、其生活上の必要に依り、協同して作る一切の団体」（同）は、本質的な意味においてはみな「農業組合」である。用水・排水路の共同管理、村民が協同して行う農道の整備や耕地整理、堆肥用の草刈場や燃料を得るための雑木山の「入会」の慣習などは、そうと意識されていなくても、明らかに一種の組合組織である。こうした古くからの組合も、明治の法制によって整備された産業組合・信用組合なども、すべて等しく共同の力で幸福を増進することを目的として結成された団体である。さらにいえば、そもそも農業者が暮らす村自体が、事実上一つの組合なのである。

猶言わば村及村中の大字《おおあざ》も亦《また》一の農業者の組合なり。村の中には医師とか僧侶とか教員とかの如き、全く農業を為さざる者も二三無きに非ずと雖《いえど》も、其《そ》の本来の成立、大体の利害より言えば、過去数百年以来、農業者が其の生活を安全且つ幸福ならしむべき最良の方法として、設けたる団体が即ち此れ村というものなり。（「農業組合論」）

農業者はすでに、「生活を安全且つ幸福ならしむべき最良の方法」である「村」という数百年来の組合組織を持っている。この由緒久しい村という組合を、新時代にふさわしい姿に改良していけば、それはそのまま産業組合の理想の姿となるのではないか。柳田は、そのように考えている。

殊に村又は大字小字は事実に於て縁由久しき組合なり。家が一旦出来たる以上は何事にも共同する如く村の中、区の中にては常に共同を為し得《う》。組合の中に又組合を沢山作るは入らぬことなり。〔中略〕出来るならば組合の数は最少くして、しかも最堅き、最活動する組合ならんことを望む。

此の如くすれば隣保は終には一家の如くなることを得べし。此講義は右の趣旨に基き農業組合の尤も理想的なるものは如何なる組合なるかを研究せんと欲する也。（同）

柳田は、「事実に於て縁由久しき組合」であるところの「村」のあり方のうちに、緊密な団結を保ちながら、主体的に自分たちの生活を改良していく理想的な農業組合の姿を見出している。柳田が農山村の生活実態のうちに探ろうとしたのは、「一家の如くなる」村々の共同を成り立たせている原理であった。

村は民家の単なる集合ではなく、経済的な統一組織であるというのは、農民の歴史を研究した柳田の基本的な農村理解である。「町は単なる群居」であるが、「村の集団は織物の如く、しかも目に見えぬ綾」（『日本農民史』16－一八八）のある統一的な個体である。一見すると村は、さまざまな家が偶然に隣り合って集落を作っているように見えるが、実はそのあいだには「隠れた連帯」があり、それが「意外の拘束を各住民の経済的活動の上に加え」ているのである（同16－一七六）。柳田が旅先で興味を持って探り求めていたのは、村の経済的な統一を支えるこの「隠れた連帯」（三四〇頁参照）のあり方であった。のちに見るように、明治四十一年の三ヶ月にわたる九州講演旅行の産物である『後狩詞記』は、外部の者の目には隠された村落の連帯のあり方を、初めて意識的に記述したものであった。

椎葉村への旅――『後狩詞記』

明治四十一年の九州旅行

内閣法制局時代の柳田の生活を川の流れにたとえるなら、その本流を形づくっているのは農政学者として講演・視察旅行をこなす毎日である。そして、内閣文庫に入り浸っての読書や趣味の天狗・山人研究、西洋文学への関心は、やがて本流へと合流していく支流の数々に比せられるであろう。

「暇が多い」内閣法制局時代でも、とくに桂太郎内閣（第一次…明治三十四年六月～三十八年十二月、第二次…四十一年七月～四十四年八月）の頃は、長期間の旅行のできる機会が多かった。桂内閣はしばしば議会と衝突し、「何かといえば直ぐ解散」となってしまう。柳田の在籍中に、そのような解散が五、六回あったという。法制局は法律案を作る役所であるから、議会が解散すれば「まるで不用」になってしまう。暇が多い上に、予算消化の都合もあるので、しきりに「出張して来ないか」と旅行をすすめられる。柳田も、この機会を利用して、日本国内の「成るべく人の行かない所ばかりを」選んで歩き回った（『私の哲学』）。そうしているうちに、やがて彼に「少年の頃から好きであった旅行と読書とが、或時ふと結び付いたような時」（『老読書歴』23－三六七）が訪れる。その頃の気分を彼は、「江戸時代の隠れたる地方学者が、心血を絞って蒐集して置いた昔の記事が、旅行する度に面白くなるように感ぜられた」（同）と説明している。書物の知識から想像するだけであった昔の人の興味や感動が、旅をする中で次第に我が事として追体験されるようになってきたのである。

柳田の多方面にわたる関心が一つに合流するきっかけを作ったという意味では、明治四十一（一九〇八）年の長期にわたる九州旅行は、まさに運命的な出来事であった。後年の座談会の席上、哲学者谷川徹三の問いに答えて、柳田はその「因縁」を次のように語っている。

谷川　先生がホークロア《ママ》の方にお入りになったのは、農政の方からじゃありませんか。

柳田　それは因縁があるでしょうね。私はそういう気持ちでなしに始めたのですが……。

谷川　その因縁を話していただきたいのですが……。

柳田　白状すれば好奇心なのです。四十一年に議会が解散になりまして、内務省で旅費があまったから旅行してくれと言う。それから内務省の嘱託になりまして、生まれて初めて長い旅行をしました。六月一日に家を出て、九月十幾日かにへとへとになって帰ってきたのですが、その時九州をすっかり歩いたのです。「後狩詞記」という本はその記念なんです。鰧《おこぜ》を山の神様に見せると、山の神様が喜んで獲物をくれるとか、そういうようなわからぬことばかりなんですが、それがもとになったのです。

（『柳田國男対談集』「民俗座談」）

このときの旅は、五月二十四日に東京を出発し、講演をしながら熊本、鹿児島県下を巡回し、大分、広島、四国をめぐって八月二十二日に帰京するという大掛かりなものであった。熊本では阿蘇惟孝《これたか》男爵家に立ち寄り、そこで下野狩《しものがり》の絵を見せられて大いに感動している。下野狩というのは、中世に下野（現熊本県阿蘇郡南阿蘇村の下野《しもの》地区）で行われていた阿蘇神社の巻狩り神事で、源頼朝の富士の巻狩りの手本となったといわれる由緒ある行事である。さらに、道中で噂に聞いた日向《ひゅうが》の奈須という山村の話に興味をそそられ、鹿児島から大分へ向かう途中でわざわざ奈須（現宮崎県東臼杵《うすき》郡椎葉《しいば》村）に立ち寄り、七月十三日から一週間そこに滞在している。そこで聞いた猪狩りの故実の話をまとめたものが、「日本に於ける民俗学文献の最初の書物」といわれる『後狩詞記』である。

『後狩詞記』

「日向国奈須の山村に於て今も行わる、猪狩の故実」という副題の付された『後狩詞記』は、柳田による長い序文と、猪狩りの慣習を聞き書きした本文からなっており、それに「狩之巻」という狩猟秘伝書の写しが付録として添えられている。本文は、「ニタ」（猪が身を浸す湿地）、「ウヂ」（猪の通路）、「タヲ」（嶺）など山中の地名の呼称を記録した「土地の名目」、「オコゼ」（山の神に捧げる海の魚の名）、「タマス」（猪肉のわけまえ）など狩猟に関する用語を集めた「狩ことば」、猟の方法、獲物分配の決まり、獲物に関する紛争の調停法などを聞き書きした「狩の作法」、その他の口伝を聞き書きした「いろいろの口伝」の四章節からなっている。また「狩之巻」は、寛政五年八月の奥書を持ち、山の神を祭る祭文、山中での禁忌、狩猟にかかわる呪文などが記されたものである。著者も「随分風変りの珍書と言ってよかろう」と自認するこの小冊子は、発行総数五十部、通し番号が打たれて、ほとんどが「著者関係者、及び其当時自分の尊奉する限りの先輩」（「予が出版事業」23－四八四）に贈呈されたが、その題名が正しく読めた者は半分しかいなかったという。

この書の序文は、阿蘇男爵家で見せられた下野の狩の絵の話で始まっている。そこから伝わってくるのは、何よりもまず柳田の感動と興奮である。下野狩の絵を見て柳田が「心を動かした」のは、「獲物の数が実に夥しい」ことと、描かれた人びとの衣装が「如何にも花やか」で、勇ましいというより「面白い美くしいと感ぜられたこと」であった（27－三）。無数の鹿を追い込んで次々と射倒していく情景は、ふだんの遊興とは比べ物にならない巻狩りの「楽しみ」が何であるかを雄弁に語っている。昔の武士たちが、大番役で京へ上っても、都の風流生活になじまずに、年季の明けるのを待ちかねて急いで帰郷するのは、ひとえに「狩という強い薬」があったからである。彼らを田舎の生活につなぎとめていたのは、酒色の快楽などよりはるかに強烈な「殺生の快楽」であった。昔の武士たちは、一体何に惹かれて物深い山へと分け入っていったのか。そして、何を生きがいとして山奥の不便な生活を続けてきたのか。それはまったく、「獣を追う面白味」、「射当てた時の歓《よろこび》」のためである。柳田は、そのように述べている。

柳田が下野狩の絵の中に見出しているのは、狩猟が沸きおこす人びとの熱狂である。そして彼は、自然との闘争から生まれる原始的な興奮の中に、共同体を一つにまとめる力のありかを直感している。その共同の興奮こそは、そこに暮らす人びとの生の喜びのかたちであり、人びとをこの土地に結び付けてきた紐帯であると柳田は考えている。

中世の下野狩は娯楽でも、生業でもなく、厳粛な神事であった。狩が神事として管理されている理由は、獲物である鹿が年々減少していったことにあると柳田は推測している。禁猟期間を設けることによって獲物の増殖を図り、厳格な式例作法のもとに一挙に狩猟の興奮を解放するために編み出された制度が祭りとしての下野狩であった。一定の禁欲期間と作法の縛りがあるからこそ、下野狩は世間の普通の娯楽よりはるかに楽しいものであったと柳田は言う。狩の神事・作法は、原初的な生の快楽・興奮を、絶やすことなく繰り返し再現させていくために、人びとの知恵が生み出した装置である。すなわち、狩の興奮のもとに一体化した共同体の紐帯を維持するための制度が、宗教的儀礼であると柳田は考えている。

とはいえ、その下野狩もすでに過ぎ去った幻となっていた。阿蘇の高原に満ち溢れていた「鹿兎猪狐の類は遠く古代へ遁げ去って」しまい、明治の初めまで多数生息していた北海道の鹿でさえ、開拓使庁ができてわずか数年のうちに種族が絶えたのである。しかし、下野狩の絵に導かれるようにして宮崎県の山村に入り込んだ柳田は、そこで驚くべき事実に出会うことになる。とうに失われていたはずの神事の形をとった狩が、れっきとした経済活動として「正に現実に当代に行われて」いたのである。下野狩の時代には、鹿狩りの故実を記した『狩詞記』(『群書類従』巻四百十九所収の『就狩詞少々覚悟之事』)という書物があった。それを踏まえて柳田は、「自動車無線電信の文明と併行して、日本国の一地角に規則正しく発生する社会現象」である奈須の猪狩りの慣習の記録に、『後狩詞記』と名づけたのである。

山の神とオコゼ

奈須の地で行われている猪狩りは、「宮崎県西臼杵郡椎葉村村是」の農業生産部に記される「実際問題」であり、焼畑耕作と並ぶ椎葉村の主産業である。柳田の注意を引いたのは、神事を伴う「古来の慣習」が、そのまま村の主要な経済活動となっている点であった。たとえば「狩の作法」として聞き書きされているのは、集団で行う狩の方法、獲物の解剖のしかた、分配の規則、異なる狩の組の間での獲物をめぐる紛争の調停規則などである。これら猪狩りの実際的なノウハウや決まりごとには、それぞれに神事儀礼や呪文が付随しており、両者は渾然一体となって猪狩りという共同事業の「作法」を形づくっている。そうした数々の作法の中で、とりわけ柳田の興味を引いたのは、「オコゼをそなえると山の神が喜んで、いろいろな獲物を与えてくれるという信仰」(「私の歩んできた道」)であった。猟師が「鉄砲」を持ち、背負い籠には「オコゼ」を納めて狩に出る姿は、実際的な経済活動と「山の神」の神事とが不可分一体のものであることを端的に物語っている。

下野狩の絵や椎葉での見聞を通して柳田が直感しているのは、かつて人びとが「幸福」を実現するために「村」という団体を設けた、その始原の情景とでもいうべきものであった。人間が村というものを作るに至った根本的な動機は、自然との闘争の中で沸き起こる「興奮」「熱狂」である。それは自然に対する恐れや、闘争に打ち勝ったときの歓喜などのない交ぜになった強烈な感情である。村落生活の根源にあるのは、このいわば自然と人間との分岐点に生起する原初の興奮である。かつての人びとの熱狂は、宗教的な儀礼に形を変えて今に受けつがれている。「オコゼ」という奇怪な魚は、先祖たちによる共同体草創の情景を象徴する呪物なのであった。

柳田は、このとき「視察」した椎葉村など九州の山間部の産業について、半ば公的な報告文（「九州南部地方の民風」明治四十二年四月）を残している。その中で彼は、「九州の山間部で注意すべき一事」として、山村の農民たちの間に、採算を度外視して米を作ろうとする傾向があることを指摘し、他に適した作物がいくらでもあるのに、「強いて多大の労資を投下して、水田を作り、米を食うのは、経済学以外の理法でなくては、之を説明することが出来ませぬ」と記している。山地の住民の米への執着という「経済学以外の理法」は、のちに「食物としては粟でも稗でも食うが、唯神を祭るには是非とも米が無くてはならぬ」（「山民の生活」4－五〇〇）という「米の信仰的用途」（『海上の道』1－三〇）の問題として検討され、日本人の南島起源説という仮説と結び付いていくことになる。狩猟という村の主要な経済活動の中に織り込まれた「オコゼ」もまた、山村の共同生活の根源に働く「経済学以外の理法」の一つの現れなのであった。

民俗世界の発見——『石神問答』『遠野物語』

人と土地をつなぐもの

九州旅行の体験を通して、柳田が改めて突き当たったのは、人はどのようにして土地と結びつくのかという根本的な問いであった。人間は、地表を離れて暮らしていくことはできない。土地があるからこそ、人間は共同体を作り、子孫を繁栄させていくことができる（「集合シテ繁栄スルコトヲ得」）。しかも土地は、ただ人びとを容れる入れ物であるだけではなく、それ自体が資源である。人びとが幸福な生活を実現していくためには、ただその土地の上にいるだけでなく、土地という資源を利用しつくさなくてはならない。さまざまな産業の中で、農業は土地を最も「完全周密」に利用する技術である。それゆえ、農業は人を土地に定着させる上で最も大きな力を発揮する。「土《ど》著《ちゃく》ノ起源ヲ為スモノ」は農業であり、農業が衰えれば「国民ノ浮動的分子」が増加する。農業はまさに「国民ノ錨《いかり》」ともいうべきものである（『農業政策学』28－三〇二）。このように農政学者柳田は、農業の本質を、人と土地を結びつけ、土地においてその幸福を実現させる技術であるととらえていた。

農業を「国民ノ錨」と見る見方からすれば、当時の農政が直面していた、農村から都市への人口の急激な流出という問題は、まさに「錨」としての農業の衰微としてとらえられるべきものである。しかしながら、九州の各地で柳田が目にしたのは、もともと農業が困難な、決して豊かとはいえない土地で、人びとが長期にわたって生活の喜びを見出しながら暮らし続けてきたという事実であった。労働力の都市への移動は、たしかに経済的な理法にもとづく必然の動きであろう。しかし、農民が村を捨てるのは、農業が立ちゆかないという経済的な理由だけではなく、人びとがその土地にとどまる、目に見えないもっと根本的な条件が崩壊しつつあるからなのではないか。九州の山民たちが、はるかな先祖以来何代にもわたって米がほとんど作れない山奥に定住し、それなりに満ち足りた生活を実現してきたという事実は、純然たる経済の観点からだけで説明しきれるものではない。彼らを土地につなぎとめている「錨」は、合理的な経済の「理法」だけではなく、「オコゼ」のようなさまざまな非合理な慣習の絡み合った複合的で強靭な紐帯であり、農村の衰微はそうした非合理な「錨」が失われつつあることに起因しているのではないか。九州の旅をきっかけとして柳田が感じたのは、そうした問いの中にこそ、直面する現代の農村問題を解く鍵が潜んでいるのではないかということであった。

椎葉の猪狩りの慣習が示しているのは、山中の奇習が過ぎ去った「今は昔」の話ではなく、まぎれもなく人びとの現在の生活の一部を形づくっているという事実である。経済合理性だけではとらえきれない不可思議な慣習の数々は、先祖たちをこの土地に結びつけてきた情念の制度的な表現である。それらの情念の源は、この土地に先祖たちが定住することを決意したその最初のときにまでさかのぼる。ふさわしい土地を見出した感動や喜び、最後までそこで生きていくという選択・決意、将来への希望や計画など、「土著ノ起源」の時における先祖たちの意思や感情は、さまざまに形を変えながら、現在の農村の姿を形作っているのである。椎葉での体験を通して明確化されてきたこのような観点は、それまで柳田が趣味的に続けてきた山神・山人などをめぐる研究と、現在の農民生活についての経済学的研究とを一つに結びつける新たな研究方法を切り開いていくことになる。その間の事情は、明治四十三年五月に刊行された『石神問答』に早くも見て取ることができる。

共同体の始原の光景

『石神問答』は、村落の「正式の氏神鎮守神の御社」以外の「数々の小さな祠《ほこら》」(「再刊序」)で祀られている正体の知れぬ神々の由来をめぐって、諸方の研究者らとやり取りをした三十四通の往復書簡をそのまま書物として刊行したものである。考証の範囲は、道祖神(サイノ神)、山神、荒神、姥神、子安神、石神(サクジ、シャグジ)、大人(山人、山男)といったさまざまな「雑神《ざつしん》」(12－四七)、それらの神々の祭場である「塚」、「森」、また小祠《しょうし》の神の祭祀である「左義長《さぎちょう》」、「虫送り」、「ドンド焼き」、「念仏踊り」など、民間の小祠信仰に関するほとんどすべての事象にわたっている。

考証の出発点とされたのは、「石神」「尺地神」「赤口神」などさまざまなに表記される「シャグジ」の信仰である。柳田は、シャグジは石神の音読であるとする山中笑の説に疑問を呈しつつ、この神はもともと先住民が信仰していた神で、「我々の祖先土着の砌《みぎり》」に互いの領域を侵犯しないための標識として境界に祀られたもので、「山の神塞《さい》の神荒神など」と同じものではないかという仮説を示している。そして、人形、鉦太鼓、踊りなどを伴うそれら小祠の祭祀が、いずれも、災厄をもたらす悪しき神を境界外に送る行事であることが説かれている。小祠の神々の起源が、境界に祀った辺防神にあるとするのは、以前からの天狗・山神など山の霊異に関する研究の中で説かれていたアイデアである。その意味で本書は、彼のそれまでの趣味的な山人・山神研究の一つの集大成であるが、注目されるのは、その中に後年の柳田民俗学の基本骨格ともいうべきものがあらわれ始めているということである。

本書の末尾には、柳田が日本画家である弟の松岡輝夫（松岡映丘）に宛てて道祖神の挿絵を依頼した書簡が置かれている。一書全体の結論、あるいは「あとがき」とすることを意図したと思われるその手紙は、盆踊りや念仏踊りを描いた昔の絵のことから説き起こされている。

柳田が注目しているのは、ここでもまた、人びとの群れの「熱狂」のさまである。そこには、立派な大人や分別ある老人たちが、夢中で踊り狂い、飛び跳ねる様子が描かれている。もちろんそれらの人びとは、洒落や酔狂でそうしているのではなく、ごく真剣な気持ちで踊り狂っているのである。明治の代の文明人は冷ややかで静かであるが、大昔の人びとは、常世神や設楽神《しだらのかみ》などの流行神が出現すれば、「男女老若狂奔して」、これを騒ぎ迎えたのである。過ぎてしまえば夢のように思われるが、しかしその当座においては「渇仰の情極めて強烈」で、周囲を顧みる余裕もないほど夢中で歌い、踊っていたのである。現在の我々の間では、とうていそのような熱狂を見ることはできない。その熱狂を無知・迷信といってしまえばそれまでだが、そのときの「湧きかえりたる血潮」は今も我々の体内をめぐっているのであり、他愛もない昔の努力も、すべて「我々の存在と繁栄との為」と思うならば、名もない民間の小祠の信仰も、興味本位で研究されるアフリカあたりの記録と同一視するわけにはいかない。柳田は、そのように述べている。

　山中の名もない「数々の小さな祠」が語りかけてくるのは、昔の人びとが自然に対して抱いた畏れと真剣な願い（「不可測に対する畏怖と悃請《こんせい》〔注、懇請、懇願〕」）である。彼らが自然に対して抱いていた現実的な畏怖は、文明人には想像できないほど多種多様であった。毒蛇や猛獣が村里から遠ざかり、邪神視された先住民族が山奥に去ったのちも、疫病、風水害・干害、イナゴの害など、さまざまの自然災害が人びとの生活を脅かし続けた。中でも疫病の流行は、まるで足でも生えているかのように、村々を走り過ぎていく。昔の人びとが、神の力でなければそれを防ぐことができぬものと考え、知る限りの神々を動員して里の境を守り固めたのは当然である。念仏踊りや盆踊りの起源は、災厄を村の外へ送り出すために執り行われる境界の神の祭祀にある。盆踊りの群れの熱狂は、災いが村に入り込むのを、あらゆる手段で食い止めようとした先祖たちの必死の思いのあらわれである。そうした思いは、絵の中だけでなく、眼前の事実として現在もなお生き続けている。実際柳田は椎葉への旅の途上で、その熱狂のかたちを目の当たりにしているのである。

何を願い、何を畏れたか

　椎葉へ入る前の六月、鹿児島県下を巡回し、枕崎から指宿へと抜ける途中、頴娃《えい》（現南九州市）の石垣浦の西隣の村に入ったときのことである。村はずれに番小屋があり、そこで番をしていた夫婦と娘が、どこへ行くのかと問いかけてきた。荷物もちに雇ってあった漁師の妻が、「今日麓より返すなり」と答えると、「東から来る者は一人も通さぬと見幕をかえて云う」。おりしも石垣浦では赤痢が流行していて、遺体を焼く煙が絶えず、消毒用の石灰が雪のように撒かれているときであった。おそらく、村で申し合わせをして関所を設置したのであろう。いろいろ説得してもただ怖い顔をするばかりで、全く耳を貸そうとしない。結局、案内してくれた漁師の妻の言葉に従い、別の道を通って帰ったという（12－一四五）。

山中の異人が鬼や天狗と呼ばれて怖れられていた時代には、邪悪な神は人間のかたちをしていると信じられていた。それゆえ邪神は、普通の人間と同じく道路の上を往来するものと思われていた。それだけではなく、目に見えない神も人に伴って移動するものと考えられていた。それは、平安時代に、外国人が入朝する際に、障神《さえのかみ》の祭りが執り行われたことからも明らかである。道祖神や地蔵を道の辻に祀るのは、交通の要所に関所を設けるのとその趣旨は同じなのである。『石神問答』刊行の翌年に書かれた「地蔵木」という論文の中で、柳田はそのように述べている。鹿児島の僻村の人びとが道端に設けた関所は、共同体の繁栄を願う先祖たちの「湧きかえりたる血潮」が、今もなお人びとのうちに脈打っていることの証しなのである。

『石神問答』の中で柳田は、「シャグジ」の信仰を研究する目的について、次のように述べている。

我々の祖先が中古里に住み土を開き候初　果して何を願い何を畏れ候か　所謂子孫の計と申すもの　国に仕え家の名を興し　さては田宅財貨を遺し候外に　心のたより身の助けとして何事を思い置候か　一言にして云えば古代民生の委曲を些かにても明に致したき希望より　図らず此あた

り迄入立ち参り候次第に候　（12－一四二）

ここで柳田が思い描いているのは、先祖から子孫へと受けつがれていく合同事業・組合としての村落のあり方である。はじめてこの土地にやってきた先祖たちは、どのようなことを思いながらここを居と定め、村を開いていったのか。彼らはどのような計画にもとづいて、「合同事業」の未来を計画したのか。家屋敷、田畑など有形の財産以外に、彼らが子孫のために遺した無形の財産（「心のたより身の助け」）はどのようなものだったのか。総じていえば、昔の人の生活の総体を明らかにすることが自分の希望であり、「シャグジ」の研究はその必然的な一環をなすものである。柳田は、そのように述べている。

「何を願い何を畏れ候か」という共同体の始原における意思・情念への問いは、やがて「何事を怖れ何を思い何を考えていたか」（「一目小僧」5－一五三）、「何を信じ何を怖れ何を愛し何を願って居たか」（『青年と学問』25－一三三）などと変奏されながら、柳田民俗学の中で繰り返し問われていくことになる。また、村落共同体のあり方を経済生活（「田宅財貨」）と精神生活（「心のたより身の助け」）の総体としてとらえる視点は、柳田民俗学が村落生活を記述する方法的な原理を形づくっていくことになる。

『遠野物語』の誕生

明治四十一年の九州旅行での体験は、それまでもっぱら経済学の観点からとらえられていた農村生活の問題が、信仰や芸術といった「経済学以外の理法」からとらえなおされるきっかけを作った。

『後狩詞記』刊行のころから、柳田の研究関心は、農民の経済生活の問題から、内面生活を含めた農民の生活誌全般へとその対象範囲を広げていく。その最初の成果が、柳田の数多い業績の中で最も有名な『遠野物語』である。よく知られている通り、『遠野物語』は、岩手県土淵《つちぶち》村（現在の遠野市）在住の文学青年佐々木喜善《きぜん》（鏡石）が物語る土地の伝承を柳田が筆録した聞き書き集である。百十九項目からなる説話の多くは、山男、山女、河童、座敷ワラシ、猿の経立《ふったち》などのいわゆる妖怪変化、神隠しや予兆譚といった奇怪な事件、またオシラサマ、オクナイサマといった素性の知れない「神」の信仰など、遠野郷で語られている不思議な話の数々である。

とはいえ『遠野物語』は、佐々木の語りを、録音したようにそのまま再現しているわけではない。柳田は、「話上手」ではない（初版序文）佐々木のたどたどしい話を整理し、余計な文飾は取り去って、必要にして十分な話のかたちを文語体で描きとっている。さらに、何の脈絡もなく思い出すままに語られた話を、一定の順序に配列し、全体として一つのまとまった世界を描き出すことが意図されている。その意味でこの物語は、まぎれもなく柳田の「作品」なのである。

語り手の佐々木喜善は、はじめ妖怪学研究を志して井上圓了の哲学館に入るつもりであったが、やがて泉鏡花の幻想文学に心を惹かれるようになり、「鏡花」の「鏡」の字を自らの号の一字に取り入れるほど深く傾倒した。鏡花に憧れ、文学者として身を立てることを考えていた佐々木にとって、遠野の口碑は、文学の種となる「お化け」の「話」、つまり巷間の幻想文学に他ならなかった。

柳田に佐々木を引き合わせたのは、詩人・小説家で龍土会の常連メンバーであった水野葉舟《ようしゅう》である。

水野は、当時文人の間で流行していた怪談百物語の会を盛んにプロデュースする怪談愛好家でもあった。水野は、佐々木の話す「遠野の種々な話」を、「子供の時分に、フエヤリー、テールスを聞いて、目を見張った心持と同じ心持」で聞き、この「面白い話をどっさり持って居る」友人を柳田に紹介した(「遠野物語を読みて」)。佐々木が語り、柳田が聞き書きする場に、水野も何度か居合わせてメモを取っている。水野はまた、『遠野物語』と共通する十一の話を、自身のメモをもとに「怪談」と題して発表もしている(雑誌『趣味』、及び『日本勧業銀行月報』)。

水野は、佐々木を百物語的な怪談の語り手として柳田に紹介した。語り手の佐々木もまた、柳田の求めに応じて「お化け話」をしたと日記に書き記している。刊行された『遠野物語』に触れた当時の読者の多くも、一種の怪談文学としてこの書に接していた。柳田の友人の中で、『遠野物語』を近来における奇談・怪談文学の傑作として絶賛したのは、幻想怪奇文学の大御所泉鏡花である。鏡花はこの物語を評して、「山深き幽僻地の、伝説異聞怪談を、土地の人の談話したるを、氏が筆にて活かし描けるなり。敢て活かし描けるものと言う。然らざれば、妖怪変化豈得て斯の如く活躍せんや」と述べている(「遠野の奇聞」)。おそらく今日でも、鏡花のようにこの物語を怪談文学の傑作として楽しんでいる読者は多いにちがいない。

実際『遠野物語』は、神霊や妖怪変化にかかわる不思議な話に満ち溢れている。「山々の奥には山人住めり」(第三話)とか、「旧家にはザシキワラシという神の住みたもう家少なからず。此神は多くは十二三ばかりの童児なり」(第一七話)、「川には川童多く住めり。猿ヶ石川殊に多し」(第五五話)

といった、まるで当たり前のことのようにして淡々と叙述される異様な話の数々は、『遠野物語』の中で最も印象的な説話群を形づくっている。『遠野物語』は不思議な本であるというのが、多くの読者が受けるこの書の第一印象であるに違いない。しかしながら、柳田は決して怪談文学、幻想文学を作ろうとしたのではない。彼が意図したのは、遠野郷という小世界の全体像を、自然科学の観察記録に相当するような客観的な記述によって描き出すことであった。

『遠野物語』の二重構造

『遠野物語』は、一地方社会の全体的な記述であるという意味では、地誌や地域調査報告と重なる部分がある。柳田は、遠野の住民（佐々木喜善）から聞き取りを行うとともに、実際に現地を訪れて（明治四十二年八月）郡長からの説明を受け、また地元の郷土史研究家伊能嘉矩《かのり》を訪問して土地の古記録（『遠野旧事記』）を調査している。その制作過程から推し量るに、柳田は明らかに、「適産調」「町是」「村是」「村是調査書」「郷土誌」など当時盛んに作られていた農村生活の調査記録を意識している。「『遠野物語』一巻、百十九則、凡そ地勢時令、風俗信仰、花木鳥獣、悉く記述あり」（周作人「遠野物語」）と中国の評論家周作人（魯迅の弟）が述べている通り、この書は地誌としての要件を満たしている。

『遠野物語』本文は、まず遠野という土地の地勢について語りだし、続いて土地の沿革・歴史を記していく。物語中に頻出する妖怪変化や神霊の記述に目を奪われがちになるが、よく目を凝らせば、それらが通常の地誌における住民、自然誌（動植物）、産業、交通、信仰、文芸などについての異なる観点からの記述であり、おおまかながら一定の地誌的構成のもとに配列されていることに気づくであろう。そして、観点が異なる以上、そこに描き出される地方小世界の全体像も、一般的な地誌のそれとは大いに違ったものとなってくる。

一つの例を見てみよう。一般的な地誌には、その土地の住民についての記述（人口、男女比、職業・年齢などの構成等々）があるのが普通である。そして『遠野物語』にも、遠野の住民についての記述がある。ただし彼らの多くは、戸籍や経済統計には決して現れてこない不思議な住民である。たとえば第三話は「山々の奥には山人住めり」、第五五話は「川には河童多く住めり」という一文で始まっている。この物語から得られる情報にもとづけば、「遠野」には、戸籍に登録された村人だけでなく、山人や河童もれっきとした住民としてそこに住んでいる。物語の中に登場する人物（？）は、みな何らかのかたちで「遠野」に居ついているのであるから、幽霊、霊魂、神隠しにあった人、ザシキワラシ、雲壁に張りついた謎の人物などは、みな等しく「遠野」の住民である。

そしてそのような「遠野」のあり方は、生者・死者・これから生まれる者のすべてを構成員ととらえる柳田の国家観、共同体観とも一致している。生者、死者、異人、妖怪などがともに住まい、出会い、交流する特別な場所、それがこの物語の記述する「遠野」である。言い換えれば、『遠野物語』における「遠野」は、行政区画としての「遠野」でも、地理学の対象となる「遠野」でもない、特殊な観念的水準において存立する場所としての「遠野」なのである。

このように、『遠野物語』は、遠野という地域についての記述なのであるが、それは普通の地誌の記述とはかなり異なっている。一般的な地誌が描き出すのは、その土地の、誰の目にもあらわな表の姿、目に見える顔であるのに対し、『遠野物語』が描き出すのは、遠野のいわば目に見えない、隠された顔である。たとえば、その土地の産業について記述する場合、普通の地誌は、業種、業態、生産額などといった統計的記述を基本とする。しかし『遠野物語』第七五話が記す、「遠野」の工業は次のようなものであった。

離森の長者屋敷にはこの数年前まで燐寸《マッチ》の軸木の工場ありたり。其小屋の戸口に夜になれば女の伺い寄りて人を見てげた〳〵と笑う者ありて、淋しさに堪えざる故、終に工場を大字山口に移したり。　　　　　　　　　　　　　　　　　　　　　　　　　　　　　　　（4－三二）

これは、「遠野」の工場の話である。しかしそれは、昼間の稼動している工場、すなわち生産機関として見られた工場の様子ではない。働きを止めて静まり返っている、深夜の工場の姿である。この話に続く七六話では、「長者屋敷」の地の黄金伝説が紹介され、「長者」はかつての「金山師」ではなかったかという推測が示されている。「長者屋敷」は、わが国鉱工業の埋もれた歴史のわずかな痕跡である。そこはいわば、過去からの時間の流れが現在と交差する場所である。そしてまた、工場の経済活動と、「経済学以外」の怪異現象とが交錯する場所でもある。このように、『遠野物語』における工場は、見えない過去と見える現在、現実的活動と非現実的な現象とが交差し、反転しあう場所としてとらえられている。

要するに『遠野物語』は、目に見える遠野と一体となって現前している、もう一つの遠野、隠された遠野の記録である。それは同じ遠野の風景を、まったく別の角度から記述したものにほかならない。すなわち、遠野の「風景の裏側」、遠野の「かくり世」の記述なのである。

民俗世界の発見

初版の序文の中で柳田は、「要するに此書は現在の事実なり」と述べている。この書に記されている不思議な話は、個人が頭の中で作り上げた空想の産物ではない。それらは遠野に住む者なら誰もが知っている話であり、遠野の人びとの現実の生活の一部分を構成する知識であるという意味では、すべて本当のこと、すなわち虚誕・作り話ではなく「事実」である。そうした「事実」の世界、すなわち人びとの共有する知識が構成している世界が、『遠野物語』の描き出す、影の、隠された遠野の姿にほかならない。

今日の用語では、そのような特殊な世界は、「民俗」の世界と呼ばれている。たとえば小松和彦はこの物語を、「この作品ほどなまなましくもまた抒情豊かに民俗的世界を描き出すことに成功したものは少なく、民俗学の最高傑作と考えられる」と評している（「柳田民俗学の現代的蘇生」）。民俗世界をそれとしてとらえ、当時の農政の基礎とされたさまざまな地誌、調査記録の類に対置することが、『遠野物語』の刊行に込められた柳田の意図だったのである。

遠野の地勢を記述する第一話が示しているように、柳田の眼がとらえた遠野郷は、なによりもまず一つのまとまった経済圏をなしている「山々にて取囲まれたる平地」であった（4－一一）。「盆地」を「割拠経済」、すなわち独立した経済単位（「町の経済的使命」16－七八）ととらえる農政学者柳田にとって、遠野郷は「地勢に依って」区切られた「一の生活体にして経済上にも一の単位」（同16－七七）の典型であった。遠野はしかし、経済的な単位としての小世界であるのと同時に、一つの神話を戴き（第二話）、神霊・他界の信仰（一四話、九七話など）や文芸・音楽（一一五話～一一九話）を共有し、境界神に守られた（九八話、一〇九話など）観念的な共同体でもある。

『後狩詞記』と『石神問答』において探りあてられた「経済学以外の理法」は、『遠野物語』において、経済的な生活共同に重ね合わせられている観念的な共同世界（＝民俗世界）としてその姿を現してきたのである。『遠野物語』以降、柳田の研究関心は、民俗世界を構成する要素や、観念的な共同の構造の解明（三三九頁参照）へと向けられていくことになる。

戊申詔書《ぼしんしょうしょ》の発布

民俗世界の記述という、『遠野物語』の意図は、この時期の明治国家の地方行政・農業政策の動向とも密接に関連していた。

明治四十年代は、日露戦争後の混迷する社会の立て直しが図られた時期である。国力の限界を出し切って戦った戦後の日本は、対露戦を勝ち抜くための「富国強兵」「臥薪嘗胆《がしんしょうたん》」という共通目標を失って一種の虚脱状況に陥っていた。勝利したにもかかわらず目に見える成果がないことに国民は苛立ちを深め、その鬱憤は日比谷焼打ち事件などとなって爆発した。戦争はまた、財政・経済面でも多くの困難な課題を残すことになった。戦費調達のために発行された外債・内国債の負担が国家財政を圧迫するのに加え、戦争終結後もロシアの「復讐的南下」（山縣有朋「戦後経営意見書」）に備えて、さらなる軍備の拡張が求められていた。戦時中の非常特別税は戦後も恒久化され、その上に新たな課税も加わって国民の負担は増大する一方であった。

こうした我慢に疲れた国民の不満がたまる一方で、農村の疲弊や都市貧民の増加など、社会問題も深刻化していった。鉱山・工場では争議・暴動が相次ぎ、社会主義者の中には公然と君主制を否定する勢力も現れて、政府指導者たちに大きな危機感を抱かせることとなった。明治四十一年七月に成立した第二次桂内閣は、こうした社会の混迷を一掃するには天皇の権威を仰ぐほかはないとする平田東助内相の意見により、詔書の発布を決定した。いわゆる「戊申詔書」（明治四十一年十月）である。詔書は、日露戦争終結後いまだ日は浅く、ますます緩みを引き締めて政務にあたらなければならないと述べた上で、「宜シク上下《じょうげ》心ヲ一ニシ忠実業ニ服シ勤倹産ヲ治メ惟《こ》レ信惟レ義醇厚《じゅんこう》俗ヲ成シ華ヲ去リ実ニ就キ荒怠《こうたい》相誡《いまし》メ自彊《じきょう》息マザルベシ」と説いている。

戊申詔書の趣意は、（一）官と民、資本家と労働者、地主と小作など、日露戦後の社会の中で顕在化してきた対立を緩和し（「上下心ヲ一ニシ」）社会の安寧を保つこと、（二）個人主義的風潮や、耐乏生活の反動として現れてきた風俗の乱れを正すこと（「惟レ信惟レ義醇厚俗ヲ成シ華ヲ去リ実ニ就キ荒怠相誡メ」）、（三）「忠実」「勤倹」の精神によって生産の向上、納税完遂に努めることなどであった。すなわち、行政当局が戊申詔書の発布によってめざした効果は、経済や社会の疲弊・混乱を天皇の威光を借りた精神的教化政策によって解決することにあったということができる。

地方改良運動と『遠野物語』

詔書の発布を受けて、地方行政の分野では、町村財政基盤の確立と風俗・風紀の改善を図る地方改良運動が展開されることになる。その具体的内容は、(一) 町村制度施行以前の旧・村の共有林野を統合して町村の基本財産とし、そこからの収益をもって逼迫した町村財政を補填すること、(二) 共有林野の統合が進まない原因は、旧村落の割拠・対立にあるとし、割拠の精神的なよりどころである村々の「正式の氏神鎮守神の御社」以外の「数々の小さな祠」(『石神問答』) を整理して町村社に合祀するいわゆる神社合祀政策、(三) 町村民の一体感を醸成し、国民意識の高揚をはかるため、町村社の祭礼と盆を除き、地域ごとに祭日の異なる祭礼や旧暦による休日慣行を廃止して祭礼の出費を節約するとともに、新暦の国家祝祭日の定着を図ること、(四) 農会や産業組合の指導による農事改良、勤倹貯蓄の奨励、町村税滞納の一掃、などであった。そして、これらを実行するための町村の現況調査及び将来計画である「町村是」の作成が奨励されたのである。地方改良運動の実行部隊として動員されたのは、産業組合と青年会であり、運動の精神的な支柱たるべき思想として、二宮尊徳とその門弟たちの報徳思想が賞揚された。

地方改良運動の特徴は、農村経済の振興政策と、国民精神の統合を図る教化政策とが一体のものとして展開されたところにある。いいかえれば、経済組織と精神世界の両面において、伝統的な共同体的秩序の「改良」が推進されたということである。たとえば、伝統的な若者組についていえば、毎年七月に「虫送り」という「悪戯」を行って農作物に害を与える悪習、盆踊りと称して夜通し躍りまわる風紀紊乱《びんらん》行為、国の祝祭日でもないのに、勝手に農作業を休む日を作る悪しき慣例、これらをやめさせることが、その「改良」であった（山本瀧之助『地方青年団体』）。要するに政府当局の進める「改良」とは、農村生活の実態を無視して強行された伝統的秩序の破壊行為にほかならなかった。

柳田から見れば、この運動は中央集権的な一律の地方行政の徹底に他ならず、さまざまな点で彼の農政論の主張と相容れないものであった。この頃の彼の共有地や入会慣行の歴史的起源を論じた論考は、遠まわしながらも、共有林野の統合を強行する農政への牽制を意図したものである。また、明治四十四年に発表された「踊りの今と昔」をはじめとする盆踊りや民謡の研究は、農村の伝統を野蛮なものとして切り捨てる地方行政に対する明らかな皮肉である。そして、民俗学の誕生を告げる記念碑的書物とされる『石神問答』『遠野物語』もまた、歴史的な文脈においては、農民の精神生活に対する政治・行政当局者の無知・無理解への憤りを表明した批判の書であったことは明らかなのであった。

郷土会と雑誌『郷土研究』――「塚と森の話」

郷土会の設立

柳田と同様、行政主導の農村実態調査（町村是）とは異なる視点からの農村生活誌研究を考えていたのは、農政学者の新渡戸稲造である。新渡戸は明治四十年二月に開催された第二回報徳会例会において、「地方《じかた》の研究」と題する講演を行い、「地方学」を提唱した。「地方」というのは、「町方」に対する言葉で、「田舎に関係ある農業なり、制度なり、その他百般の事」を総称する用語である。「いわば田舎学とも称すべき」地方学を提唱した新渡戸は、農本主義に立脚する農政学者であった。

新渡戸は早くから、農村は独立自治の基礎であり、農村生活は健康を増進し、人間の品格を高めるという考えを主張していた。新渡戸は、「一村一郷のことを細密に学術的に研究して行かば、国家社会のことは自然と分かる道理である」とし、「昔のことを知った老人」の話や「旧家の記録」「村の記録」「水帳」「明細書」などをもとに、地方の制度の変遷、風俗習慣などを研究して、「青年をして地方土着の思想を」起こさせたいと述べている。そして具体的な研究項目として、「地名」「家屋の建築法」「村落の形」「土地の分割法」「方言」「俚歌童謡」の六つを挙げている（「地方の研究」『随想録』）。

柳田もこの講演会の聴衆の一人であり、『後狩詞記』の中には、「家屋の建築法」をめぐる新渡戸の観察に対するコメントも記されている。

その頃（本人の記憶では明治四十年か四十一年頃）、柳田は自宅で、郷土研究会という集まりを開いていた。メンバーは、地理学者の小田内通敏《おだうちみちとし》、農商務省官僚の石黒忠篤《ただあつ》（のちの農商務大臣）、柳田の高校時代からの親友松本烝治（のちに商工大臣などを歴任、敗戦後は憲法問題担当国務大臣として、いわゆる松本私案を作成した）らであった。同じ頃、新渡戸稲造のもとでも、農学研究者らをメンバーとする「地方」研究の会合が開かれていた。両方の会に顔を出していた小田内らの仲介によって二つの会は合同し、明治四十三（一九一〇）年十二月、新渡戸邸を会場として、郷土会が設立される。

郷土会は、ほぼ毎月定例会を開いて会員の研究報告の場を提供したほか、ときに「遠足」を催して農山村の実態を調査・見学することもあった。主な定例会員には、上記の小田内、石黒、松本のほか、永小作《えいこさく》慣行（土地を無期限に小作させる近世の慣行）の調査・研究や近世地方経済史料の編纂で知られる農業経済史学者の小野武夫、近衛内閣の農相や中央競馬会理事長を勤めた有馬頼寧《よりやす》、地理教育が専門で、のちに戸田城聖《じょうせい》とともに創価教育学会（創価学会の前身）を設立した牧口常三郎《つねさぶろう》、『経済政策原理』や『公正なる小作料』の著者で、大正期を代表する農業経済学者那須皓《しろし》らがいた。郷土会の活動は、大正八（一九一九）年頃に自然解散するまで、八年以上にわたって続けられた。定例会の参加者は多いときで二十人ほど、飛び入りを含めると解散するまでに延べ五十人以上が郷土会にかかわりを持っている。ロシア人の日本学者ニコライ・ネフスキーや折口信夫も、そうした会員の一人であった。

郷土会設立の頃から、柳田は農村の疲弊という農政問題を、はっきりと民俗世界の問題としてとらえなおし始める。彼の農村研究の方法が、経済学（農政学）から民俗の学へと転回していくそのありさまをよく示しているのが、明治四十五年に発表された論考「塚と森の話」である。

農村衰退問題と「塚と森の話」

都市への人口集中がもたらす農村の衰退にどう歯止めをかけるか、というのがこの論考の主題である。都市への人口流出は、すでに明治三十年代の柳田の農政論でとり上げられていた、それ自体としては純然たる地方政策の問題である。たとえば「田舎対都会の問題」（明治三十九年九月）では、次のように述べられていた。

「人口の都会集注、即ち今時田舎の若者が都会へ出たがる傾き」（16－二九）は、収入を多くするためという合理的な判断にもとづくものであり、決して農本主義者のいうような病的な現象（「都会熱病」）などではなく、むしろ自然の趨勢といってよいものである。個々人が都会へ出て行くのは、「健全なる経済人の所為判断」によるものであり、そのこと自体は非難すべきものではない。しかし、個人生活の方針としてはもっともな行動ではあっても、一国全体の利益という点から見れば、決して放置しておいてよい問題ではない。そもそも一国の経済政策の眼目は、労働力と資本を全国に適切に配分することにある。しかし、現在の人口移動においては、優良な若年労働力ばかりが都市に集中し、その結果、文明が進歩するのに農業生産力はかえって低下するという事態が生じている。

さらに大きな問題は、都会への移住にあってはもっぱら個人の意思（職業選択の自由、移転の自由）

ばかりが優先されて、「家の生活」「祖先と自己との脈絡」が忘却される。「各人と其祖先との連絡即ち家の存在の自覚ということ」は、個人と国家とを結ぶ鎖である。家は「忠君愛国心の根底」であり、それが失われれば自分が日本国民であるという自覚さえもが曖昧になってしまう（16－三八～三九）。このような問題提起のもとに、柳田は、都会への行き過ぎた人口集中を抑制するための政策を問うている。しかし、彼自身「自分とても格別速効の妙案がある訳では無い」（16－四五）というように、この論考の中では抜本的といえる政策は説かれていない。

「塚と森の話」は、六年前に発表された「田舎対都会の問題」と同様、「地方政治の最難問題の一」である農村から都会への人口流出をとりあげている。ただし、この論考においては、国家が「自然の趨勢」に対抗してとるべき政策がはっきりと提言されている点が、六年前とは大きく異なっている。柳田はまず、次のように問題を提起している。

都会への人口集中は「自然の趨勢」であるとはいえ、国家の政策がその傾向を必要以上に加速させている面もある。行き過ぎた人口集中は、ある程度までは「当路の政治家の楫の取り様の悪かった」ことに責任がある。維新以来の過度の中央集権的統一政策の結果、学問・文化もまた都市に集中した。西洋文明の上っ面を渇仰する都会人は、田舎の文化に対して何の共感も理解ももたず、地方の住民もまた、田舎は文明に取り残されるばかりで何のとりえもない場所であると卑下している。そういう風潮を煽っているのが、都市偏重の歴史・地理教育、「方言の矯正」と称する「都会民本位の不当な統一」などといった誤った文化政策である。こうして、田舎に住む人びとは郷土への愛着や誇りを次第に喪失し、「国土と国民との連鎖」はますます微弱になっていく。是正しなければならないのは、まさにそうした都市本位・中央本位の文化政策である。

現在の中央集権的文化政策は、人びとの心に都市生活へのあこがればかり植えつけるものとなっている。結局のところそれは、都市への移住を一方的に助長する政策でしかない。過度の移住を抑制するには、改めて郷土のことを知り、その魅力を人びとに自覚させなければならない。「事務員」を養成するためには「書記」の教育が必要であるように、「奥在所の小農の主人」たる「郷民」を養成するには、郷土の事物・歴史を学び、自分たちが「何某村の村民」として定住していることの意味を知る必要がある。柳田は、そのように説いている。

故に一国の為に、国土と国民との連鎖の成るべく蛩固ならんを欲するものは、是非共郷民をして郷土の現在を理解せしめると共に、其過去をも会得せしめなくてはならない。新しい未来を開いて行くもの、最も大きな学問は、自分の生活に数千年の根があるということである。(12－四四一)

「自然の趨勢」であるとはいえ、定住の地を捨てるということは大きな賭けを伴う判断である。場合によっては、それは「子孫代々の不幸なる漂泊生活の原因」ともなりかねない。移るにせよ、留まるにせよ「新しい未来を開いて行く」ためには、まず「自分の生活に数千年の根がある」ことを確かめなくてはならない。人口・労働力の全国への適切な配分という政策的課題に対して、柳田は、「郷土の歴史」を「郷民として内部から之を研究」(12－四三九) する学問を興すという、新たな学問・教育政策をもって答えたのである。

この新たな郷土研究の学問が対象とするのは、「今日の農村」それ自身である。中央の都会と違い、地方の小区域には文字による記録はわずかしか残されていない。しかし今日の農村は、「代々の家の主人」が、「強い意志と優しい感情」をもって子孫の繁栄を祈り、自分たちが死後も追慕されることを願って、「勤労の上に勤労を重ねて」作り上げてきたものである。そのような「先祖の計画、先祖の意志」に思いを致して分析するならば、一枚の田、一軒の家といえども、すべて立派な史料である。そして、とりわけ有力な「記録以外の歴史上の遺物」として、「地表に建造された塚と森」と「村々の地名」の二つが挙げられている。

共同体の内と外

「塚と森」は、『石神問答』でも論じられていた境界の祭祀にかかわる遺跡である。「我々の祖先が初めて村に住み着いた時」、周囲の自然はすべて「新土着者」を脅かすものであったろう。そこに入り込んだ先祖たちは、「普通の経済学の理法では説明する事の出来ない多艱少得の生活」を送ったに違いない。困難に耐えながら、清らかな水を求め、湿気の少ない開けた土地を開墾し、崩れる土地は石垣で止め、風水害に対する防備を整え、初めて穀物の種をまいた心地を想像するならば、それは戦場における英雄の働きにも劣らぬ「崇高な歴史」といわなければならない。塚や森は、外部からの災いの侵入を防ぎ、穀物の豊穣を願った先祖たちの「信仰行為」の跡であり、村の古い境界線を示す貴重な遺物である。それゆえ、住民の納得が得られぬうちは、むやみに破壊すべきではないと柳田は言う。

こうした郷土研究のあり方をめぐる柳田の主張は、農村の伝統的慣習・風俗・信仰を根こそぎ否定する地方改良政策に対するあからさまな批判となっている。実際彼は、神社合祀政策について、「森の問題を詳論するに就ては、自分の立場は甚だ苦しい。本職が官吏でありながら、政府が神社に対する近頃の政治振を批評せなければならない」（12－四五九）とか、「忌憚なく言えば、神社合祀の挙は、多くの場合に於て、此点〔注、本来人びとが神として祀ったのは、土地そのもの、あるいは土地の上に茂る森そのものであったこと〕に対する用意が足らない」（12－四六四）と述べている。この論考が、地方改良運動の主要な担い手であった中央報徳会の機関誌（『斯民《しみん》』）に発表されたものであることを考えると、これらの言葉は相当に挑発的な発言と受けとめられたことは間違いなかろう。

「塚と森の話」という論考は、草創期の柳田民俗学の主要な関心が、村落の境界にかかわる問題であったことを示している。『石神問答』の言葉を借りるなら、柳田民俗学は、先祖たちが「何を畏れ」たのかという問いから出発したものと見ることができるのである。

いうまでもなく、外部に対する畏怖は、共同体の境界を画定する。すなわち、外部への畏れは、共同体の内部を定義する。共同体の成員とは、外部への畏れ、タブーを共有する者のことだからである。そのように考えるならば、柳田民俗学の根本的な主題は、共同体のアイデンティティのあり方であったともいえるであろう。いずれにしても、『遠野物語』以後の柳田の研究は、村落の境界祭祀に関連する個別の課題を一つひとつ取り上げながら展開していくのである。

「塚と森の話」からはもう一つ、研究を進めるにつれ、次第に官僚としての職務から気持ちが離れていく、彼の内面の微妙な動きを見て取ることができる。塚や森など、民俗世界を構成する事象への関心は、本来柳田の中では、農村の疲弊を救うという政策的課題と別のものではなかった。「祖先の努力の跡を尋ね、之に依って将来の方針を決せなければならぬ」（12‐四七一）、つまり、郷土研究は将来の政策決定のための学問であるという考え方は、のちの柳田民俗学にも一貫する学問観であった。政策を深めるために民俗を研究することが、かえって現実の行政との距離感を生み出していくという逆説的な事態は、やがて、官僚から在野の学者への転身という柳田自身の身の振り方によって決着がつけられることになる。

『郷土研究』創刊

大正二（一九一三）年三月、柳田は神話学者の高木敏雄とともに、雑誌『郷土研究』を創刊する。郷土会例会の模様や会員の研究成果は、この『郷土研究』誌上に次々と発表されていった。柳田自身もまた、さまざまなペンネームを使って多くの論考を寄せている。『郷土研究』は、大正六（一九一七）年三月の第四巻十二号をもって休刊となるまで、四年間で四十八冊を刊行し、学術的な雑誌としては珍しく多くの読者を獲得している。

『郷土研究』誌は柳田がはじめて手がけた雑誌であり、彼がその編集と執筆に注いだ情熱は並々ならぬものがあった。大正三年四月に高木敏雄が大阪外語学校教授として赴任してからは、毎号を一人で編集した。大正天皇の大礼に奉仕していて編集に携われなかった期間に刊行が一ヶ月遅れたほかは、毎月欠かさずに刊行を続けている。

どうやら四年間は中でたった一月、御大礼のあった月を休んだばかりで、発行日も一週間とおくれると、腹が立って睡られぬほど騒いだ。人には内々だったが官舎の二階で校正もすれば発送の宛名をさえ書いた。

（「さゝやかなる昔」23－四八六）

『郷土研究』の刊行が八号を数えた大正二（一九一三）年十月、柳田は内閣法制局の中で最上席の参事官となり、他の官庁への転出（栄転）の時期を迎えていた。そして大正三（一九一四）年四月、柳田は貴族院書記官長に転出し、官舎に入っている。「官舎の二階」とあるのは、貴族院書記官長官舎のことである。

柳田は『郷土研究』誌上に百七十編あまりの論文・随筆を寄稿している。そのうちの主要なものとして、「柱松考」をはじめとする樹木信仰にかかわる連載、民間信仰の担い手について論じた「巫女考」と「毛坊主考」、「山人外伝史料」ほか山人を論じた諸論考、「郷土誌編纂者の用意」や「村の成長」など、郷土研究の方法にかかわる論考をあげることができる。これらはいずれも、『石神問答』と「塚と森の話」における境界祭祀研究を、さらに発展させたものと見ることができる。たとえば、一連の「柱松」関係の論は、災厄を境界の外に送り出す祭礼（左義長、トンド焼きなど）や、境界に祀られる神（道祖神、地蔵など）について、多数の実例によりながら考察を深めたものである。「巫女考」と「毛坊主考」は、漂泊の民間宗教者の存在に光を当て、宗教史研究に新たな境地を開いた論考である。これらも、そのもととなっているのは、境界の祭祀に預かる村の宗教者や、祭祀に多用される

「鉦鼓」「ササラ」といった鳴らし物への関心である。そうした関心は柳田の中でどんどん枝分かれし、祭祀から芸能へ、祭祀の用具から人形や幣帛へ、民間宗教者から神と祭祀者の関係へというふうに、次々と新たな研究課題が生み出されていくのである。

柳田民俗学とは、まさにそうした一つの問いが、次々と分化、生成、増殖していくその発展の全体であるということもできる。そして、その生成の根源をなしているのは、『後狩詞記』や『石神問答』に示されている、土着の始原の情景を幻視する想像力だったのである。

大正期の敬神思想普及運動

『郷土研究』誌に発表されたそれらの研究によって、村の名もない小さな神々への信仰や、一見奇妙とも思われる民間の祭祀が、全国に広く共通するものであり、古くから受け継がれてきた一つの大きな信仰を形づくっていることが次第に明らかになってきた。こうした古くからの神信仰＝固有信仰のかたちを知るにつれて、柳田の中では、国民の信仰の実態を無視した神社政策や、日本神話や史書の記述だけを絶対視する神道思想に対する不満が高まっていた。

周知の通り、明治政府は神社を「国家の宗祀」として国家制度の中に位置づけていたが、明治二十二（一八八九）年、大日本帝国憲法が発布されると、「信教の自由」条項と折り合いをつけるために、国家の祭祀としての神道（神社神道）は宗教ではないという見解を取る。明治三十三（一九〇〇）年には、神社は内務省に新設された神社局の管轄下に置かれ、宗教局（旧社寺局、大正二年文部省に移る）

所管の一般宗教とは制度上もはっきりと区別されることになる。以来、政府・内務官僚は「神社は国家の宗祀」という曖昧な言葉で神信仰の本質を糊塗し、「神社非宗教」という欺瞞にしがみついてきた。

しかし大正時代に入ると、政府は一転して敬神思想の大がかりな普及に乗り出していく。その背景にあったのは、明治末年から大正初年にかけての社会の混乱、そして大正三（一九一四）年の第一次世界大戦への参戦であった。カリスマ的存在であった明治天皇が崩御すると、多くの国民は精神のよりどころを見失い、いわば意気阻喪状態に陥っていた。加えて労働運動や、政府を批判する護憲運動が高まり、「保守主義者の好かない事」、「オオルド・ニッポンの眼からは無論危険極まる事」（石川啄木「千九百十二年日記」）が国中に渦巻き始めていた。改めて国民精神を統合・善導する必要に迫られた政府は、そのための思想的基盤を伝統的な敬神崇祖観念に求めたのである。

手始めは、明治神宮の創建であった。国民有志の請願を受けた政府・議会は、国民精神に活力を取り戻すために、一致して明治神宮の創建を決定した（議会決議は大正二年、鎮座は大正九年）。創建に際しては、全国民に奉仕が呼びかけられ、勤労奉仕や国民からの献木によって境内が整備された。大正四（一九一五）年には大正天皇の大礼（即位・大嘗祭）が挙行され、全国の神社でもさまざまな記念事業が行われた。貴族院書記官長であった柳田も、大礼使事務官に選ばれ、大嘗祭前日の鎮魂の儀、大嘗祭悠紀殿の儀、主基殿の儀に奉仕している。

さらに大正三年八月の対独宣戦（第一次世界大戦への参戦）に当たっても、敬神思想という「魔法の杖」（阪本是丸《これまる》『国家神道形成過程の研究』）は、政府当局の大いに利用するところとなった。神武天皇陵、神宮、靖国神社などには勅使が派遣されて、宣戦奉告祭が執行され、各地神社の神職には、国民の士気高揚を指導することが求められた。

神道政策への批判

柳田が大正七、八年に発表した「神道私見」、『祭礼と世間』は、明らかにこうした当局による敬神思想普及キャンペーンを受けて構想されたものである。柳田は、「神社の祭を事務としてしか視ることが出来」(『敬神と祈願』11－四五七)ない行政官僚による神道政策に、早い時期から批判的な態度を取っていた。明治三十年代に南方熊楠の神社合祀反対運動を側面から援助した(一二二頁参照)のも、その一つのあらわれである。これら大正期の二つの神道論を貫いているのは、「我々の祖先我々の昔の同胞が実際に感じ実際に行い来った事」を明らかにすることなく行われる「国民性とか日本精神とか云う大議論」(10－四五六)は空論に過ぎないという主張であり、国民の信仰実態を観察もせずに、「神道」という「歴史ある此二文字」が使用されることへの抗議(10－四五九)なのであった。

「神道私見」では、「神社を拝むのは宗教でない」という内務省の見解を、「然らば祈禱を容れ守札を出し供物を享け、神官氏子の祝詞を聞き給う神様は何であるか」と反問しつつ、日露戦争時の出来事を例に挙げている。

日露戦争に際して若者を戦場に送り出した村々では、不安の念を散ずるために氏神に祈り、また、「敵国降伏の祈禱」は多くの鎮守社頭で執り行われ、官公吏は率先してこれに臨席して、人心を鼓舞した。一方で慈母貞女等が、断食して水垢離を取り、お百度を踏んだという例は数多い。こうした信仰行為を目の当たりにしながら、なお神社は単なる道徳的尊敬の対象であるとする当局の解釈には誰が見ても無理がある（10－四三一～四三二）。

このように説いた上で柳田は、神さまの数、「巫女」、託宣、沖縄神道などを例にとって民間における固有信仰のあり方を考察する。そして、現在の国家公認の神社神道よりも、神道家から淫祀邪教・迷信扱いされている民間の信仰の方が、はるかに由緒正しい本来の神道であると説いている。証拠が必要なら、自分が最近まで編集していた雑誌に匿名で掲載した論文を引用すると述べられているところから、この論考は『郷土研究』誌に発表した研究を踏まえたものであることがわかる。宗教政策は国民の多数が現実に行っている信仰行為に基づいてなされるべきで、当局が依拠するところの「仮定と神代巻ばかりに基いた神道」（10－四五八）、すなわち日本神話の記述を史実と見なし、神道を皇室・氏族の祖先や偉人に対する尊敬の表示であると強弁する神道説には賛成できないと結論している。

『祭礼と世間』においては、神輿が暴れまわって警察と衝突した事件が取り上げられている。柳田は、民間の信仰においては、神輿の動きは神の意思と見なされていたことを述べ、「神秘至極の祭式」を理解せぬ当局を批判している。そして「神輿に弊害ありとする有識者」には、「神社中心の地方統一などと云う策を、案出する資格は無い」と述べ、「神霊の存在を信ぜざる者の祭文沙汰くらい、苦々しいものは世中にたんと無いと思う」（10－四二七）と、論を結んでいる。

第Ⅲ章

在野研究者への転身

岩礁群（沖縄県石垣島）「干瀬《ひせ》はさながら一条の練絹の如く、白波の帯を以て島を取巻き、海の瑠璃色の濃淡を劃《かく》している」（『海南小記』「干瀬の人生」）。「干瀬」とは沖縄・奄美地方で珊瑚礁のこと（「ひし」「びし」とも言う）。東北地方、中部地方への旅に続き、柳田が満を持して臨んだ南島への旅は、『海南小記』となって結実した（166頁参照）。

南方熊楠との論争

南方との交流

『郷土研究』が創刊された頃、のちに柳田学とも呼ばれることになる特異な思想的学問の骨格は、柳田の中でほぼ固まっていたと見られる。彼が自らの研究の行く先に見定めていたのは、現在の農村の経済問題と伝統的な生活慣習（「経済学以外の理法」）とを一体のものとしてとらえる総合的な農村生活研究であった。すなわち、将来の社会政策を提言するための基礎となるべき、現在及び過去の農村生活の科学的な記述なのであった。

『郷土研究』が創刊されるまで、柳田が習俗や伝承に関する「研究」成果を発表していたのは、人類学、歴史地理学、考古学などの学会誌であった。しかし、『石神問答』『遠野物語』の出た明治四十三年頃には、彼の志向する民俗世界の研究が、既成の学問における習俗・伝承の研究とは大きく方向を異にしていることが意識され始めるようになる。

明治四十四年に書かれた南方熊楠宛の書簡には、おおむね次のようなことが述べられている。

役人である自分が論文を書くのは、「虚名」を求めるがためではない。「過去忘却が一切の社会害悪の根源」であると考えるがゆえに、青年たちの関心を、自分たちの村の過去の生活のことに向けようとして論文を書いているのである。そのために雑誌の発行も計画していて、現在は一時頓挫しているが遠からず実現したいと考えている。「村落の好学青年」が注目するような何かよい「名称」はないだろうか。（明治四十四年七月五日付・南方熊楠宛書簡）

ここには、社会改良のための手段として習俗や伝承を研究するという、柳田の特徴的な学問観が示されている。明治四十五年には、フォークロアを研究する新たな学会の設立を計画していたことも、南方熊楠宛の書簡（二月九日付）から知られる。こうして温められてきたフォークロアの学問への道は、『郷土研究』という自前の研究雑誌を持つことによって大きく開かれたかに見えた。しかし、柳田学の確立にいたる道は決して平坦なものではなかった。

柳田が打ち出した新たなフォークロアの構想は、船出早々にして痛烈な批判を浴びることになる。それは、柳田の学問観そのものに異を唱え、さらには研究主体としての人格・生き方の問題までをも問いただすきわめて本質的な批判であった。『郷土研究』誌のあり方をめぐって、柳田に批判の痛棒を喰らわせたのは、民間の大学者南方熊楠であった。

柳田と南方の交流は、明治四十四（一九一一）年三月に柳田が南方宛の手紙を書いたことに始まる。南方は慶応三（一八六七）年、和歌山の生まれ。明治二十年に渡米し、その後イギリスにわたって大英博物館で独学の研究生活を続け、明治三十三年に帰国していた。南方は、当時すでに世界的に知られた生物学及び社会・民俗研究の大家であった。柳田もまた、南方の仕事には日ごろから注目し、「深く欽仰の情」（明治四十四年三月十九日付・南方宛書簡）を抱いていた。この最初の手紙も、オコゼに関する南方の論文に触発されて書かれたものである。その頃南方は、地方官が強行する神社合祀が植物生態系の破壊につながるとして、強力な反対運動を展開していた。南方は、中央官庁の高級官僚であった柳田に合祀反対運動への側面からの援助を請い、柳田はこれに応えて、南方が東京帝国大学の植物学教授松村任三《じんぞう》に宛てて作成した意見書を、『南方二書』と題して刊行し、識者に配布した。柳田はまた、南方の該博な知識に驚嘆しつつ、自説に対する批評・教示を請うていた。文化人類学者フレイザーの『金枝篇』を読み始めたのも、南方の教示によるところであった（「御教示によりフレエザーの『黄金の枝』第三版を買い入れ、このごろ夜分少しずつよみ始め候」、南方宛・明治四十五年四月二十六日）。『郷土研究』が創刊されると、南方はその第一巻第二号から論考を寄せ始めている。

柳田・南方論争の発端

ところで、柳田が新しい学会の計画を練っていたちょうどその頃、人類学者坪井正五郎らが中心となって日本民俗学会が創立される（明治四十五年五月）。さらに『郷土研究』創刊の直後、大正二（一九一三）年五月には、石橋臥波《がは》の編集する民俗学会機関誌『民俗』が創刊された。柳田は、この学会には加入せず、『民俗』にも一切執筆をしなかった。その理由は、坪井、石橋らの考える「民俗学」と、柳田が見定めていた自らの学問の方向との決定的な違いにあった。すなわち、柳田はこの時点では、自らのめざす新たな学問は「民俗学」とは似て非なるものであると考えていたのである。そしてこのことが、『郷土研究』誌をめぐってなされた柳田・南方論争の、一つの伏線となるのである。

南方の柳田批判と、それに始まる両者の手紙による論争の経緯は、略述すれば次のようになる。大正三（一九一四）年四月、『郷土研究』共同編集者の高木敏雄が「内職が忙しいという理由」で編集から手を引く。おりしも柳田は、貴族院書記官長就任のタイミングと重なり、「大多忙」であった。そこで柳田は、南方により一層の協力を依頼し、雑誌運営について「何か新たなる御考えも候わばご指摘下されたく候」と述べている（四月十日付・南方宛）。その六日後の書簡には、自分のやり方についての意見も忌憚なく述べてほしいこと、反発を恐れて批判を手加減するのは無用であること、近々「閑職」について、半日は「政道の書」を読み、半日は『郷土研究』のための学問をして、六、七年は雌伏を続けるつもりであること、などが記されている（四月十六日付・南方宛）。

南方は、「ご指摘下されたく」という柳田の要請を正直にそのまま受け取り、すぐに忌憚のない意見を柳田に書き送っている。南方が指摘したのは、まず民俗学の本流ではない「話説学」（説話学、ストリオロジー）関係の記事が多すぎることである。「縁起経や神誌や伝説ばかり集むるは面白いが、そは比較文学に似たことで、民俗学唯一の事業」ではない。そう述べて南方は、「民俗学が社会学の一部なるごとく、話説学は単に民俗学の一部に過ぎず」と主張する。実は南方は、柳田のフォークロア研究の方法が言語伝承にもとづく推論（たとえば『石神問答』に典型的に見られるように、主に地名や神名を分析して昔の状態を推論する方法）に偏っていることについては、早くから批判的な眼を向けていた（明治四十四年九月十三日付・柳田宛書簡）。自然科学者であり社会科学者である南方の目からすると、『郷土研究』は、いちじるしく文学的・随筆的な民俗研究誌であって、社会科学としての体裁を取っていないものと見えたのである。そのほかに南方は、重要な用語（具体的には卑猥な歌の題名）が記載漏れになるなど索引が不十分であること、読者に示している資料収集の要領が、民俗学の方法として不完全であることをもあわせて指摘している（五月十日付・柳田宛）。

これに対する返書の中で、柳田は、『郷土研究』誌を「民俗学」のための雑誌であるように言われるのは大変迷惑だと述べている。実は、それ以前からも柳田は、南方が石橋臥波の『民俗』誌を引き合いに出しながら『郷土研究』に言及することに露骨な不快感を示していた。というのも、石橋の行っているような「民俗学」を、柳田は全く学問とは見なしていなかったのである。たとえば、既述の南方書簡に先立つ五月二日に出された南方宛の書簡には、次のように述べられていた。

いろいろ御親切な御言もありしが、石橋の雑誌との比較のみはもっとも苦々しく感じ候。彼はいささかも学問をせざる男なり。いつまでも今人の説を布衍《ふえん》して行くなるべく候。『郷土研究』はいかにもして『民俗』と伍をなさざらんことを力めおり候最中に候。（大正三年五月二日付・南方宛）

要するに、石橋らの民俗学は、奇談珍談を蒐集する好事家の道楽にすぎないから、自分の「郷土研究」と一緒にされては迷惑だというのである。では、民俗学ではない、柳田の郷土研究とはいかなる学問であるのか。柳田の返答は、次のようなものであった。

以前何度も刊行の趣旨を説明したとおり、自分の専門は「ルーラル・エコノミー」であって、「民俗学は余分の道楽」である。雑誌の趣旨は、田舎の好学の士に「地方研究」全般について関心を持ってもらうことにある。それゆえ、内容が多少雑駁なものになるのは仕方がないことと思う。もしも経済的に余裕ができれば、雑誌を二つに分けて、一方にはご注文の通り『民俗学雑誌』というような名前をつけるであろう。自分は決して、民俗学の定義を誤解しているわけではない。そのように述べた上で、さらに柳田は、「ゲシュレヒツレエベン〔注、性生活〕に関する民俗学」は他に刊行手段がいくらもあろうから、自分が編集の責を負う限りは『郷土研究』に「卑穢《ママ》なる記事」は一切掲載しない、と宣言している（五月十二日付・南方宛）。

南方の柳田批判

柳田のこの反論は、南方の神経をいたく刺激した。南方は立て続けに三通の長文の手紙を書き、柳田もこれに反論、さらに南方の再反論があって、最後に柳田のいささか言い訳じみた停戦宣言（五月二十二日付）によってこの論争は幕を下ろした。なお、五月十四日午前三時に発信された南方の最初の反論は、「『郷土研究』の記者に与ふる書」と題して三回に分けて『郷土研究』（一巻五〜七号）に掲載され、連載最後の号の末尾には、柳田による「南方氏の書簡について」という一文が付されている。

南方が敏感に反応したのは、「ルーラル・エコノミー」という言葉である。彼は前年、『郷土研究』には、民俗の方面だけでなく「エコノミーの方面の材料」も掲載しなければならないという理由で、投稿した文章の分割掲載を求められていた。そのときの書簡で柳田は、「小生は十五年来の学問主として日本の田園経済を講明するにあり」とも述べている（大正二年六月二十二日・南方宛）。

ここで柳田が言っている「エコノミーの方面」の学問、「田園経済を講明する」学問が、彼の大学以来の専門である農政学を指しているのは明らかである。というのも、柳田はそれ以前の書簡でも、「小生専門は農政なり。学校を出てより十年間私立学校にてわずかの生徒をつかまえて話を聞かせおる」云々と記し、それとは別に、「毎月一回ずつ催せる郷土研究会」において、「新しき方面より日本の成長を研究すること」が必要との観点から「田舎の事物」の研究をしているのだと述べているからである（明治四十四年十月十四日付・南方宛）。おそらくそれらの書簡を踏まえながら、南方は次のような主張を展開している。

たしかに創刊の頃、『郷土研究』は「地方経済学」の雑誌であるということを聞いた覚えがある。しかし、これまで『郷土研究』誌上で、地方経済らしい論文が掲載されたのは見たことがない。地方制度、地方経済を主とするはずの雑誌なのに、制度・経済に関する論文は少なく、本来は一部分のはずの民俗学ばかりが膨張し、さらには民俗学に多少は関係するものの地方経済には全く関係のない「説話学」（童話、伝説、物語の研究）が誌面をうずめている。要するに、郷土研究が「ルーラル・エコノミー」の意味であるなら、まずは貴殿の「巫女考」の連載などは真っ先に中止し、地方経済制度に関する論をせめて隔月に一本くらいは巻頭に載せるべきである。もし誌面の半分、または三分の一以上を地方経済制度に関する論文、報告などで埋められないというなら、それは地方経済制度の学が現在の日本では成立していないことを示すものである。そうであるならば、雑誌の綱領を、「民俗・伝説学を主として経済制度を従とする」と改めてほしいものである（五月十四日午前三時付・柳田宛）。

南方はさらに追い打ちをかけるように、第二信、第三信を立て続けに投函している。その中で南方は、西洋における地方経済制度学の基本書目七十二点を列記し、次のように述べている。

要するに、風俗学とかわり、制度経済の学にはしっかとしたる大著述すこぶる多し。しかるに、今日まで本邦の制度について何たる大著書あるを聞かず。またいわんや、外国と比較研究ごときは少しも聞かず。『郷土研究』に出るものに、外国の書名一つだに引きたるものあるを見ぬは、この学は一向口と望みばかりで、実際修めおる人はなきことと存じ候。

（五月十六日午後四時付・柳田宛）

日本に本当に地方経済制度の学があるのか。もしあるならば、その成果をきちんと示すべきであるという南方の批判は、柳田のプライドを大きく傷つけたに違いない。柳田は「ルーラル・エコノミー」、「田園経済」は十五年来の専門であると大見得を切っているが、その内実はわずかに経済学の細分化された小部分（ドイツ歴史学派の農業経済政策学）をカバーしているに過ぎない。どうも書簡の中で「ルーラル・エコノミー」を云々したとき、柳田は南方の学識に敬意を表しながらも、その研究はせいぜい珍談・奇談を蒐集する風俗学程度のものと見くびっていた節がある。

しかし、もともと南方が大英博物館に届け出た研究目的は「社会学研究」であり、数年間にわたってヨーロッパ中世の社会制度（地方制度を含む）を研究していたのである。南方は柳田の返書を受けた四番目の手紙（五月十九日付・柳田宛）の中で、「ついでに申す。人は見懸けによらぬものということあり」と皮肉たっぷりに切り出しながら、次のようなことを記している。

自分は何の影響か分らぬが、書くことに多くつまらぬことが交じるので、せいぜい民俗学くらいが関の山と思われるかもしれないが、かつて大英博物館で喧嘩をして追い出されるまでは、「社会学すなわち主として制度の学」を志し、手元に記録したものは今でも多く残っている。博物館を出てからは、美術館の技手となり、浮世絵の解説などを請け負っていたので、おのずと民俗学の方へ深入りし、今もその方面の雑誌・著作は多く取り寄せている。しかし、制度関係の方面では、帰国後は新しい情報が入ってこないので、最近の学会の動向はわからない。それでも、手元の記録や、明治三十年以前に購入した著作を元にすれば、制度の方でもちょっと尽きぬほどの材料は持っている。（五月十九日付・柳田宛、大意）

要するに柳田は、少しばかり権威めかして「ルーラル・エコノミー」などと口走ったばかりに、西洋の社会制度学に通じた大家からの手痛いしっぺ返しを受けたのである。

柳田の標榜する「郷土研究」イコール「ルーラル・エコノミー」には、地方経済・制度に関する先行研究がふまえられておらず、綱領も実質的な研究成果も示されていない。つまり、地方経済学という社会科学の一分野たる学問の体裁をなしていない。柳田の「郷土研究」はなんと取り繕おうと、その実質は「民俗学などの材料雑多の珍談」（五月十九日付・柳田宛）に過ぎないというのが、南方から寄せられた批判の結論であった。

柳田の弁明　「ルーラル・エコノミー」とは

「郷土研究」という学問にかかわる南方からの批判に対して、柳田は五月十六日付の手紙で、民間の学者如きが何を言うかといった高慢な口調で、反論にもならぬ反論を返している。この中で、柳田は、世間のことは「俗吏」である分、自分のほうがよく知っているなどと言わずもがなのことまでを口走っている。

なお、柳田はこの手紙で、南方の第一信の『郷土研究』誌上への掲載許可を求めている。柳田が、南方の批判に対するまとまった応答をしたのは、『郷土研究』（二巻五～七号）に掲載された第一信（「郷土研究」の記者に与ふる書」）に付された「南方氏の書簡について」という一文の中でのことで、それは往復書簡でのやり取りがあった約四ヵ月後のことであった。「南方氏の書簡について」の中から、「ルーラル・エコノミー」という用語についての柳田の弁明部分を抜き出しておこう。

まず読者に説明せねばならぬ一事は、「地方経済学」という語のことです。記者の状にはそうは書かなかったはずで、慥《たしか》かにルーラル・エコノミーと申して遣りました。こんな英語は用いたくはないのですが、適当に表わす邦語がないからで、これを地方経済または地方制度などと南方氏は訳せられた。今日右の二語には一種特別の意味があります故に、私はそう訳されることを望みませぬ。もし強いて和訳するならば農村生活誌とでもして貰いたかった。何となれば記者が志は政策方針や事業適否の論から立ち離れて、単に状況の記述闡明《せんめい》のみをもってこの雑誌の任務としたいからです。この語が結局議論の元ですからくどく言います。エコノミイだから経済と訳したと言えばそれまでですが、経済にも記述の方面があるにかかわらず、今の地方経済という用語は例の改良論の方をのみ言うようで誤解の種です。（「南方氏の書簡について」『郷土研究』二巻七号）

南方の批判は、柳田の目指す新たな学問の根幹にかかわる、きわめて本質的な批判であった。南方は、「郷土研究」という曖昧な用語が、「地方経済学」を意味するのか、それとも「民俗学」のことなのか、旗幟を鮮明にせよと迫っている。南方のいう「地方経済学」は、西洋においては、農村社会の経済・制度を研究する学問（「農村社会学」）を、また日本においては江戸時代に蓄積された農村（「地方（じかた）」）の産業・政策・制度に関する研究を念頭に置いたものである（南方は、旧知の人として、地方《じかた》経済研究家で『日本経済叢書』を編纂した瀧本誠一の名を挙げている。また、柳田の仲間では、「郷土会」グループの農政学者小野武夫も地方史料を研究し、『近世地方《じかた》経済史料』全十巻を編纂している）。しかし、柳田のめざす「ルーラル・エコノミー」イコール「農村生活誌」は、それらいずれの「地方経済学」とも異なっている。ならば、「郷土研究」とは、文学的な方面に偏ったいささか不完全で雑な「民俗学」のことなのか。

こうした南方の批判はいずれも的確なもので、特に、柳田学の本質的特徴ともいえる文学的性格を鋭く指摘しているのが注目される。この論争において、柳田は受け太刀一方に回っている印象が否めない。もっとも、柳田のために弁護しておくならば、彼はこの時点ではまだ、人間の有形的生活（経済生活）と無形的生活（精神生活）とを不離一体のものとしてとらえる新たな学問を、既成の社会科学との関係において明確に定義するにはいたっていなかった。しかし、南方から何と言われようと、託宣を本業とする巫女が各地を漂泊し、農村の中で一種の権威を持っていたことを論じた「巫女考」が、明らかに「農村生活誌の真只中」であり、筬《おさ》（織機の付属道具）売りや箕《み》直しといった「最狭義の経済問題にも触れている」（「南方氏の書簡について」）ところの経済研究の論文であることは、柳田にとって譲れないところであった。

ところで、このように一方的に叩かれながら、柳田は決して南方に悪い感情を抱いていない。返信の中では、持ち前の「きかぬ気」もかなり抑制されているような印象を受ける。むしろ、南方の方が、この論争をきっかけとして柳田に対して敵意をむき出しにするようになる。この論争に続いて、「龍《りゅう》燈《とう》」や「耳塚」、「山男」の解釈をめぐる応酬があり、ついには論文を書くなら「同国人を益するように日本語にて書かれたし」（大正五年十二月二十七日付・南方宛）という柳田の売り言葉を最後に、親書のやり取りは（いくつかの事務的な書簡を除いて）途絶えることになる。

南方に対する感情

後年柳田は、南方との思い出を記した文章をいくつか残している。それらに一貫しているのは、「日本人の可能性の極限か」（「南方熊楠」23－四二三）、「こんな人は再び日本には生れて来ないだろう」（「南方熊楠先生」23－四三二）といった限りない尊敬の念である。南方との疎隔についても、「後にまことに馬鹿げたことで先生からうとんじられて、その間六、七年しかお付合いをもっていない人間であります」（同23－四三二）と、どこまでも下手に出て、南方を師として遇している。おそらく柳田は、大正三年に交わされた論争で、一貫して南方の言葉に理があることを自覚していたのであろう。そのことは、柳田がその後の一時期、自分の学問を何と名づけ、また定義するかという問題について、さまざまに頭を悩ませたことからも推測できる。そうした模索の中から、彼が最終的に見出したのは、「歴史学」としての民俗学という方向性であった。そして、その方向性が芽生えたのもまた、このときの南方とのやり取りの中でのことであった。

「南方氏の書簡について」では、次のように述べられている。

政治の善悪を批判するのは別に著述が多くあります。地方の事功を録するものは『斯民』その他府県の報告があり過ぎます。ただ「平民はいかに生活するか」または「いかに生活し来たったか」を記述して世論の前提を確実にするものがこれまではなかった。それを『郷土研究』が遣るのです。たとい何々学の定義には合わずとも、たぶん後代これを定義にする新しい学問がこの日本に起こることになりましょう。

（『郷土研究』二巻七号）

ここに示された「平民」は「いかに生活し来たったか」という問いが、「常民生活史」としての日本民俗学へと結晶していくさまは、のちにくわしくみることになるだろう。

なお、この往復書簡による論争には、もう一つ、柳田の人生観そのものにも関わる興味深い批判が展開されている。すなわち、南方の第二信、第三信では、卑猥な記事に関する柳田の考えが俎上に載せられ、柳田のように「ゲシュレヒツレエベン」から目を背けていては、世の中の真相は究明できないと南方は主張している。

しかしながら、ここに申し上げ置くは、世態のことを論ずるに、猥鄙《ママ》のことを全く除外しては、その論少しも奥所を究め得ぬなり。

（五月十四日夜一時付・柳田宛）

第三信では、次のようにも述べられている。

猥事多き郷土のことを研究せんとするものが、口先で鄙猥《ひわい》鄙猥とそしるようでは、何の研究が成るべき。自心で同情なき物を、いかにしても研究どころか観察も成らぬものなり。

（五月十六日午後四時付・柳田宛）

これらの批判、特に第三信のそれは、柳田の痛いところを衝いている（といっても、それによって柳田が自らの主張を改めたわけではないが）。すでに見たように、柳田は性的な欲望や異性関係を好んで題材にとる自然主義文学を露骨に嫌っていた。柳田の考えでは、そうした暴露文学は、決して世間の実相をとらえていない。田山花袋の小説などは「まるで高のしれたもの」（『故郷七十年』別3－三四二）であって、農政学者である自分のほうがはるかに現実を深くとらえていると柳田は自負していた。ここでは、彼がかつて自然主義者に向けて放った「世間知らず」という批判が、今まさに、南方の指摘によってわが身に返ってきたのである。南方の批判は、自分こそ世間の実相に通じているという柳田の無意識の思い上がりを鋭く衝いたのである。世間はそもそも猥雑なものであり、それに背を向けるのは、世間に対する同情・共感を欠いているからだという痛烈な批判に対して、柳田はなぜか口をつぐんだきり何の返答もしていない。

官界を去る

『郷土研究』誌の休刊

明治末年までの柳田は、とりたてて大きな波瀾もない優雅な役人生活を送っていた。上司との衝突や、農政学上の見解の対立など小さな事件はあったが、それらは特に高級官僚としての経歴に傷をつけるほどのものではなかった。明治四十四（一九一一）年六月には、前年の韓国併合にともなう法制整備に携わった功績により、勲五等瑞宝章を授与され、翌明治四十五年には、明治天皇の大喪に宮内書記官として奉仕している。日本各地への旅行やサロンにおける文学者たちとの交流も、変わらずに続けていた。

しかし、『郷土研究』誌の刊行が軌道に乗り始める頃から、それまでには経験したことのない試練が彼を襲うようになる。高木敏雄が去ってからは、『郷土研究』は事実上柳田の個人機関誌と化し、もともと「きかぬ気」の柳田によるわがままな運営は、周囲とのさまざまな軋轢を生み出した。また、「ルーラル・エコノミー」の定義問題に見られるような彼の農政学離れは、「今日すでに同志の友人より幾分横道にそれたりと批難せられ候」（大正二年六月二十二日付・南方宛）というような、郷土会の農政学者メンバーとの疎隔を生み始める。

内閣法制局参事官から貴族院書記官長への異動は、『郷土研究』の編集・執筆に追われているさなかの人事であった。大正三年四月十六日付の書簡で柳田は、まもなく知れ渡るであろう貴族院書記官長への就任を、「近々閑職に就き」という言葉でほのめかしている。内閣法制局における柳田の先輩参事官たちの主な異動先が、本省局長や府県知事などであったことを考えると、貴族院書記官長は顕職であるとはいえ、やはり栄達の本流ポストとはいえないであろう。少なくとも、「飢饉を絶滅しなければならないという気持」(『故郷七十年』別3－二三)で農政学を学び、官界を志した柳田にとって、貴族院書記官長という職は「誠に中途半端な地位」(「将来の農政問題」31－四四八)であった。

おそらく柳田は、この頃すでに周囲からは、妙な学問に熱中するいささか異端的な役人と見られていたのであろう。そして彼自身もこの人事によって、行政官の本流から外れたことを意識したのであろう。すでに法制局時代から、「これは永くいる所ではないという用意はしていた」(「私の哲学」)というう柳田であったが、「官舎の二階で校正もすれば発送の宛名をさえ書いた」(23－四八六)というような研究への熱中は、官僚としての立場にさざ波を立てはじめていた。彼が『郷土研究』の休刊(大正六年三月)を決めたのも、「評判があまりに高く問題になりそうなので」という理由からであった(「予が出版事業」23－四八六)。

後年、柳田は『郷土研究』休刊の頃を振り返って、次のように述べている。

その前から私は貴族院にいる間じゅう、「郷土研究」という雑誌を編輯していたが、貴族院もそろ〳〵辞めなければならない情勢になってきたと思ったので、「郷土研究」も残っていると後

が不味いと考え、口実を作って四巻で廃めてしまった。（『故郷七十年』別3－二八二）

彼が貴族院を「辞めなければならない情勢」に追い込まれていった原因の一つは、「旅行」であった。『郷土研究』休刊直後の大正六（一九一七）年三月二十日から、柳田は約二ヶ月間にわたって台湾・中国・朝鮮をめぐる大旅行に出ている。このときの台湾総督安東貞美《さだよし》は、柳田の養父直平の実弟であり、台湾へ招待してくれた民政長官下村宏も柳田のかねてからの友人であった。柳田は、「招かれていゝ気になって貴族院議長にもあまり相談せずに、その申出をうけてしまったが、それが私の失敗の原因で、後々いつまでもごた〳〵としてしまったのである」（『故郷七十年』別3－三八六）と述べている。貴族院の事務責任者が議長とよく相談もせず、法制局参事官時代のように気ままな長旅に出てしまったことが、貴族院にいづらくなった理由として挙げられている。

さらに、ここには述べられてはいないが、大正四（一九一五）年に安東総督との確執がもとで辞任した民政長官内田嘉吉《かきち》の後任に下村を押し込んだのは柳田であるという、猟官運動がらみの風評もあって、彼の台湾旅行は後々まで不評の種を残すのである。

島崎藤村との絶縁

ところで、貴族院書記官長柳田が、官僚人事に一定の影響力を行使できる実力者であったことは、このときの台湾旅行で、島崎藤村との絶縁という副産物が生みだされる伏線ともなっている。

柳田が台湾へ発つ前、島崎藤村が手紙をよこし、台北へ行ったら自分の兄（藤村の長兄秀雄）に会ってやって欲しいという。会ってみると、用件は、山林の払い下げについて総督に口添えしてほしいというものであった。そこで柳田は、春樹さん（藤村）は話の内容を知っているのかとたずねたところ、「へエ知っております」と答えた。二度三度念を押したが、確かに藤村は承知しているという。

そこで私は非常に腹が立った。自然主義者などと云っていながら、そんな不正をするのが役人の実際だと思っているのは怪しからん、恐らく東京の役人でもそれが実状だと思っているのだろうが、そんなことを思う様な奴は駄目だと考えて、そんな話は取次げないとすげなく断ってもうそれ切りその兄という人に会わなかった。自然主義と称して、その頃ありのままを書きさえすればいいのだといっていた仲間の藤村が、役人というものはそんな私事ができるものと見て、それをありのままの役人の姿だと思われているとすれば、役人にとってこれ位侮辱はない、而もそのことで兄の人と打合せをしておきながら、東京で会ったとき、一言もそれに触れずに、ただ兄に会ってやってくれと頼んだのには、憤慨した。それで私はそれっ切り藤村と絶縁してしまった。

（『故郷七十年拾遺』別３－四五六）

「正邪曲直ということに関しては身内のものでもあまり容赦しない」（柳田為正「父を語る」）といわれる、柳田の強い倫理観を示す逸話である。また、ここで柳田は、日本の文学者のあまりの世間知らずぶりに苛立ちをあらわにしている。その苛立ちは、「我々が空想で描いて見る世界よりも、隠れた現実の方が遙かに物深い」（『山の人生』４－六〇）とか、「勉強するのに小説などはなんの役にも立たないからね」（野沢虎雄「砧村の想い出」）という、現実認識の方法論をめぐる柳田の文学批判の基底をなすものでもあった。

海上交通への関心

とはいえ、柳田にとって初めての海外旅行は、彼の学問に新たな視界を開くきっかけをもたらしている。台湾から大陸に渡った柳田は、広東から珠江をさかのぼって広西地方まで旅をしている。第一次世界大戦の影響で汽船の便が少なかったため、川舟を利用して旅行したのだが、その川舟を操る「蜑民《たんみん》」という水上生活者の生活に彼はいたく興味をそそられる。

この時の川舟の旅行は非常に強く印象に残り、後年、家船《えぶね》などの水上生活者をしらべるようになったのも、この時の川舟旅行が動機になっていた。蜑民の舟なのである。

（『故郷七十年』別3－三八七）

帰国後柳田は、日本の水上生活者や海上交通の歴史について本格的な研究を開始する。それまでもっぱら山と定住農民の生活を対象としていた彼の研究が、島と移住・漂泊者の生活へと拡大するきっかけを作ったという意味で、この海外旅行の成果は大きかった。

台湾・大陸旅行の翌年にあたる大正七年から八年にかけての一時期、柳田は蘭印（オランダ領インド、現在のインドネシア）に関心を持ち、弟松岡静雄が理事を務める日蘭通交調査会の事業を援助しながら、二人でオランダ語を学び、オランダ領の島々やミクロネシアに関する研究を行っている。海軍軍人であった静雄は、大正三（一九一四）年の第一次世界大戦勃発とともに、軍艦筑波の副長としてドイツ艦隊を追って西太平洋を転戦、十月には陸戦隊を率いてポナペ島を占領し、一時その統治に当たっている。静雄は大正六（一九一七）年に海軍を退き、民族学・言語学者として研究生活に入っていた。静雄が取り組んだのは、ミクロネシアの航海術と言語の研究で、のちに日本古典の研究も加わるが、これらはいずれも日本民族の起源を求めるという一貫した意図に貫かれていた。日本人の祖先が船で島伝いに北上してきたとする南方起源説は、柳田の「海上の道」の構想と重なり合うものであった。柳田自身も、「日本人とどんな縁故があるかということが知りたくて、一緒に勉強した」（『故郷七十年』別3－三七九）と、二人が日本人の起源という共通の関心のもとに、南洋の島々の研究をしたことを明かしている。

静雄が関わっていた日蘭通交調査会は、蘭印の開発や移民事業を手がける団体であった。静雄もまた、蘭印での水田開発などについて日蘭両国の提携の必要を唱えていた。当時、アメリカでは日本人移民に対する排斥運動が高まっており、日本の移民政策は大きく行き詰まっていた。静雄は、カリフォルニア移民に替わるものとして、オランダ領のニューギニアへの移民事業を計画し、その根回しのためにオランダへ渡航している。柳田もまた、農政学者として移民問題に大きな関心を寄せていた。日本農民の貧しさの原因は経営規模が小さいこと、すなわち農地面積に対する人口過剰にあると考える農政学者柳田にとって、過剰労働力の適正な配分にかかわる移住・移民の問題は最大の研究関心であった。明治三十九年の「田舎対都会の問題」、四十五年の「塚と森の話」では、農村から都会への人口移動が主要なテーマとなっている。柳田は、高級官僚の立場を利用して静雄の計画を手助けしている（「私が貴族院生活の下半期には、大変この仕事のために働いてやった」別3－三七八）。弟静雄を通じてのミクロネシア研究や移民問題との関わりは、「島」と「漂泊・移住」に対する柳田の関心を一層深めるきっかけとなった。

大正八年の五月、柳田はまたしても議長に断りなしに九州に出かけている。その一ヶ月前には、貴族院議長徳川家達《いえさと》から首相原敬に、書記官長は職務に不熱心であるとの苦情が寄せられたばかりであった。講演などを口実にして出かけたこの旅行の本当の目的は、かつての海人部《あまべ》の伝統を残す平戸や大分で、水上生活者の実態を調査することにあった。

大陸で蜑民の生活に触れた私は、この問題に大変興味をもち出して、本も読むし、また同じようなくらし方をしている日本の海女など、比較できるものかどうか、いろ〳〵知りたいと思うことがたくさんあった。

それで用事を作って長崎に行き、平戸へ渡った。平戸の北の方にある大きな海女村を見たり、また大分県にあるシャアと呼ばれる海上生活をする人たちや、家船などを見に行った。その留守中に内閣が異動したり、衆議院の官舎が焼けるという事件が起きてしまったのである。

（『故郷七十年』別3－三九〇）

五月一日に東京を出発、四日から六日にかけて、呼子の漁村を見学し、平戸島では家船で暮らす児童についての話を聞いている。五月八日、長崎県立図書館で旧記の中の家船の記事を調べていたところ、偶然「東京から本を見に来て」いた二人連れ、菊池寛と芥川龍之介に出会う。これが、芥川との初対面であった。

柳田と芥川龍之介

柳田は生涯に二度、芥川龍之介と会っている。上に述べたとおり、柳田が芥川龍之介とはじめて会ったのは大正八年五月八日のことである。ちょうど芥川は五月八日から十八日まで、菊池寛と長崎に旅行していた。しかし柳田は、小説家として有名になる以前から、芥川の名を知っていたという。

『郷土研究』誌を発行していた頃、柳田は叢書の刊行を計画し、大正三年から甲寅《こういん》叢書六冊を出版している。内訳は、第一巻が金田一京助『北蝦夷古謡遺篇』、以下白井光太郎『植物妖異考』上巻、柳田國男『山島民譚集』、香取秀真《ほづま》『日本鉄工史考』、斎藤励《れい》『王朝時代の陰陽道』、白井『植物妖異考』下巻の六冊であった。「甲寅」は、大正三年の干支である。

当時東京帝国大学の学生だった二十三歳の芥川は、甲寅叢書の熱心な読者であった。芥川の小説『河童』は、『山島民譚集』中の「河童駒引」に触発されて書かれたものであるという。

購読者の中での珍らしい人は、まだ学生時代の芥川龍之介がいたことである。後に世間で芥川の名を見るようになった時、「どこかで会ったことのある名前だが」と思ったりしたが、実は甲寅叢書の熱心な読者の一人であった。ずっと後のことであるが、有名な「河童」という小説は、私の本を読んでから河童のことが書いてみたくなったので、他に種本はないということを彼自身いっていた。

（『故郷七十年』別3－二七九）

二人が二度目に会ったのは、昭和二（一九二七）年五月三十日、鎌倉星ヶ岡茶寮での座談会の席であった。文藝春秋が催したこの会には、柳田國男と、大審院判事で明治風俗史研究家として知られる尾佐竹猛《おさたけたけき》が招かれ、芥川は菊池寛とともに主催者側として出席している。「なるべく通俗的に」という主催者側の要請により、会は主に怪談話中心に進められた。そのおよそ二ヵ月後の七月二十四日未明、芥川は東京田端の自宅で自殺している。なおこの座談は、『文藝春秋』同年七月号に「銷夏奇談」と題して掲載された。

貴族院書記官長を辞す

長崎で芥川と会ったその二日後の五月十日、柳田は大分市でシャアの船を見、市内で講演を行っていた。しかしこの留守中、衆議院の宿舎で火災が発生し、彼は急遽呼び戻されて十二日に帰京している。この事件で、柳田の勤務振りに対する評判は地に墜ちる。事ここにいたっては、さすがに柳田も遠からず官を辞さなければならぬことを覚悟したものと思われる。

急いで東京へ帰って来るまでのうちに、もう大分《だいぶ》批判があって、そうでなくとも役所にはおられないと思っていたところだったから、辛うじて大正八年までいるのに非常に骨が折れた。その年の下半期になると親類の者までがもう辞めなければ見っともないなど〻いってきた。しかし長い役人生活だったから、いろ〳〵後始末をしておきたく思ったりして、その年の末まで役人をしていた。再び役人になる気持はなかったが、将来は何でもい〻、旅行生活が自由に出来る職業が

よかろうと思ったが、それには新聞しかないというわけであった。（『故郷七十年』別3－三九〇）

このように、彼の官僚生活が困難になっていったのは、雑誌の発行や出版事業に夢中になったり、無断での旅行を繰り返したりなどの勝手気ままな行動で不評を買ったことが大きな原因であった。

しかし、それ以上に大きな理由は、貴族院議長徳川家達との確執にあったといわれる。「十六代将軍」と呼ばれて貴族院に君臨していた徳川は、「きかぬ気」で一向に議長の機嫌をとろうとしない柳田を嫌っていた。徳川は「カバン持ち」をしない柳田を嫌い、柳田は、徳川から「三太夫（注、家令や執事の異称）」のような奉仕を強いられることが気に入らず、そうしたことが両者の溝を広げていったという（牧田茂『柳田國男』）。後年柳田は、その間の事情をこんな風に説明している。

直接の原因と言ってもよいことは、議長の徳川さんと喧嘩したことだね。私を博物館長に転任さすということが、事前に洩れて新聞に出てしまった。大正八年頃のことだがね。そこで徳川さんに長い手紙を送って、書記官長と三太夫との差別を教えて上げるという手紙を出したのだよ。間に原敬などが入り、それでは役人がつとまらないというので、つとまらないならばやめますといってやめてしまった。（「民俗学の過去と将来」座談会（上）、『民間伝承』十三巻一号）

大正七年の柳田の日記には、首相主催昼食会の打ち合わせに来た貴族院書記官の河井弥八《やはち》が、「議長の機嫌を今少し考えるようにと」忠告したことが記されている。それに続けて、「夜ねてから再考える、永々と生きてはたらくつもりにて無理不自然なる言行をするのも考えものである　又よき頃に静かな生活もせねばならず所謂配所の月を見ばやの考は自分にも既に起っておる也」と記している（「大正七年日記」十月二日・別4－三〇五）。この頃にはすでに、閑職への異動、あるいは退官を考え始めていたことがわかる。「配所の月を見ばや」というのは、栄達に背を向けて心静かに暮らすことを願った中納言源顕基《あきもと》が、常日頃口癖のように「罪なくして配所の月を見ばや（罪を犯さずに流罪・左遷の地の月を見て暮らしたい）」（『撰集抄』巻四第五）と語っていたという故事にもとづく言葉である（同じ話は、『発心集』『十訓抄』『徒然草』などにも記されている）。

大正八（一九一九）年十二月二十一日、柳田は内閣総理大臣原敬に辞表を提出、同二十三日依願免官となり、明治三十三（一九〇〇）年七月の任官以来十九年あまりにわたる官吏生活に終止符を打った。このとき柳田は、四十五歳であった。

柳田が貴族院書記官長の職にあったのは、大正三（一九一四）年四月から大正八（一九一九）年十二月までの約五年半である。それはちょうど、第一次世界大戦勃発からヴェルサイユ体制成立へと至る時期に当たっている。この間、柳田はさまざまなトラブルに見舞われ、最後は決して円満とはいえない仕方で職を辞する結果となった。ことに、貴族院議長徳川家達との確執は根深いものがあった。議院には歴代正副議長・書記官長の肖像画が掲げられる慣例があったが、退職後の柳田は、「院に残す慣例の肖像画をどうしてもいやだと」（伊原宇三郎「紅梅」）拒否し続け、そのため数十年以上も肖像群の中で柳田書記官長のものだけが一枚欠けていたのである。

「やっとのことで禁が解けた」（同）のは、貴族院が廃止されて参議院が発足した戦後のことであった。

朝日新聞社入社

新聞記者となる

大正八（一九一九）年十二月二十四日、柳田は、官舎を出て久しぶりに市谷加賀町の自宅に戻った。そして、長年の官界生活でたまった澱を洗い流すかのように、年末から正月を、子息為正一人を伴って、養父が茅ヶ崎に建てた小別荘で静かに過ごしている。

退職金と恩給とで生活に困ることはないとはいえ、長男為正はまだ四歳、大正八年には四女が生まれたばかりでの浪人生活はさすがに世間体がはばかられた。旧弊な養家に対する手前もあって再就職を考えていた柳田のもとに、東京朝日新聞社編集局長の安藤正純から、入社の話が持ち込まれてくる。大正九年の春のことであった。「右から左にお受けしては」退官前から話ができていたようで不自然なので、このときはすぐに承諾はせず、「六月まで自由に歩き回ってのち、七月から朝日の嘱託ということにしてもらった」（「故郷七十年」別3－三九一）と柳田は回想している。七月に再び安藤から連絡があり、柳田は「入社の条件として、最初の三年間は内地と外地とを旅行させて貰いたいという虫のいい希望」を並べた。三年間の前半は日本国内、「後半は、西洋、蘭印、濠州から太平洋方面」というのが彼の計画だった。次弟松岡静雄と共同して研究したミクロネシアへの関心が、相変わらず継続していたことがうかがえる。

この希望を村山龍平社長がすべて「快諾」してくれたので、柳田は大正九（一九二〇）年八月四日付けで客員として東京朝日新聞社に入社する（『故郷七十年』別3－三二六）。月手当ては三百円、そのほか旅費は会社持ちという破格の条件であった。ちなみに、大正十五年に朝日新聞に入社した新入社員の初任給は七十円だったという（荒垣秀雄「論説委員柳田国男」）。その後、大正十三年二月に論説委員として正式に入社、昭和五（一九三〇）年十一月に退社するまでの十年間を朝日新聞社で過ごすことになる（なお、退社後も昭和二十五年までは客員として待遇され、その後は社友となっている）。

佐渡への一人旅

将来の見通しも立った柳田は、入社に先立つ六月、佐渡へ旅行している。官界を去って自由の身となった彼の「一人の初旅」（「佐渡一巡記」2－二〇四）の行き先に佐渡が選ばれたのは、佐渡の海府が、「地名から推定し得る海部土著の北の限線」（「佐渡の海府」2－二一一）だったからである。六月十六日に両津港に渡った柳田は、七日間かけて海岸沿いに佐渡島を一周する。彼の関心は、かつてこの島に移住して「海府」の地名を残した「漁人の部曲《かきべ》」である海人部の民が、その後他の地へ去ったのか、あるいはここに留まったのか（2－二一二）を、この島の生活上の特色の内に探ることにあった。

佐渡島の外周には海岸台地が発達していて、台地の上は清水掛りで排水がよく、農業を営む条件が備わっている。柳田が注目したのは、海府の農民たちが台地の下の渚に村を作り、そこからわざわざ険しい坂道を上って田を作っていることである。「海に拠った島曲《しまわ》の里でありながら、却って越前西の谷などの山村と似た事をして居る」（2－二一二）のは、この里人たちが、かつての海人部の後裔であることを物語っているのではないか。その証拠に、干しアワビは古くから佐渡の重要産品として知られていた。アワビ漁のような水に潜る作業は特殊な専門的技芸であり、佐渡に限ってその技が一般人の間に発達したとは考えにくい。アワビ漁が盛んだったということは、古くからこの地に潜水技術を持つ海人部が居住していたことを示している。しかし一方で、現在の佐渡の里人の生活は、「半農半漁」ともいえないほど漁業から遠ざかっている。また、海人部の特徴である「カネリ」「イタダキ」（頭に物を載せて運ぶ）の風習もない。となると、かつてこの島に海人部がやってきたという仮説は誤りなのであろうか。それとも、一旦はこの島にやってきた彼らは、その後再び別の場所に移動したのであろうか。

このような観察や推論を重ねながら、柳田は、この島へ人びとが渡ってきた移住の歴史を次のように思い描いている。

記録の中にも風俗習慣の中にも、この島に「計画を以て大規模な移民をした形跡は見られぬ」から、現在の島民の大半は、「逐次に各方面から集まった」人びとの子孫であろう。そうして、「やはり或時代に、海部の漂泊者」も辿り着いているのは確かである。その理由として彼は、（一）「海府」という名称は偶然とは考えられない、（二）海人部は遠征力が旺盛で日本海各地の荒浜に移住した前例がある、（三）佐渡は漁獲が豊かで、特にアワビが多く取れた、という三つをあげている。

では、現在の佐渡で海人部の生活の痕跡がほとんど見られないのはなぜか。その理由として柳田は、アワビのような貝類は資源が枯渇しやすいことを揚げている。貝類の豊かな漁獲は、このような寒冷の地にまで海人部の移住を誘った有力な動因であった。逆に言えば、貝類が減少すれば、彼らは新たな漁獲を追って別の場所へ移ることをためらわなかった。しかし佐渡の海岸地方は山の幸も豊かで、台地の上は未開の土地が広がっており、漁業抜きでも生活していける条件が備わっていた。特殊な技能を持った海人部でも、いったん定住してしまうと、人の一世代ほどの間でも「生産の減少期」が続けば、もはや親の技能を子に伝えることができなくなってしまう。彼らは「いつと無く水清く日暖かな台地を拓いて、米を作って食うようになり、漁業者としては一流でも二流でも無くなったのであろう」（2－二一八）と柳田は推測している。

佐渡旅行から戻った直後、柳田は海上を移動・漂泊する人びとに対する問題関心を、次のように要約している。

> 考えてみれば何れの地方も同じことであるが、佐渡の如き手頃の一つの島に対して見ると、如何にして人が来て住み始めたかの問題が殊に考えられる。
>
> （「佐渡の海府」2－二一七）

日本人はどこから来たか

十一年前、『後狩詞記』を出版した頃には、柳田の関心は専ら山あいの村落に住む人びととの生活に向けられていた。明治四十二年に書かれた「九州南部地方の民風」の中で彼は、「山地人民の思想性情を観察しなければ、国民性というものを十分に知得することが出来まいと思います」と述べている。どんな山奥に入ってもいたるところに人家が見られるというのが、柳田の考える日本という国の最大の特色だったからである。柳田によれば、日本人はどんな急傾斜の土地でも「ずんずん村を作って早くから定住し」（「山民の生活」4－四九三）、どんなにわずかでも必ずそこで米を作って暮らしてきた。「我々の祖先の植民力は非常に強盛」であり、どのような山奥にも住みつき、粟や稗を食べても暮らしていくことができた。

ただし、「神を祭るには是非とも米が無くてはならぬ」というのが先祖たちの生活の絶対条件であった。それゆえ、先祖たちが新たに村を開いて住み着くためには、どんなに小さくとも田を作れる土地のあることが欠かせなかった。稲作に適しているのは川の下流の低湿地であるが、古い時代には大規模な堤防を築く技術が十分発達していなかった。そこで簡単な工事で水流を制御できる場所を求め、祖先たちは「川上へ川上へと村の適地を捜索して行き、終に深山に田代」を見出し、そこに定住したのである。米を作る「山中の小盆地」が、独立した一つの生活単位を形作っている日本独特の景観は、そうして作り上げられてきたものと柳田は考えた（4－五〇〇～五〇一）。当時の柳田の研究関心は、そのようにして「山々にて取囲まれたる平地」（『遠野物語』4－一一）に定住した人びとの生活の歴史に向けられていた。

そしてこの頃の柳田は、「疑なく祖先はどこかの山国から来た人」（「山民の生活」4－四九九）であると考えており、日本人の起源を漠然と「朝鮮満州」の方面に思い描いていたようである。明治四十三（一九一〇）年に書かれた「山神とヲコゼ」の中では、オコゼは山神を祀る巫女の持った「Totem（霊代《たましろ》）の一種」という仮説を示し、山神信仰の研究から「日本と朝鮮満州との関係が大分明らかになること、信じて居る」（4－四四六）と述べられている。

島崎藤村と椰子の実

大正七、八年頃になると、次弟松岡静雄からの刺激によるミクロネシア研究や、台湾・大陸への旅行をきっかけとして、次第に柳田の関心はこの国に住み着くまでの先祖たちの足取りに向けられていく。そして、日本人の起源についても、当時大きな影響力を持っていた鳥居龍蔵の固有日本人説（弥生文化を担った原日本人は沿海州・朝鮮半島から渡来した人びとであるとする説）などの大陸起源説ではなく、島伝いに南から北へと渡って来たとする南方起源説を支持するようになってきたと考えられる。先に引いた「佐渡の海府」の中の言葉は、「日本人は、最初どの方面からどこへ渡って来たか。何百という数の大小遠近の島々のうち、どれへ始めて上陸し、次々にどの方角へ移り拡がって行ったものか」（『海上の道』1－五）という問いが、このころ柳田の中で明確な形を取り始めていたことを示している。佐渡旅行の三十二年後、柳田は日本人の先祖たちの海上移動の歴史を主題とする論文「海上の道」を発表する。この論文は、海上生活に関係の深い風の名前と、風に吹き寄せられる海岸漂着物の話から説き起こされている。そしてその中に、島崎藤村の詩「椰子の実」にまつわる思い出話が出てくることはよく知られているだろう。

明治三十一（一八九八）年、二十四歳の柳田は、大学の夏季休暇を利用して三河の伊良湖崎（渥美半島の先端、愛知県田原市伊良湖町）を訪れ、網元の屋敷に一ヶ月ほど滞在している。その間、田山花袋が訪ねてきて、一緒に伊良湖水道に浮かぶ神島（三重県鳥羽市神島町、三島由紀夫の小説『潮騒』の舞台となったことで有名）へ渡ったりしている。この間の出来事については、明治三十五年に発表された柳田の紀行文「遊海島記」（原題は「伊勢の海」）や、田山花袋の随筆『東京の三十年』に詳しい（柳田本人の記憶では明治三十年のこととあり、『東京の三十年』でも三十年とするが、いずれも記憶違いで、明治三十一年が正しい）。

滞在中に柳田は、伊良湖崎の外海に面した側、「恋路が海」とか「玉章が磯《たまずさ》」と呼ばれる海岸でさまざまな漂着物を目にしている。そして、ある嵐の吹いた日の翌朝、まだ梢から落ちて間もない椰子の実を見つけたのである。

嵐の次の日に行きしに、椰子の実一つ漂い寄りたり。打破りて見れば、梢を離れて久しからざるにや、白く生々《なま》としたるに、坐《そぞろ》に南の島恋しくなりぬ。（「遊海島記」2－四七四）

東京へ帰った柳田は、すぐに近所に住む島崎藤村にこの話をした。藤村は、「君、その話を僕に呉れ給えよ、誰にも云わずに呉れ給え」といって、この話をもとに、

名も知らぬ遠き島より
流れ寄る椰子の実一つ

から始まる、「椰子の実」と題する一篇の詩を作った（『故郷七十年拾遺』別3－四五八）。詩集『落梅

集』に収められたこの詩は、昭和十一（一九三六）年に大中寅二《おおなかとらじ》によって曲が付され、国民歌謡として愛唱されることになった。もっとも柳田は、

　そを《ママ》取りて胸に当つれば
　新たなり流離《りゅうり》の愁い

という詩句などは、「固《もと》より私の挙動でも感懐でも無かった」（『海上の道』1－一二）と述べて、藤村が椰子の実に対して抱いたロマンチックな感懐と自分が感じた驚きは中身を異にしていることを断っている。とはいえ、古くからの「島国の特殊産業」である「寄物拾い」（31－二〇七）、すなわち磯でさまざまな漂着物（寄り物）を拾うことが「一国文化の問題」（1－一二）として見直されるようになったのは、「或一人のすぐれた詩人」の功績であると柳田は述べている。

　佐渡旅行の帰途、柳田は新潟の図書館で佐渡に関係する書物の数々を閲覧している。その中の一冊『佐渡志』巻五の中には、海岸に漂着する椰子の実の記事が収められていた。「此物島の産に非ず、もろこし嶺南の国々より出るものの漂い流れ来るを、海浜の民拾い得るなり」というその記事を見た柳田は、「曾て之を手に取って珍重したのは何人であったろうか。又其物は今はどうなってしまったか」と感慨をもらしている（「佐渡一巡記」2－二二〇）。おそらくこのとき、彼の学生時代の懐かしい記憶は、北の島への海人部の移住史にまではっきりと結びつけられたことであろう。

記念すべき旅行の年――『雪国の春』『秋風帖』『海南小記』

『雪国の春』の旅

すでに述べたように、柳田が正式に東京朝日新聞社の客員となったのは、大正九（一九二〇）年八月四日であるが、彼はそれを待ちかねるように、二日前の八月二日に早くも東北地方への旅に出発している。朝日新聞社との約束により、「豆手帳から」と題した旅行随筆を旅先から送りながら、柳田は仙台を基点に三陸沿岸を北上する。途中遠野では先行していた松本信広と合流する。松本はのちの慶応義塾大学教授で、当時は慶応普通部の教員を勤めており、学生時代に柳田に講演を依頼した縁で、柳田宅に出入りしていた。さらに釜石からは佐々木喜善をともなって、田老《たろう》、普代《ふだい》、小子内《おこない》、鮫《さめ》を通り、八戸に至る。途中、鮫で「母病気」の知らせが入った松本と別れ、その後佐々木とも別れた柳田は、八戸から汽車で野辺地《のへじ》に移動して下北半島に入り、尻屋崎《しりやざき》、下風呂《しもふろ》、薬研《やげん》温泉をめぐる。そして大湊から船で陸奥湾を渡って青森へ、さらに汽車で川部まで行き、鰺ヶ沢《あじがさわ》、深浦と日本海岸を能代まで歩く。東京に戻ったのは九月十二日、四十日にわたる大旅行であった。

東京朝日新聞夕刊に連載された「豆手帖から」は、他のいくつかの東北地方旅行記とともに、昭和三（一九二八）年二月、旅行随筆集『雪国の春』として刊行された。金田一京助は、この書を評して

「詩の様な散文、論文の様な美文、創作の様な感想文、否、文学の様な科学、恐らくは知、情、意の一つに融合した美しい交響楽」であると述べている（「最近の愛読書　雪国の春」）。

「論文の様な美文」、あるいは「文学の様な科学」というのは、たとえば、「豆手帖から」の一番目の随想「仙台方言集」のようなものを指しているのだろう。その中で柳田は、仙台在住の土井晩翠夫人（八枝）の作った『仙台方言集』に触れながら、「方言とは何ぞや」という問題についてこんなことを述べている。アメリカ合衆国の「国語」と、イギリスの「国語」は、東京語と仙台語が違うほどには違っていないが、誰がアメリカ語を「英語の方言」と名づけるだろうか。結局標準語と方言の差は、それを話す人びとが「此で好いのだ」と思うかどうかという主観の差に過ぎない。つまり、他郷の人からおかしいと笑われて恥ずかしくなり、自分から矯正したくなる言葉が方言なのである。だから、願わくは将来大いに東北語を振興させ、かつて平清盛の伊勢語、源義仲の木曾語、六波羅探題の伊豆語・鎌倉語、室町幕府の三河語などが混じりあって京都弁を作り上げたように、「近くは又北上上流の軽快なる語音を廟堂に聞くように、少なくとも一部の仙台藩閥を、東京の言語の上にも打ち立てしめたいものである」（2－六九）。柳田は、そのように結んでいる。ちなみに、「北上上流の軽快なる語音を廟堂に聞く」とは、岩手県出身の原敬首相の議会演説のことを指している。

また、「おれの馬鹿なことはよっぽど遠くまで聞こえている」と言って笑う正直な老農夫の、「方言」そのままの独白で構成された「狐のわな」という一文がある。「虎挟み」の使用が違法であることを知らずに狐を捕らえて売ったところ、「飯野川の警察から喚びに来たから、何だかと思って往って見ると、罰金を五十円出せばよし、金が出ねェなら五十日来て稼げ」と言われる。「おれもまアだ達者だ」と牢に入ろうとすると、子どもが「今まで一ぺんも牢に入ったことも無い爺様に、七十にもなってそんなことをさせたくねェから心配すんな」と「五十両出してくれやした」(2−七六)。およそこんな調子で、地方生活の実状と乖離した中央行政に対するさりげない批判が示されている。

これなどはさしずめ、「創作のような政策論」とでも言うべきものであろう。

「清光館哀史」

単行本『雪国の春』に収められた随筆の中で最もよく知られているのは、昭和の終わり頃に高等学校の国語教科書に掲載されていた「清光館哀史」であろう(注、昭和四十〜五十九年、筑摩書房版)。大正九年の旅の途上、柳田の一行は、小子内(岩手県九戸郡洋野町)という漁村にただ一軒あった宿屋「清光館」に宿泊した。

ちょうど盆踊りの晩で、月明かりの下を女たちの高い歌声が聞こえてくる。何と歌っているのか、その文句を尋ねるが誰も笑って教えてくれない。そうして女たちは明け方まで踊り通したというが、翌朝には、昨夜の踊りなど見たこともないという顔をしてインゲン豆をむしっている。まるで夢のようなその満月の晩のことを記した「浜の月夜」という文章が、朝日新聞の「豆手帖から」欄に掲載されたのは大正九年九月二十二日のことだった。「清光館哀史」はその六年後の初秋に再び小子内を訪れたときの体験を記したもので、「浜の月夜」のいわば続編に当たる文章である。

おとうさん。今まで旅行のうちで、一番わるかった宿屋はどこ。

そうさな。別に悪いというわけでも無いが、九戸の小子内の清光館などは、可なり小さくて黒かったね。

（「清光館哀史」２－一〇五）

こんな他愛のない問答をしながら汽車の旅を続けているうちに、ほとんど偶然に近い事情から柳田は八戸線の陸中八木駅に降り立つことになった。駅前の小さな丘を一つ越えると、その南の坂の下がまさに小子内の村である。「あんまり懐かしい。ちょっとあの橋の袂まで行って見よう」。そう思い立って、あの晩、踊りを見に行く子どもたちが「からからと鳴らして」渡っていた板橋のところまでやってきたのであった。

来て御覧、あの家がそうだよと言って、指をさして見せようと思うと、もう清光館はそこには無かった。

（２－一〇六）

家は影も形もなく、ただ石垣だけになっており、敷地の片隅には二、三本のとうもろこしが風にそよぎ、残りも畑になって南瓜の花が咲いている。まるで浦島太郎になったような気分で、「一人ならば泣きたいよう」な気持ちがこみ上げてきたと柳田は言う。村人から聞いた話を総合すれば、ある大暴風雨の日に沖に出て還らなかった船があり、それに清光館の若い主人も乗っていた。「つまり清光館は没落したのである」。

柳田は、六年前に手帳に取れずに、気がかりのままであった盆踊りの歌の文句だけは確かめようと、浜辺にいた娘たちに「あの歌は何というのだろう。何遍聴いて居ても私にはどうしても分からなかっ

た」と「半分独り言のように」問いたずねてみた。すると年かさの一人が「鼻唄のようにして」次の

ような文句を歌ってくれた。

なにヤとやーれ

なにヤとなされのう

それは、「古くから伝わって居るあの歌」、すなわち「どうなりとなさるがよいと、男に向かって呼びかけた恋の歌」なのであった。しかし、村の娘たちはその文句の意味をわかって歌っているのではなかった。昔の都市文化人は、地方の「かがい」（歌垣）の風習を、一夜の自由恋愛の快楽と解したこともあった。しかし、村人が盆を一年の最も嬉しい日としたのを、若い男女の「つまもとめ」のためであるとする解釈は誤りである。民謡はもともと人びとを共同的な陶酔境に導き、「勤労を快楽に化する術」（『都市と農村』16－三〇二）であった。たとえば農村生活で最も苦しい田植えの労働も、「つい近い頃まで労働だか、祭りだか」はっきりした区別がつかなかった。その田植えの重労働を、村の娘たちが新しい笠と襷を用意して心待ちにしていたのは、大きな集団の中に我を忘れて没入する快楽を味わうためであった。歌は、人をこの「統一の快楽」へと誘導する手段だったのである（『民謡の今と昔』17－二五六）。「痛みがあればこそバルサム〔注、balsam＝鎮痛剤〕は世に存在する」。「なにヤとやーれ」の恋の歓喜の表現の裏には、「遣瀬無い生存の痛苦」が貼りついている。恋の歌でありながら、「踊の歌の調は悲しい」（2－一一〇）のはそのためなのだと柳田は言うのである。

昭和期に入ると、柳田は精力的に口承文芸の研究に取り組み始める。月夜の晩の浜の盆踊りの印象

は、「詩歌物語が何の為に生れ、何を詠じ何を語ろうとして居たか」（「家と文学」15－三二一）という彼の問いの原点を形作るものであった。随筆集『雪国の春』には、「豆手帖から」のほかにも、「暦の春が立ち返ると、西は筑紫の海の果から、東は南部津軽の山の蔭に及ぶまで、多くの農民の行事が殆ど些かの変化も無しに、一時一様に」（2－一四）行われていることを明らかにした「雪国の春」、東北の景観の中に織り込まれた人間精神の営みを透視する自然哲学的な風景論「草木と海と」など、柳田の紀行随筆を代表する作品の数々が収められている。

『秋風帖』の旅

八月十五日から九月二十二日まで十九回にわたった「豆手帳から」の連載は、読者から好評をもって迎えられた。そこで十月中旬には、「もう一ぺんどこかへ行って来ないか」（『故郷七十年』別3－三二六）ということになり、今度は静岡から愛知・岐阜県にかけての中部地方への旅に出発する。一ヶ月前の東北旅行と同様、行く先々から原稿を送りながらの旅であった。このときの旅行記は、「秋風帖」と題され、十七回にわたって東京朝日新聞に連載されている。

柳田はまず東海道線の焼津で汽車を降り、島田から浜松へと歩き、東海道を離れて、熊《くんま》、作手《つくで》の山村に分け入り、松平家発祥の地をめぐって岡崎の町に至っている。このときの随想「杉平と松平」は、松平の地にたまたま漂泊の聖が逗留したのが徳川家勃興の機縁になったことを述べた文章である。この一文が、貴族院での確執の相手であった徳川家達公爵への皮肉であることは、「知る人は解した」

（大藤《おおとう》時彦『柳田国男入門』）のである。

岡崎からは幡豆《はず》の海沿いに出て、一日の逍遥を試みる。幡豆の海岸は、明治三十一年に伊良湖に遊んだ際に船の上から眺めた懐かしい村里であった。その後矢作《やはぎ》川をさかのぼり、挙母《ころも》の町で草鞋を買い、靴はカバンに入れて荷物持ちに預け、山中の古道を選んで多治見まで歩く。多治見からは自動車、汽車を使って海津《かいづ》郡に入る。大井川と天竜川に挟まれた山間部、井伊谷《いいのや》や遠山郷、秋葉《あきは》街道沿いの一帯は、古くから都会の文人のロマンチックな空想をかきたてる地域であった。柳田もまた早くから遠州・奥三河の山の生活に関心を寄せており、明治三十九年、大正三年の二度にわたってこの地方を歩いている。「秋風帖」の旅について柳田は、昭和二十五年に書かれた文章の中で次のように述べている。

東海道を汽車で走って居て、大井と天龍との間がいつでも私には問題になった。それは主として山々のたゝずまいからであったろうが、どういう生活があの中にはあるのかと、考えずに居られぬのは自分だけの癖では無いようである。

（「『方言と昔他』解題」23－五七八）

このように、大正九年十月の旅行の当初の目的は、「どうかして今一度少し緩やかに此地方を跋渉《ばっしょう》して」（同）、山間部の生活を見ることにあった。

ところが、木曽三川の下流地帯に来ると、柳田の視線はにわかに「海」に引きつけられることになる。海津郡に入ったところ、「河川工事の為めに交通系統は全く改まり、持ってあるいた地図は用に立たなくなっていた。伊勢湾岸の「水陸の変化」の激しさに衝撃を受けた柳田は、「急に紀州の加太《かだ》浦《うら》を見る気になり」、できればそこから「淡路へ渡って行こう」と思い立った（2－一四二）。かつて瀬戸内海海運の拠点だった加太浦は、想像以上に寂れ、小さな漁村と化していた。今では淡路行きの船も、ここからは出ていなかった。柳田は、それでは一体「瀬戸内海の方はどうなって居るか。序《ついで》に見て置こうという気になって」（2－一四二）、大阪から汽車で一気に広島まで行き、船を乗り継ぎながら、宇品港から尾道まで瀬戸内海の島々をめぐり歩いた。東京に戻ったのは、十一月二十一日、約一ヶ月間の旅行であった。

こうした唐突な旅程変更の仕方からは、この時期の柳田の関心が急速に海や島の問題に引き寄せられつつあったことがうかがわれる。山から海へという視線の転換は、実はこの旅が始まった時点で早くもその兆しを表していた。焼津の町での感想を記した「山から海へ」という文章は、まさにその転換を象徴するものであった。

民族移動の予感

柳田が汽車を降りた焼津の町は、三十年前に測図した地図が全く役に立たないほど大きく変貌していた。市街地は隣村にはみ出して拡張し、人家も防波堤もすべて新しい。鰹節生産の将来性が企業熱に火をつけ、発動機付の漁船はいまや百五十艘に上っている。大量の資本に対して、労働力は圧倒的に不足し、最初は発動機の講習にやってきたよその漁村の若者をあの手この手でこの町に引きとめようとしていた。しかし最近では、貧しい山村の若者を招くようにしているという。せっかく思い切って海辺へ出てきた若者たちを、「再び寒い山奥に稗を食べに戻さぬようにしたいものだ」と述べた後、柳田は次のように書き記す。

山が平穏なる隠れ里であった時代は、実は我々に取ってはあまりに長かった。最初船で渡って来た此国民が、流に逆うて高地に入り込んだのは、自然の趨勢と云うことは出来ぬ。前には即ち戦乱の威嚇が有り、近世は又人口増加の圧迫が有った。羚羊《かもしか》の躍るような山腹に麦を播く程にせぬと、この狭い島に六千万の生霊を盛ることが出来なかったのである。海が広漠の未開地であることを心付けば、彼等の下りて来るのは所謂水の低きに就くようなもので是程成功し易い奨励は無いのである。（『秋風帖』２－一五〇）

発動機船がひしめきあう活気に満ちた焼津港の現在の風景の中に、柳田は、日本人の先祖がこの島にたどり着き、稲作の適地を求めて山へと分け入ってきた長い過去と、この島を出て再び海へと向かっていく未来の日本人の姿とを幻視している。幾千年を隔てて、再び日本民族が大移動を開始する時節が到来したのではないか。大きな歴史の変わり目の予感が、柳田を襲ったのである。

つい一ヶ月前の東北への旅は、柳田の意識においては、海からこの島へやってきた我々の先祖が、稲を携えて北へ、東へと移動していった「中世のなつかしい移民史」（『雪国の春』２－一一二）の跡をたどるものであった。単行本『雪国の春』の巻頭に置かれた同名の随筆の中で、柳田は次のように述べていた。

我々の祖先が曾て南の海端に住みあまり、或は生活の闘争に倦んで、今一段と安泰なる居所を覓《もと》むべく、地続きなればこそ気軽な決意を以て、流れを伝い山坂を越えて、次第に北と東の平野

に降りて来た最初には、同じ一つの島が斯程までに冬の長さを異にして居ようとは予期しなかったに相違ない。（2－一〇）

「日本の雪国には、二つの春」がある。一つは雪に埋もれた寒い中で初春の行事が行われる暦の上の春、そしてもう一つは「ありとあらゆる庭の木が一斉に花を開き、其花盛りが一どきに押し寄せて来る」、季節の上の春である。「雪国の春」とは、「人口の増加」や「戦乱の威嚇」に圧迫されて北へ移動した人びとが、それでも南方の冬の短い土地で作られた暦をもとに、雪深い土地でも「なお正月は即ち春と、固く信じて」（2－一三）祖先の慣習を守っているさまをいうのである。

もともと農政学者として、農民の貧困問題の解決に取り組んでいた柳田にとって、「日本の社会改良事業の一番大なる障碍は、人口の過多」であり、またその「急激なる近代の増加」であった（「国際労働問題の一面」29－一一七）。幕末から大正までの約五十年間で日本の人口は、三千万人から六千万人へと倍増している。しかしその間、耕地面積は十五パーセントほどしか増えていない。農業技術の改良による生産増も限界に達し、現状の土地の産物では、全人口を養うこともできず、労働力のすべてを吸収することもできない。現在の日本は、かつて祖先たちが「人口の増加」のために新天地を求めて移住を決意せざるを得なくなったそのときと等しい状況にある。正月の春の行事を守りながら静かに暮らしてきた時代、すなわち「山が平穏なる隠れ里であった時代」は終わりつつある。日本人は、山々の奥から、「広漠の未開地」である海に向かって再び躍りだして行くことを真剣に検討すべきときを迎えている。山から海へと、めまぐるしく旅程を変える『秋風帖』の旅の背景には、人口増加にともなう労働力の再配分問題や、その対策としての海外移民問題に対する、農政学者柳田の切実な関心が潜んでいるのである。

南島への関心

『秋風帖』の旅からの帰路、柳田は第一高等学校時代からの友人で京都帝国大学教授をしていた新村出《しんむらいづる》を訪ね、大学図書館で「琉球の古書、由来記」を読み漁っている。そして、帰京の三週間後、早くも柳田は次の大旅行へと出発している。目的地は、九州・沖縄であった。

柳田の南の島への関心は、伊良湖岬に遊んで椰子の実を拾った学生時代より以前、おそらく少年時代に曲亭馬琴の『椿説弓張月』を読んだときにすでに芽生えていたと思われる。大正二(一九一三)年から三年にかけて『郷土研究』誌上に連載された「巫女考」では、『琉球神道記』、『琉球事略』、『琉球語典』が引用されており、柳田がかなり早くから琉球関係の書物を渉猟していたことがうかがわれる。それらの中で、特に柳田の南島観に大きな影響を与えたとされるのは、弘前出身の探検家笹森儀助が、明治二十六年に琉球・先島諸島を巡遊したときの記録『南嶋探験』と、琉球・沖縄史の研究家伊波普猷《いはふゆう》が著した『古琉球』である。

柳田は、明治四十(一九〇七)年に『南嶋探験』を読み、「始めて南端の問題の奇異且つ有意義であったことに心づいた」という(『海上の道』1－一〇五)。柳田が特に強い衝撃を受けたのは、笹森儀助が、マラリア流行のため消滅しかかっている村落を踏査したときの記述(『南嶋探験』六「西表島《いりおもて》巡回」）であった。それによれば、宝暦三（一七五三）年の記録では古見《こみ》村は西表島最大の村落で、人口は七百六十七人であった。それが明治二十六年現在には、戸数四十一、人口百四十二に減少していた。村内を歩くと、住民の死に絶えた廃屋の数は八十以上に及んでいる。番所に戻って村長に会うと、東京の高等官にも劣らぬ立派な礼服で現れ、「大和語」もよく話す。しかし、マラリア患者の有無を尋ねると、例によって一人もいないと答える。先ほどから何人も患者を見かけたと言うと、言葉が分からないふりをしてただ頭を下げるばかりである。

そこで儀助は筆談を用いて、次のように問うた。連年人口は減少し、租税の負担は重くなる一方である。人民の艱難辛苦はまこと憐れむべきものがある。村の役人として、この急を要する事態にどう対処するつもりなのか、と。村長の答えは、こうだった。私は俸給を受けて家族を養う者である。どうすれば人口の減少を防げるか、その救済方法は全然わからない。ただ年功によってこの地位についているだけである、と。「余、聞キテ驚愕セリ。八重山群島村吏中屈指ノ人物ヲ以テ称セラル丶人ノ答ニシテ如斯。他、何ヲ望マンヤ」。笹森儀助は、そのように記している。

柳田が明治四十三（一九一〇）年に書いた「村の址《あと》」という小文には、さまざまな原因で消滅した村々の一つとして、笹森儀助の見聞した南島の例があげられている。島の生活に特有の不幸・苦悩を記す『南嶋探験』の記事から受けた衝撃は、のちの柳田の日本人論に大きな影を落としている。『南嶋探験』が生々しく伝えた人口問題、島特有の経済問題、島同士の支配・被支配関係など、「島に住む者の苦しい経験」（29－四九五）は、彼の南島論・日本人論の大きなモチーフを形成している。

伊波普猷との交流

『南嶋探験』が、南島の住民生活への理解を深めるきっかけとなったのに対し、文化研究の方面で柳田の南島への目を開かせたのは、伊波普猷の『古琉球』である。伊波は明治九（一八七六）年那覇に生まれ、第三高等学校を経て東京帝国大学文科に入学、言語学を専攻した。上代音韻の研究で知られる国語学者の橋本進吉は、高校、大学を通じての同級、金田一京助は大学の一年後輩である。卒業後は沖縄に帰って琉球語や沖縄の歴史、とりわけオモロという沖縄・奄美諸島に伝わる古歌謡の研究に没頭し、明治四十三年に沖縄県立図書館が創設されると、その初代館長に就任している。

伊波は明治四十四年に沖縄史の研究書『古琉球』を刊行、柳田はこの書を翌年の十二月に伊波本人から寄贈されている。『古琉球』という書物の中で、柳田が最も関心を引かれたのは、やはりオモロであった。後に柳田はオモロを集成した歌謡集『おもろさうし』から受けた衝撃について、次のように述べている。

その最初の印象はまだ鮮かに残って居りますが、文芸と国語の上は申すに及ばず、社会心理殊に信仰現象の方面に於ても、どの位多くの問題を提出して居るか、測り知られぬと思うほどでありました。（「学者の後」30－九三）

柳田の注目した「信仰現象の方面」というのは、具体的には沖縄の信仰習俗と内地の神道とが多くの点で相似するという事実を指している。「巫女考」では、「沖縄の神道が世人の想像する程内地と縁遠く無いことは改めて言おうと思う」と述べ、内地の神祭り習俗と沖縄のそれとの主要な共通点が示されている。『古琉球』を読んだ後、大正初期には、柳田はすでに日本の信仰習俗・神道と沖縄のそれとが同根であり、むしろ沖縄のものの方が祖型であるとする仮説を温めていたと思われる。

このように柳田は、一定の理論的見通しのもと、十分な予備知識を蓄積した上で、満を持して南島への旅に臨んだのであった。十二月十九日の朝、大分県の臼杵《うすき》を基点として歩き始めた柳田は、汽船や小舟を利用しながら九州の東岸を南下し、都井《とい》岬に至っている。大分から旅を始めたのは、議員宿舎火災事件で中断した一年半前の九州旅行の続きという意識があったのかもしれない。都井岬から一旦鹿児島に出るが、年末の混雑を避けて佐多岬で年を越し、再び鹿児島に戻って一月四日の便船で奄美大島名瀬《なぜ》に渡る。一月五日には沖縄本島那覇に渡り、早速沖縄県立図書館に伊波普猷を訪ねている。そして約二週間の那覇滞在中、何度も伊波と会見している。一月二十日、先島行きの船に乗り、宮古島に一昼夜、石垣島に五日滞在し、二月二日に那覇に戻る。約一週間日帰りの距離を歩き回り、二月九日沖縄を辞して再び名瀬に上陸し、加計呂間《かけろま》島などを見て回った（『海南小記』附記・1－三七八）。

この時の旅の記録は、帰京後、朝日新聞に「海南小記」と題して連載されている。「海南小記」は、冶金・鍛冶を業とする漂泊職能集団に関わる伝説に取材した随筆「炭焼小五郎が事」や、九州での講演筆記「阿遅摩佐《あじまさ》の島」などとともに、単行本『海南小記』（大正十四年刊）にまとめられている。

孤島苦の沖縄

『海南小記』となって結実した柳田の南島旅行の成果は、大きく見て二つある。一つは、沖縄と日本の文化的な関係を明らかにしたこと、もう一つは、島に暮らす人びとが「痛烈に味って居た所の不幸」（25－一六六）のさまをつぶさに感じ取り、その病弊の根源へと深く目を向けたことである。

柳田が南島を訪れた大正十（一九二一）年、沖縄経済は不況のどん底にあえいでいた。大正七（一九一八）年に第一次世界大戦が終結すると、それまで急成長してきた日本経済は、一転してジリ貧状態に陥る。大正九（一九二〇）年三月には、高騰を続けていた東京株式市場の株価が下落に転じ、やがて商品市況も暴落して、日本経済はいわゆる戦後不況におそわれる。農産物価格の下落によって農村の窮乏が深刻化し、各地で小作争議が激増した。他にめぼしい産業が少なく、砂糖生産に依存していた沖縄経済が受けた打撃はとりわけ大きかった。主食のサツマイモも確保できず、有毒なソテツを主食代わりにせざるを得ない人びとが続出し、その苦境は「ソテツ地獄」と呼ばれて社会問題となった。柳田が訪れたのは、まさに「ソテツ地獄」のただなかにある沖縄だったのである。

『海南小記』の旅で、柳田が感じ取ったのは、沖縄の置かれた苦境の原因が「南日本の大小遠近の島々に、普遍して居る生活の理法」（『海南小記』自序・1－二二一）の中に隠されているということ、そしてその病弊は、日本のすべての地方農村、さらには日本国そのものにも通ずる普遍的なものであるということであった。離島に暮らすがゆえに蒙る不利益、いわゆる「孤島苦」（1－四六三～四六四）とその原因についての柳田の観察は、のちに次のように定式化され、彼が移民問題や島の経済問題を論ずる際の基本的な観点を形づくることになる。

沖縄の窮乏のことは広く報ぜられるところであるが、これは又直ちに日本全体の地方の状態を語るものである。沖縄窮乏の原因は、単に天災をもって充つることは出来ぬ。遠くは中央都市の搾取と、その政策の責とであり、近くは、沖縄それ自体の支配階級の消費過多によるものである。彼等は生産の母たる島人より、取るべき総ての物を搾り取った。もはや、取るべき何者も島人の懐には残っていない。彼等は既に、文字通りの餓死の境に臨んでいる。と同時に彼等を支配していた地主も資本家も、税金によって維持される官庁も破産にせまっている。実に、これは理の当然と言わなければならぬ。将来経済的に破滅する国家があったならば、恐らく沖縄の如き状態をもって暗き滅亡の淵へ歩み寄るであろう。

が、それは又、日本その者の状態でもあるのだ。沖縄は比較的地域が大きいから世間の注目を惹き、遂に政府の補助を受くるまでに至ったのであるが、現在、沖縄の如く破産に瀕している村々、谷々が、どの位、世間の目の外にあふれているかも知れないのである。少くとも、かゝる状態へ向って歩みをつゞけているのである。

農村の破滅！　それは実に恐ろしき近代的の予言である。しかして、その理由は、前に説いたように、地主の横暴のみでなくて、それ等地主階級を包含して破滅の淵へ運ぶものは都会文化の普及そのものである。

（「地方文化建設の序説」29－一〇～一二）

沖縄の経済的困窮は日本のすべての地方農村の困窮と構造を一にしており、その根本的な原因は、経済活動の主導権が、生産主体である地方ではなく、消費の主体である中央の都市に握られているところにある。そして、都市による地方経済の支配を支えているのは、都市の持つ優秀な文化の力である。

すなわち、中心地（都市、大陸の文明国、大きな島）と辺地（地方、島国、離れ小島）との文化力の優劣関係が、経済的不平等を生み出す根本原因であるというのが柳田の主張の要点である。

このように柳田は、貧困の問題を、当時の流行であった階級対立の図式（資本家と労働者、地主と小作人）によるのではなく、それぞれの地域が持つ特性から生ずる地域間の対立図式をもとにして読み解こうとしている。この観点からすれば、貧困問題解決の決め手となるのは、労働運動や小作争議ではなく、地域間における文化の優劣関係を解消することだということになる。のちに見るように柳田は、そうした地域間の文化格差を是正する手段として、自らの手がける郷土研究を位置づけていくのである。

日本の古い分家

沖縄は孤島であったために多くの苦痛を味わってきたが、一方では、内地からの影響を受けにくかったことから、古い文化が大きな改変を蒙らずに残存してきた。言語（音韻、単語、語法）、信仰（神社の起源、女性祭司者、祖霊など）、家族や土地の制度など、内地では忘れられた鎌倉時代以前の古い文化が、沖縄の島々には現在もまだ生きている。沖縄は、日本の大昔を無意識に保存する「古風保存の場所」（25－三二七）となっているのである。柳田は現地を歩きながら、沖縄が「日本の古い分家」（同）であることを改めて確信するに至る。たとえば、日本内地の神道と沖縄神道の関係を、柳田は次のように理解する。

もとは異国の如く考えられた此島の神道は、実は支那からの影響は至って尠《すく》なく、仏法はなお以て之に対して無勢力でありました。我々が大切に思う大和島根の今日の信仰から、中代の政治や文学の与えた感化と変動とを除き去って見たならば、斯うもあったろうかと思う節々が、色々あの島には保存せられてあります。

（『海南小記』「阿遅摩佐の島」1－三六三）

また、現在の内地日本人の生活・文化の起源が南島にあるとする仮説については、次のように述べている。

我々は曾て大昔に小船に乗って、この亜細亜の東端の海島に入り込んだ者なることを知るのみで、北から次第に南の方へ下ったか、はた又反対に南から北へ帰る燕の路を遂うて来たものか、今尚民族の持ち伝えた生活様式から、も一つ以前の居住地を推測する学問が進まぬ為に如何なる臆断でも成り立ち得るようであるが、少なくとも此等の沖の小島の生活を観ると、それは寧ろ物の始の形に近く、世の終の姿とはどうしても思われぬ。即ち大小数百の日本島の住民が、最初は一家一部落であったとする場合に、与那国人の今日の風習が、小島に窄《すぼ》んだから斯うなったと見るよりも、やまとの我々が大きな島に渡った結果、今日の状態にまで発展したと見る方が、遙かに理由を説明しやすいように思われる。

（『海南小記』「与那国の女たち」1－三〇一）

柳田の南島論に触発されて沖縄の信仰研究を始めた折口信夫は、「海南小記」の旅における沖縄の発見について次のように述べている。

柳田先生が行かれるまでは、沖縄人をば、単に言語の上においてのみ、同種と見、支那人の子孫と考えるのが世間では固より、一部学界の常識となっていた。それを先生が、旧日本人の早い時期の分派であり、寧《むしろ》、此等南島を経て、旧日本の地に這入って来たのが、我々の祖先だ、と凡《おおよそ》、証明せられた。これは正しい事であり、日琉相互にとって、此ほど幸福な言明はなかった訣である。

（「地方に居て試みた民俗研究の方法」）

国際連盟委任統治委員就任

大正十年二月十五日、約二ヶ月に渡る南島旅行を終え鹿児島に戻った柳田は、大阪朝日新聞社との約束により各地で講演をしながら九州を北上して行く予定になっていた。ところが、柳田が第二の講演地熊本で「琉球の神道」と題する講演を行っていた二月二十日、外務省から一通の秘密電報が熊本県知事宛に発信される。現在当地にある柳田國男氏は、国際連盟委任統治委員会の日本代表委員として適任者と認められるので、就任を承諾されるよう説得してほしいというのがその内容であった。

第一次世界大戦の結果、ドイツ、トルコの統治を離れた植民地・領土は、国際連盟の監督下に特定の国が後見の任に当たることになった。日本も戦勝国の一員として、旧ドイツ領太平洋諸島の委任統治受任国となった。柳田が委員就任を打診された委任統治委員会は、受任国の提出する年報を受理審査し、委任統治に関する一切の事項について国際連盟理事会に意見を具申する権限を有する諮問機関である。

降って沸いたようなこの話に、とりあえず柳田は、旅行中で即答できない旨を返答して次の講演地に向かった。官界といわば喧嘩別れしたばかりの柳田は、何かの間違いではないかと半信半疑であったと当時を振り返っている。外務省からは重ねて就任を要請する電報が届き、一晩熟慮した柳田は、辞退の電報を打つ。しかし、長崎県知事の渡邊勝三郎の説得を受け、ついに、講演旅行を主宰する大阪朝日新聞社と養父柳田直平両者の同意を得るという条件付で受諾を決したのである。

　長崎へ着くと、もう亡くなったが渡邊勝太郎《ママ》さんという、よく物のわかった人がちょうど県知事をしていて「そんな馬鹿なことがあるものか、君が喧嘩したのは内閣であって、国じゃないだろう。政府のために働かないでも、国のために働かないっていうわけじゃないはずだ」と、じつに簡単に説伏させられてしまった。「それでは仕方がない。じつはぼくは大阪朝日の社長と、ぼくの養父とには事前に相談をしなければならないのだから、二人が同意したならば受けるという条件つきで返事を出すことにしよう」といった。すると渡邊君は私の見ている前で電報を打ってくれた。

（『故郷七十年』別3－三三二）

結局、大阪朝日からは「非常に結構なことだからぜひ行くように」という返電があり、養父の直平も賛成であることがわかったので、柳田は以後の講演予定をすべて中止し、三月一日に自宅に戻った。こうして、柳田が「私一箇の為に、最も記念すべき旅行の年であった」（『秋風帖』2－一四四）とする、大正九年に始まる通算百五十日近くにわたった紀行三部作（『雪国の春』『秋風帖』『海南小記』）の旅は、国際連盟常設委任統治委員会委員への就任という思いがけない出来事によって幕を閉じたのである。

ジュネーブにて

第一回常設委任統治委員会

大正十（一九二一）年五月九日、柳田は横浜港からヨーロッパへ向けて旅立った。五月二十八日にはサンフランシスコに入港、アメリカ大陸を横断して六月八日にニューヨークから再び船に乗り、フランスを経由して七月十一日に目的地ジュネーブに到着した。止宿したホテル（オテル・ボー・セジュール）の三階には国際連盟事務次長の新渡戸稲造、二階には農商務省時代の柳田の上司岡実が滞在しており、柳田の部屋は一階にあった。

委員会の開会は十月初めに予定されていた。それまでの期間を利用し、彼は亡命ロシア貴族の夫人に個人教師を依頼し、アナトール・フランスの『白き石の上にて』をテクストとして、国際連盟公用語の一つであったフランス語の練習に励んだ。また、八月には北欧、九月下旬にはフランスのアルザス地方を旅行している。

十月四日、第一回常設委任統治委員会が開会、十月八日に閉会するまで九回の会合が持たれた。柳田は胡桃沢勘内に宛てた十月六日付の絵葉書で、「私の会は一昨日から始まり生涯の思出というような心持で今働いて居ます」（別4－五二二）と書き送っている。胡桃沢は長野県松本市在住の銀行員で、

『郷土研究』誌の熱心な投稿者であった。この会期中柳田は、太平洋諸島の中に、西洋文化と接触してから出生率が低下して人口が減少している島々があること（中には人の全く死に絶えてしまった島があること）を問題にとり上げ、人口動態調査の重要性を訴える発言をしている。滞りなく任務を終えた柳田は、マルセイユ港から、インド洋経由で帰国の途についた。

帰国後、柳田はエスペラントの稽古をしたりしながら再度の渡欧に備えた。当時の国際政治の舞台では、「英仏が憎らしく幅をきかして」（『故郷七十年』別3－三九二）おり、国際連盟の公用語も仏語と英語であった。日本など英仏語を母語としない国の代表は、言語の壁にはばまれて、議論をリードしていくことが難しかった。柳田がジュネーブに滞在していた頃、国際連盟総会では、エスペラントを連盟公用語に採用させようとする運動が盛んになっていた。「どんな事柄でも即座の応酬が出来、怒りも喜びも自分の言葉と同様に、隠れた隈も無く表出」できるようにならない限り、自国語を公用語に採用した国には引けを取ることになる。当時の連盟は、「ペルシャかどこかの代表」のフランス語による演説に対して、会場のあちこちからクスクス笑いが出るような場所であった。柳田は「爰《ここ》は到底我々の来て働く場所で無いということを、しみぐ〜と感じてしまった」（「ジュネーブの思ひ出」3－三一二）と言う。自身も会議の席で言葉の問題で苦労した柳田は、エスペラントの公認案に強い関心を寄せ、遠野の佐々木喜善にも「エスペラントの運動を起すの必要あるかと存申候」（大正十年九月十八日付・別4－四六六）と書き送っている。

ちょうど其頃連盟の中に起って居たエスペラント公認案に、私が並以上の関心を寄せた動機は単純なものだった。是なら自分でも思ったことが言える。そうして小国は大事にせられ、外交官で無い代表連は皆苦しんで居るのだから、たとえ仏英語と肩を並べられぬまでも、もう少し自由な使用が認められるかも知れぬと思った。

（「ジュネーブの思ひ出」3－三一二）

はじめての西洋滞在経験を通して、柳田は、「言葉が根本の問題」（同3－三〇九）であるということをつくづく思い知らされた。国際間の交渉、議論においては、自国語を公用語とした国が圧倒的に有利である。言語において劣勢な国は、情報発信においても遅れをとらざるをえない。その結果、日本や太平洋諸島の実状を全く知らないヨーロッパ人の常識がそのまま世界の常識となり、国際政治の方向を決めていくことになる。日本について全く無知なヨーロッパ諸国の代表が、キリスト教道徳の価値観を振りかざして日本の統治のあり方に疑問を呈するケースもあり、その誤解を解くためには、まず日本の文化や道徳を一から説明するところから始めねばならなかった。しかも、統治を委任されている日本人・日本政府自身が、太平洋諸島の実状についてほとんどまともな知識を持たず、かえってヨーロッパの民族学（エスノロジー）の植民地研究の成果に知識を依存していたのである。

そのためもあってか、日本の統治報告は短くておざなりであるという悪評を買い、柳田はヨーロッパ人と日本人の二つの無知の板ばさみとなって苦しんだのである。それまで柳田は、農政学や郷土誌を研究する中で、文化や学術が都市知識人に独占され、地方の実状や庶民の文化がないがしろにされる日本の中央集権的体制に対して、ことあるごとに批判の目を向けていた。ジュネーブに来て柳田は、国際社会の中での日本の立場は、まさに「田舎」の立場に等しいことを痛感したのであった。柳田は、

「本国に於て山出しとか、赤毛布《あかゲット》とか謂って居た言葉の意味を、爰へ来て始めて内側から体験した」（「ジュネーブの思ひ出」3－三〇七）という。この経験は柳田に、地方人自身による郷土研究と、弱小国家・民族の内在的な自国文化研究とが、立場において重なり合うことを強く意識させた。委任統治委員を辞した翌々年の講演の中で、柳田は次のように述べている。

〔地方の住民は〕与うべきものを十二分に自ら持ちながら、尚彼等〔都市の文化〕に向って乞い求め、其恩恵に感謝するのみか、時としては媚びへつらうと云う程度に其機嫌を取った。そうして文化はいつでも中央本位の、隷属関係に甘んじて来たのである。此弊は日本と西洋との交渉に於て夙《つと》に現れて居るが、本国と植民地、乃至は首都と偏鄙《ママ》の地方との間には、所謂国家統一の美名に絆《ほだ》されて、今尚何人にも怪しまれずに、普選制度の今日迄も看過せられて居る。

（「文化史上の日向」29－九二）

こうしてヨーロッパからの帰国後、柳田の郷土研究は、自分たちの文化を常識として押し付ける強者（白人、都市人・知識人）と、それを甘んじて受け入れている弱者（アジア・アフリカ諸民族、日本の地方平民）との間の文化的不均衡を覆すという、強い実践的性格を帯びるようになるのである。

島国の悲哀

言語の問題とともに、柳田が痛感させられたのは、国際社会においては島国の立場というものが全く理解されておらず、従ってあらゆる議論は島に暮らす者の生活感情と乖離した「常識」にもとづいてなされているということであった。

二年間の経験で私に役に立ったのは、島というもの、文化史上の意義が、本には書いた人が有っても、まだ常人の常識にはなり切って居ないことを、しみ〴〵と心付いた点であった。所謂裏南洋の陸地は、寄せ集めて滋賀県ほどしか無いのに、島の数が大小三千、うち七百まではたしかに人が住んで居る。それでは巡査だけでも七百人はいるわけだと、冗談を言った委員もあったが、其島々が互いにくいちがったためい〳〵の歴史を持って、或程度、別々の生活をして居ることまでは、陸つゞきで交際する大陸の連中には呑込めない。茶碗の水も池の水も、水は水だというような考えは、西洋で物を覚えた我邦の外交官までが皆もって居て、第一に本国の周辺に、大小数百の孤立生活体の有ることをさえ考えない。（「ジュネーブの思ひ出」３－三二〇）

南島研究に本格的に着手し始めた、まさにそのタイミングで南洋諸島の統治に関する国際会議の委員となり、さらにそこで、国際社会における日本の立場が孤立した「島国」であることを痛切に認識したということは、柳田にとっては一つの運命的な出来事であったといってよい。とはいえ、柳田が南洋諸島に関心を寄せ、日蘭通交調査会に関わっていたことは、外務省関係者にとっては周知の事実であったろう。また、国際連盟事務次長の新渡戸稲造も、柳田がミクロネシアに関心を寄せていることを当然知っていたはずである。柳田が委任統治委員に推されたのは、決して理由のないことではなかった。日本が世界全体の学問の中で分担すべき分野は、「島々の生活法則」の研究であり、「孤島の幸福の改良」に寄与できるのも、「同じ苦悩を切抜けて、少しは明るい地平線を見付けたる、日本の平民たち」（『青年と学問』「島の話」25－一三九）でなければならぬと柳田が考えるに至ったのは、ある意味、全く必然の歩みだったのである。

ジュネーブの冬

大正十一（一九二二）年六月、第二回委員会出席のために、柳田は再びジュネーブの地を踏んだ。委員会は八月一日に開会、八月十一日の閉会まで十七回の会合が持たれた。会期終了後は山の手の小さな借家に移り、「一人で淋しい交際の無い生活」（3－三一三）に入る。借家に移ったその晩には、ドイツ、オランダへの小旅行に出かけている。

会期中に柳田は、日本人にはなじみの薄いアフリカの植民地や中東地域の事情を知る必要を痛感し、外務省にパレスチナ、エジプトへの出張を要求した。しかし、この要求は容れられなかった。同年十一月三十日の「瑞西日記」には、「巴里より手紙、パレスチナ行きさし止めとの事」と記されている。柳田は「すっかり出鼻をくじかれてしまって」、「仕事に対する興味」までも薄れてしまったという（「ジュネーブの思ひ出」3－三一二）。

この後柳田はジュネーブの借家で年を越し、一月と三月には二度にわたる長期のイタリア旅行を重ねている。そうして、ときにはジュネーブ大学での講義を聴講したりしている。この間のことを柳田は、「たわいも無く半年余りを送ってしまった」（3－三一三）と述べているが、実際は委任統治問題や欧米の植民地研究の成果などを精力的に勉強していたようである。ジュネーブ滞在中に彼が執筆した報告書“The welfare and development of the natives in mandated territories”(「委任統治領における原住民の福祉と発展」)は、委員会の付属文書として印刷されている。第三回の委員会は七月二十一日に始まり、八月十日まで三十三回の会合が開かれた。柳田も、人口動態や先住民の福祉問題をめぐって積極的に発言している。

関東大震災の報と帰国

委員会終了後、北米経由での帰国を計画した柳田は、大正十二（一九二三）年九月二日、ロンドンで関東大震災（九月一日）の報道に接した。想像を絶する被害の報道に、ロンドン在留の邦人たちの間には大きな衝撃が走った。おりしも、八月にデンマークで開かれた列国議会同盟会議に出席した代議士たちがロンドンに滞在していた。彼らは駐英大使林権助《ごんすけ》宅に集まり、「悲しみと憂いの会話を交えて」いた。その中の年長の代議士が、「沈痛なる口調」で、「是は全く神の罰だ。あんまり近頃の人間が軽佻浮薄に流れて居たからだ」というようなことを口走った。これを聞いて柳田は大いに憤り、甚大な被害の出た下町の住民たちの多くは、ふだんから「放縦な生活」など出来なかった貧しい人びとであり、それが「他の碌でも無い市民に代って、この惨酷なる制裁を受けなければならぬ理由はどこに在るか」と強硬に抗議したという（「南島研究の現状」25－一五九）。

ちなみに、デンマークのコペンハーゲンで開かれた第二十一回列国議会同盟会議に出席した代議士は、吉良元夫、高橋光威《みつたけ》、三木武吉、上塚司《うえつかつかさ》、上畠益三郎《うえはたますさぶろう》の五名で、最年長者は慶応三（一八六七）

年九月生まれの吉良、これに次ぐのが同年十二月生まれの高橋である。

もちろん柳田は、その議員が唱えた「天譴《てんけん》（＝天罰）説」などは、その論理の正否を論ずるにも価しない「一種の激語」、あるいは「愚痴」にすぎないものと考えていた。しかし伝統的に東洋では、この手の言説は、大きな災厄にあって悲しむ人びとに「教訓とあきらめ」を与えようとして政治家のとる常套手段であった。実際、当時東京でも「多くの尊敬を受けて居る老人たち」の中に、熱烈に「天譴説」を唱えた者（注、澁澤栄一が二度にわたって新聞紙上で天譴説を説いたことを指す）があった。社会の指導的立場にある者たちが、弱者への思いやりに欠ける「馬鹿げた道理」を喋喋と論じているさまを、柳田は、「誠に苦々しいことだと思う」と吐き捨てるように述べている（同25－一六〇）。

関東大震災によって、留守中の柳田の家族も大きな被害を受けていた。震災のその日、家族たちは茅ヶ崎の別荘に滞在していた。大きな揺れで建物は倒壊し、柳田の養母琴と妻孝が負傷、一家は近所の竹藪の中で不安な一夜を過ごしている。柳田も、一時は家族の全滅ということまで考えたという。しかし、帰国を焦るもののなかなか便船が得られず、ようやくロンドンを出発してニューヨークへ渡ったのは九月も末のことであった。おりしもアメリカでは、日本人移民に対する排斥の火が燃え盛っていた。日本人移民による農業経営の急激な拡大は米国農民の反感を買い、大正二年、九年と二度にわたって日本人の土地所有を制限する法律が制定されていた。柳田帰国の翌年、大正十三（一九二四）年には排日移民法が制定され、日本人の移民は完全に禁止された。ちなみに、柳田が朝日新聞社論説委員としてはじめて書いた社説は、七月一日に施行された排日移民法をめぐってのものであった（「七月一日から愈々排日法の実施につき」別1－五）。

柳田は、「邦人進出に対する米国の妨碍と、本国に於ける人口増加の現象」に「途方に暮れ」（『青年と学問』25－一〇七）ながら、十一月八日、やっとの思いで横浜港へと帰りついたのである。

なお、大正十一年の第二回委員会終了時点で、柳田は第三回委員会をもって委員を辞任したいむねを外務省に申し入れていた。しかし、大正十三年八月の第四回委員会開催時にはまだ後任が決まっておらず、柳田は籍を残したまま欠席扱いとなっている。正式に辞任が認められたのは、大正十三年十月の第五回委員会においてであった。

論説委員としての活動

国民精神作興《さっこう》に関する詔書

柳田が横浜港に帰りついた二日後の大正十二（一九二三）年十一月十日、関東大震災後の動揺する人心と社会的混乱の鎮静化を図って、「国民精神作興に関する詔書」が発布された。その内容は、以下のようなものであった。

「国民精神の剛健」こそは「国家興隆の本」である。先帝の時代に発布された教育勅語、戊申詔書はいずれも、「道徳を尊重して国民精神を涵養振作《かんようしんさく》」するための大きなはかりごとであった。その成果は大きく現れ、国家の興隆をもたらしてきた。自分も即位以来先帝の遺業を受け行わんとしていた矢先に、このたびの大震災に遭遇し、憂い悲しみにくれている。近年、「学術益々開け」、人智は日ごとに進歩している。しかし一方で、「浮華《ふか》放縦《ほうしょう》の習」が萌し、「軽佻詭激《けいちょうきげき》の風」も生じつつある。ここで「時弊」を改めなければ、先人の偉業が失われてしまうかもしれない。ましてや震災の被害は甚大であり、文化の再興と国力の振興とは、ひとえに国民精神の如何にかかっている。今こそ上下協力して国民精神の振興を図るべきときである。

このように述べた上で詔書は、教育勅語と戊申詔書の教戒に立ち返って綱紀・風俗を正し、忠良なる臣民としての人格を養成することを説いている。

この詔書の眼目は、「浮華放縦」「軽佻詭激」の矯正を説くところにある。「浮華放縦の習」という言葉は、具体的には「文化的生活」を標語とする生活の洋風化・合理化、大衆娯楽の発展、「今日は帝劇、明日は三越」といった享楽的な消費文化など、いわゆる大正モダニズムの風俗・文化を念頭に置いて用いられている。また、「軽佻詭激の風」とは、大正デモクラシーとよばれる民主的・自由主義的な思想傾向や、ロシア革命を契機として急速に勢力を伸ばしてきた社会主義運動を暗に指し示している。

詔書の背景にあったのは、民主化運動や享楽的・頽廃的な風俗を快く思わない一部保守勢力の「時弊」に対する危機感である。政財界の指導者層や内務官僚、司法官僚などの間では、かねてから急進的な改革思想やモダニズムの風潮などを「思想の悪化」ととらえ、「思想の善導」すなわち、忠君愛国道徳と伝統的な日本精神による国民の教化を求める声が高まっていた。震災直後、政財界指導者たちの間でしきりに説かれた「天譴説」は、彼らの間で醸成されていた危機感の直接の表現であった。そして、天譴説を当然とするような政府部内の雰囲気から生み出されたのが、「浮華放縦」、「軽佻詭激」を戒める「国民精神作興に関する詔書」なのであった。

本筋の学問のために起つ

帰国した柳田は、関東大震災の想像以上の惨害と、その後の社会の混乱に大きく心を痛めた。当時の心境を、柳田は次のように回想している。

大正十二年九月一日の関東大震災のことはロンドンで聞いた。すぐに帰ろうとしたが、なかなか船が得られない。やっと十月末か十一月初めに、小さな船をつかまえて、押しせまった暮に横浜に帰ってきた。ひどく破壊せられている状態をみて、こんなことはしておられないという気持になり、早速こちらから運動をおこして、本筋の学問のために起つという決心をした。そして十三年の春に二度の公開講演を試みたのである。（『故郷七十年』別3－三三三）

この文章は柳田特有の「レティサンス（黙説法）」で、「こんなことはしておられないという気持」とか、「本筋の学問」の内容は具体的には述べられていない。しかし、「こちらから運動をおこして」というのは、「詔書」を前面に押し出して「思想の善導」を図る保守勢力の動き（たとえば司法官僚の総帥平沼騏一郎が設立した国家神道と儒教道徳にもとづく思想団体、国本社など）への対抗運動を意味しているだろう。あからさまな表現が避けられているのは、ことが「詔書」の内容に対する批判につながるからである。

「舶来の制度と云えば一も二もなく歓迎する」欧化主義と、西洋の文物を「徹頭徹尾嫌う」国粋主義・保守主義とを、ともに「極端に馳せ」た「戒むべき思想」（「日本に於ける産業組合の思想」16－八二）であるとして退けるのは、少壮官僚時代から一貫した柳田の立場であった。民主化の風潮が高まり、衣食住の洋風化・近代化が進む大正期に入ると、柳田の論説の中には、特に後者の極端な保守主義者に対する批判的な言動が目立つようになる。たとえば、大正九（一九二〇）年十二月に行った講演草稿には次のような文言がある。

日本には保守党で無ければ愛国者であり得ないようなことを言う人が、今でも少しばかりあります。そうして到底避くること能わざる改革の全部までをつゝくるめて、之を考案する者を悪化と評し去らんとする甚だ不親切な人も居るのです。（「準備なき外交」29－四八五）

「性急なる愛国者」（『明治大正史・世相篇』24－四〇九）は、近年の改革・改良をすべて「悪化」であると否定し去る。しかし、「変るということは堕落とは同じで無い」（『日本農民史』16－一六七）。現に大正の今日でも、誰が考えても前よりよくなったことは幾つもある。「こんなことはしておられないという気持」にかられた柳田が着手したのは、震災をきっかけとして、「誤ったる主観的の昔を描いて」、「不可能なる復古論」（『日本農民史』16－一六八）を声高に叫び始めた偏狭な「愛国者」たちに対する異議申し立ての「運動」であった。柳田は、講演や新聞の社説を通して、保守勢力が「浮華放縦」、「軽佻詭激」であるとして危険視する大正時代の思想や文化を、積極的に擁護する言論活動を開始する。そうした「大正デモクラシー思想の先鋭な表現者」（家永三郎『津田左右吉の思想史的研究』）としての活動の皮切りとなったのが、朝日新聞社が主催した「二度の公開講演」であった。

論説委員就任

大正十三（一九二四）年二月七日、朝日新聞社は、客員であった柳田國男と、東京大学教授を辞した政治学者吉野作造の両名を編集局顧問論説担当として迎え入れた。このとき柳田は五十歳、吉野は四十七歳であった。その一月前には、貴族院の院内団体「研究会」を基盤とする藩閥官僚清浦奎吾《けいご》の超然内閣が成立し、これに反発する政友会、憲政会、革新倶楽部の院外団が第二憲政擁護会を結成して内閣打倒運動を開始していた（第二次護憲運動）。朝日新聞社をはじめ、東京、大阪の十五の新聞社代表も、普通選挙を直ちに実施しない内閣には反対することを申し合わせていた。

こうした状況の中、二月末には、柳田と吉野の入社披露も兼ねて、普通選挙の即時実現を訴える時局講演会が大阪朝日新聞社の主催で開催された。柳田は吉野とともに関西地方をまわり、普通選挙を推進する立場から三つの講演を行っている。

大阪での講演「政治生活更新の期」では、まず、幕末のエエジャナイカ騒ぎなどの例を挙げて、古来政治上の変革期には多くのデマが飛び交うことを述べる。そうして、民心の不安をあおって改革を妨害しようとする世論操作に対する注意を喚起している。ここで柳田がいわんとする「我々の看破し排斥せねばならぬ流言」とは、「尤もらしいひげの階級」、すなわち「多くの旧式政治家の徒」がこぞって発する、「此ま丶で居れば世が潰れるかの如き」発言のことである（29－五五～五七）。保守政治家たちの「国を憂うる」という発言にも、「贋物がまぎれ込みやすい」と柳田は言う。「憂うる」というからには、なぜ、何を憂うるかということを明確に説明しなければならない。しかし現状は、中身の説明もなく、むやみに不安を煽るだけの言葉が横行している。こうした「流言蜚語」によって新しい政治の前途を妨げられないよう、明確で落ち着いた意見を公の場に示し、勇気を持って互いにそれを批判しあわなければならない。柳田は、そのように主張している。

また京都では、普選法案への抵抗勢力と見なされている貴族院の「特権」について論じた「特権階級の名」という講演を行っている。大正九年（一九二〇）二月に普選法案が上程されたとき、当時の原敬首相は、憲政会代議士島田三郎の法案説明の中にあった「階級制度を打破し」という言葉尻をとらえ、改正案は「現在の社会組織」（暗に皇室や華族制度を指している）に脅威を与えるものだと決めつけて衆議院解散を断行した。このとき憲政会は、元老・貴族院など華族勢力を敵に回す結果となったことに大いに狼狽したのだが、柳田はそもそも現在の「華族」は「階級」ですらないと説き、貴族院改革のために必要とあれば、憲法改正も恐れるべきでないと述べている。その上で、婦人や植民地住民などに選挙権が及ばない現状では、普通選挙といっても相対的な権利拡大にすぎず、その程度の改革を恐れたり、あるいはそこに留まって満足していてはならないと主張している。

さらに、神戸での講演「普通選挙の準備作業」は、普通選挙の「要求は自然であり、従って力である。〔中略〕さすれば今に実現するにきまって居る」（29－六四）と述べ、来るべき普通選挙に向けて我々はいかなる準備をしておけばよいのかを論じたものである。そして、「政府では、思想善導と云う類の語を使い、和尚などを集めて居られるが、私には是が普選時代の良選挙人を作り出す道だとは、何分にも思われませぬ」（29－六五）と痛烈な皮肉を飛ばし、情実と金権が横行する従来の選挙のあり方から選挙人一人ひとりが脱却すべきことを説いている。

吉野作造の舌禍事件

国民生活の実状を知ろうともせず、庶民の生活改良のための真面目な努力までをも、思想の悪化、風俗の堕落であるとして否定し去る偏狭な愛国者たちに対する批判的な言説は、すでに官僚時代の農政論などにも現れていた。たとえば貴族院書記官長であった大正七（一九一八）年に書かれた「農に関する土俗」では、「不可能事を保存せんとするような急進保守党」を念頭に置きながら、「苟くも国民性に基いて国の運命を論じ、或は又代議制度の未来でも説こうとする気なら、稀にはちっと農夫の心中にも入って考えて見るがよろしい」（25－七六）という激語が記されている。

政治家や国の政策に対するこうした批判は、官僚時代には公然とは口にしにくいものであった。しかし、役人をやめて気兼ねのない身分となった柳田は、それまでの鬱憤を晴らすかのように辛らつな政府批判を繰り返すようになる。京都での講演でも、貴族院令の改正は貴族院のみで決定するという憲法の規定が貴族院改革の妨げになっているのであれば、憲法そのものを改正すればよいと明言している。当時、貴族院改革との関連で、憲法改正に言及する論説は必ずしも特異なものではなかったとされるが（川田稔『柳田国男　知と社会構想の全貌』）、世間一般の風潮としては、「憲法改正を望むは丸で叛逆ででもあるかの如く」（29－四六）見られる中にあっては、相当に大胆な発言であったのは確かであろう。

それでも「長い官僚生活の経験からきた用心深さ」（『柳田国男伝』）を身に付けていた柳田は、慎重に言葉を選びながら無難に話を纏め上げている。だが、このとき共に講師を務めた吉野作造の講演は、思わぬ舌禍事件を招くことになる。神戸で行われた「現代政局の史的背景」という講演における、「明治政府の当路者は、金にも困り兵力にも困り、窮余の結果悲鳴を揚げるに到った。その際陛下の出されたのが五箇条の御誓文である」という言葉が右翼団体から問題視され、不敬罪として告発されたのである。そのときのことを柳田は、次のように述べている。

吉野君が舌禍を買ったのもそれで、私も一緒に神戸でやった学術講演であった。吉野君が維新の五個条誓文は明治天皇の一時凌ぎに発したものというようなことを不用意に云ったものだから、事が大きくなってしまった。我々から見れば、旧い話ではあるし、純粋科学的、歴史的に説明したのだからよさそうなものと思ったのだが、今と違って時勢が悪かった。

（『故郷七十年拾遺』別3－四九二）

時局批判講演会に、「学術講演」というスタンスで臨んでいるところに、柳田の慎重さを見て取ることができよう。一方の吉野は、以前から「帷幄《いあく》上奏」批判など、「軍閥の人々にとっては、おそらく不逞の暴言とみえる」（吉野作造「帷幄上奏論」）発言を繰り返していた。それゆえ、この「不用意」な発言は、兼ねてより吉野の論説に不快感を示していた軍部や元老らが、彼を攻撃する絶好の口実を与えることになった。そしてこの事件に追い討ちをかけるように、朝日新聞紙上に連載していた「枢府と内閣」という枢密院批判の記事にも朝憲紊乱の疑いがかけられる。吉野はたびたび検事局の取り調べを受け、ついには退社に追い込まれてしまうのである。

選挙の応援演説

関西での時局講演会に続き、三月には再び、朝日新聞社主催の時局問題講演会が開かれた。柳田も講師となって各地を回ったが、その講演の合間を縫って、第十五回衆議院議員選挙に出馬する同僚神田正雄の応援演説のために栃木県に出かけている。さらに四月には、吉野作造の友人内ヶ崎作三郎の応援のため、吉野とともに宮城県各地を歩き回っている。神田、内ヶ崎の両名はいずれも朝日新聞社が支援する憲政会の候補者で、柳田も朝日新聞記者として応援に入ったのである。神田は支那通として知られ、朝日新聞社支那部長を勤めた後、衆議院議員を二期勤めている。内ヶ崎は吉野と同郷の宮城県人で、早稲田大学教授として社会政策を講じていた。第十五回総選挙で当選し、以後衆議院議員を七期勤めている。柳田が選挙の応援演説をしたのは、神田と内ヶ崎の応援が最初で最後であったが、彼はのちにその経験を次のように語っている。

一つは、同僚の記者で、シナ通の神田正雄君を栃木の選挙区の方へ応援に出掛けた。その序《ついで》にといわれて、吉野作造の懇意にしていた友人の内ヶ崎作三郎を宮城県の北の端へ応援するため、足を延ばした。

神田の方は大変反響がよくて、皆が嬉しがってくれたし、誰も弥次ったり、反対するものもなかった。ところが内ヶ崎の方は、吉野がいたものだから、邪魔が入った。夜、壮士がやって来たりした。

僕は選挙演説はもうやらんと決心した。聴衆の中から平気で批判の声を挙げるんだから、なっちゃいない。我々は講師なんだから、いつでも、誰でも静かに聞くものだと思っていた。ところが、選挙演説になると、前に坐っている奴が、こっち向いて大きな声で批判するんだから驚いた。

もうそれから以後は一度も選挙演説はしたことがない。（『故郷七十年拾遺』別3－四九二）

自分は講師なのだから聴衆はその話を静聴するのが当然だという、エリート意識丸出しの発言は、柳田という人物の一面をよくあらわしている。柳田の身に染みついた「上流社会人としての明治官僚の感覚」（中村哲《あきら》『柳田国男の思想』）や、他人に対してはしばしば名指しでずけずけと無遠慮な批判を加えながら（二四二頁参照）、自分に対する批判は全く受け付けないわがままな（よく言えば「子供っぽい」）性格は、彼に身近で接した人たちがしばしば指摘するところである。後に見るように、こうした柳田の性格的な短所は、彼が在野の研究者としての立場を確立していく中で、しばしばトラブルの種となってくるのである。

選挙の応援演説にはすっかり懲りた柳田であったが、総選挙が終わった後も、一般の講演活動は変わらず熱心に続けている。第十五回総選挙投票日（五月十日）の翌日からは、一週間の日程で京都・大阪に講演旅行、六月には十日間にわたって東北各地を回り、委任統治委員の経験などを題材とした講演を行っている。八月には吉野、軽井沢で開かれた朝日新聞社主催の夏期大学の講師として、人種問題や太平洋民族の福祉について話している。そして十一月には大阪、宇都宮と、まさに席の暖まる暇もなく全国を駆けめぐっている。その間、東京においても、明治聖徳記念学会で「土人保護問題」（三月）、国際連盟協会で「猶太人《ユダヤ》の問題」（三月）、経済研究会で「委任統治のこと」（五月）、社会政策学会で「経済政策と人種問題」（六月）などを講演している。

社説の執筆

朝日新聞社主催の講演活動には精力的に取り組んだ柳田であったが、論説委員の本業というべき社説執筆の方は中々みこしが上がらず、入社後後五ヶ月がすぎてようやく最初の執筆に取りかかるというありさまであった。その理由を柳田は、次のように述べている。

大震災の直後に、いそいで還って来てそれから社に入った。居心地はちっとも悪くなかったが、困ったことには仕事の見当が付かない。やはり中年者には新聞のセンスというやつが身に副わぬのだと感じて、相すまぬわけだが、出来るだけ書かぬ算段ばかりして居た。雑文書きという尊称を受けたことは残念だったが、実際にそういうものしか残っても居ないのである。

（『方言と昔』序・18－三五七）

新聞のセンスが「身に副わぬ」と感じたというのは、おそらく事実であろう。そもそも社説執筆以前に、柳田の書く文章はおおよそ新聞向きではない。まわりくどく癖の強い柳田の文体（よくいえば「ふくらみと屈折を含んだいわば文学的表出方法」『柳田国男伝』）は、新聞が要求する扇情的で分かりやすい文体とはかけ離れたものであった。柳田が論説の執筆から逃げ回っていたのは、自分の文体を新聞記事の書き方と折り合わせることができなかったことが大きな理由であったと思われる。とはいえ、いったん執筆を始めてからは、月平均五本以上のハイペースで社説を書き続けた。ただし、彼本来の持って回った文体は社説においても改められることはなかった。

初めての社説「七月一日から愈々排日法の実施につき」（大正十三年七月一日）から、論説委員を辞する直前の最後の社説「生産増進と夜店政策」（昭和五年九月十四日）まで、柳田は総計三百八十九本の社説を執筆している。それらの社説の題材には、大正末期から昭和初期にかけての主要な政治・経済・社会問題のほとんどすべてが取り上げられている。

当時の朝日新聞社は憲政擁護と軍縮推進を政治的主張の二本柱としており、柳田の論説にもそれらに関連するものが多くある。たとえば、普通選挙法案の成立（大正十四年三月二十九日）の前後には、「選挙法案の運命」「普選と封建思想」「三十歳か二十五歳か」「政府信任するに足るか」「政府対上院」「護憲内閣の実験」など、普通選挙の即時実施と貴族院改革を推進する立場に立った論説を矢継ぎ早に発表している。また、「軍事教育に反対すべき理由」「青年団の将来」「在営年限短縮の問題」「青年訓練の現況について」「実業補習教育の前途」など、軍事教練の導入に反対する一連の社説においては、一貫して、学生ではなく勤労青年の立場に立っての反対論を展開している。

中等学校における軍事教練の導入は、政党による陸軍縮小建議案が出されるなど軍縮機運が高まる中、兵役年限を短縮することの代償として陸軍が打ち出した政策であった。リベラル思想家たちが、学校教育への軍の介入に対する危機感から軍事教育反対の論陣を張ったのに対し、柳田は、兵役年限短縮の恩恵にあずからない勤労青年の不利益に焦点をおいて論を展開している。柳田の主張の眼目は、上級学校に進学した者とそうでない者との間で、兵役義務についての不公平を生じるような政策は望ましくないというところにある。また、勤労青年に一定の訓練を受けさせて年限短縮を図る「青年訓練所」の設置についても、農村青年の自己修養の機会が制約されるとして疑問を表明している。ここには、青年が自ら学ぶことによって農村生活を改良していくことを構想した、かつての農政学者柳田の面目が遺憾なく発揮されているといえよう。

さらに、大正期に高まった柳田の海への関心を示すものとして目を引くのが、「水産政策と実業教育」（大正十三年九月二十一日）に始まり、「海運界の局面展開策」（昭和五年四月八日）に至るまで、十本以上書かれた海洋政策をめぐる社説である。それらの中で柳田は、近年の急激な人口増加傾向に危機感を示しつつ、過剰な労働力を再配分する生産的事業として水産・海運業の将来性に注目している。

三十何年の間に倍増した我国の人口は、到底此国土の上に盛りきれぬようになってしまい、移民には有形無形の障碍が多い。子孫の為の労働場として、自由なものは洋海のみである。

（「改造せらるべき日本郵船」別1－六一）

「この国家の現状に於ては、豊富なるものは人と海ばかりである」（「水産政策と実業教育」別1－四三）、あるいは「勤労は既に有り余り、しかも水面以外に広大なる働き場を持たぬ一国」（「海洋調査事業の将来」別2－四一）という、島国特有の経済事情への関心は、南島文化の民俗学的な研究ともつながるものであった。

文化・風俗時評

明治以来、新聞の社説といえば政治・外交・経済問題や社会を騒がせた大事件などを論ずるものがほとんどであった。そうした中にあって柳田は、文化や風俗の問題も積極的に取り上げている。

柳田の風俗時評としては、仏像に黄金を塗った上代の信仰と、今日の金歯の風習の間には「必ず隠れたる心理上の脈絡がある」という出だしで始まる「金歯の国」（大正十五年五月十六日）が特に有名である（別1－三一六）。この中で柳田は、当時急激に流行し始めた金の義歯の悪趣味を痛烈に皮肉りつつ、金歯流行の背景にある「文化史学の課題」として、なぜこれほど日本人の歯が弱くなってきたのかが問題だと述べている。この問いはのちに、「昔風と当世風」（昭和三年）や、『明治大正史第四巻・世相篇』（昭和六年）の中でも改めてとり上げられている。それらの中で柳田は、日本人の食物が昔と比べて柔らかくなってきているのに、歯の悪い人は年々増えていることを指摘し、「右も左もキンキンと金歯だらけ」（「昔風と当世風」14－三五）というのは美しくて結構だが、そこまでしないと歯が役に立たないようになった原因を考える必要があると説いている。

また、古来の野宿の作法をわきまえずに林野渓流を汚染する非常識なキャンパーを批判した「山の季節来る」（昭和四年七月二日）、「花を駅頭に栽《う》えてさかせようとする心持」は、旅人を和ませる「和気」であると述べた「花を駅頭に」（同年七月二十三日）、「無意味なる人真似」に陥って「海の満員」「山の雑踏」を招いている昨今の旅行のあり方を改善すべきことを説いた「旅行の改良」（同年八月六日）などは、紀行三部作の旅人柳田ならではの時評であるといえよう。

これらのほか、「小作争議の将来」、「米価平準事務の所管に就て」、「自作農維持」、「農村振興のために」、「肥料を安くせぬ政治」など、本来の専門である農業政策に直接、間接に関わる論も当然ながら多数にのぼっている。人口の都市集中問題を扱った「市民の為に」、「都市生活の病弊」、サービス業、小売業など消費事業ばかりが膨張する不健全な経済構造の是正を訴えた「新しき生産へ」、「生産増進と夜店政策」など、大正期に顕著となってきた問題についての論説も多い。

「支那米輸出解禁の風評」や米国穀物の東洋市場への進出などといった「現在の事実」（「中農養成策」）を熱く論じていた官僚時代から、「日本を一つの観光国にして、それからも少しはかせごうという類のうらさびしい幾つかの政策」（「新たなる統一へ」31－四〇四）を批判した晩年に至るまで、時局問題は常に柳田の最大の関心事であり続けた。

官僚時代には経済政策の提言という形で時局と渡り合ってきた柳田であったが、常に「国家百年の謀」という観点に立って、「一時的に彌縫《びほう》せんよりは一日も早く根本的に改良するに如かず」（「農業界に於ける分配問題」）と主張する彼の提案は、その多くが採用されなかった。場当たり的な政策に終始する政策官庁に身をおくことの無力感もまた、彼が官僚を辞したことの一つの背景となっているであろう。ジャーナリストとなって在野研究者への道を歩み始めた柳田は、政策立案という限られた手立てに代えて、「歴代の我政府は常に産業立国を口にしながら、彼等の取った産業政策はほとんど支離滅裂のものであった」（「産業政策の合理化」別2－三〇〇）といった発言に示されるような「時局の批判討究」（「政治生活更新の期」29－五二）を行うようになる。

そして、その自由でラディカルな「批判討究」の拠点となったものこそが、それまで彼が「郷土研究」の名のもとに培ってきた「本筋の学問」なのであった。

第Ⅳ章

柳田民俗学の確立

白衣の宇奈利《うなり》（御田植神幸式《おたうえしんこうしき》　熊本県阿蘇市／高岩太撮影）　五穀豊穣を祈る阿蘇神社最大の祭事。全身を白衣で覆った宇奈利たちが、神々に捧げる食事を掲げて田園を練り歩く。柳田は『明治大正史・世相篇』において、「白」という色の用い方を例に、常民の生活から「晴」と「褻」の区別が失われてきたことを指摘する（274頁参照）。

山人の行方――『山の人生』

後退する山人実在説

朝日新聞社論説委員として、月平均五本以上の社説を書くという多忙なスケジュールの中でも、柳田はそれまで進めてきた自らの研究を着実に深化させていた。論説委員に就任した大正十三年に発表されたものはさすがに少なかったが、大正十四年に入ると、『アサヒグラフ』誌上における「山の人生」の連載を皮切りに、フォークロアに関する注目すべき論説が以前にも増して精力的に執筆されるようになる。

日本各地の山奥には、マタギや木地師など農業を営まない山地住民（山民）の他に、平地に住む人びとの目を避けてひっそり暮らしている人びと（山人）がいる。山村の伝承の中で語られる彼ら山人は、しかし決して空想上の存在ではない。柳田はそのように確信し、山人の正体は日本民族の祖先に追われて山地に入り込んだ先住異民族の末裔であるという仮説を、繰り返し主張してきた。大正二（一九一三）年三月に『郷土研究』誌が創刊されると、柳田は早速「山人外伝資料（山男山女山丈山姥山童山姫の話）」と題する連載を開始している。

しかし、「拙者の山男談は二回や三回で種の尽きるほど不景気なものでは無い」と豪語しておきながら、第四回（大正二年九月）の発表後、連載は途絶えてしまう。そして、三年半にわたる中断の後、大正六（一九一七）年二月、「確実に近しと見ゆる史料のみに由って、今日の歴史家が書くような山人の歴史を書き得る時代は、いつに成っても到来しそうに思われぬ」というはなはだ「不景気な」発言とともに連載は打ち切られてしまう。同じ年の十一月に行われた「山人考」と題する講演では、先住異民族と日本人の祖先との対立・融合の歴史という考え方は保持されているものの、異民族の末裔が旧態を維持したまま現存するという主張は注意深く回避されている。以後、日本人とは異なる言語と身体的特徴（背が高く、肌の色が赤い）を有する異民族が、現在もひそかに山中で生活しているという説が表立って主張されることはなくなってしまう。

「山人＝先住民説」が柳田の中でなしくずしに後退していくことについて、谷川健一は、柳田が「山人外伝資料」の連載中途で「最初の仮説に対する自信を喪失した」（谷川「山人と平地人―ある挫折と転向」）ものと見ている。そして、柳田の仮説の前に立ちふさがったものとして、（一）縄文文化、弥生文化研究の常識と一致しないこと、（二）山人を先住民の末裔であるとする証拠が思ったほどに集まらなかったこと、（三）南方熊楠による批判、の三つを挙げている。

南方の山男論

南方が柳田の山人論に冷水を浴びせるきっかけとなったのは、大正三年七月発行の『郷土研究』二巻五号に柳田が発表した「山人の衣服」という論考である。この中で柳田は、明治大正の山人（異民族の末裔）は、日本人に成りすまして古着屋で衣服を購入しているものと推定している。それに対して南方は、翌月発行の『郷土研究』二巻六号に「山人の衣服について」という小文を寄せ、山中の生活での裸体・裸足はごく自然なことであり、「衣服を要するような山男は真の山男にあらじ」と述べている。柳田はこの言葉が大いに気になったらしく、同じ号に発表した「山人の市に通うこと」の冒頭で、「南方殿の「真の山人」とは如何なる意味なるか」（4－三八三）と問い返している。

そのおよそ二年半後、南方は、柳田への事実上の絶縁状となった書簡（大正五年十二月二十三日付・柳田宛）の中で、「ついでに申し上ぐる」として、約三千字にわたる長文で、彼の言う「真の山男の意味」を説明している。その要点は、次のようなものであった。

『郷土研究』に貴下や佐々木が、山男山男ともてはやすを読むに、小生らが山男ときぎなれおる、すなわち真の山男でも何でもなく、ただ特種の事情より止むを得ず山に住み、至って時勢おくれのくらしをなし、世間に遠ざかりおる男（または女）というほどのことなり。それならば、小生なども毎度山男なりしことあり。また、じき隣家にすむ川島友吉という画人などは、常に単衣を著、もしくは裸体で、和紀の深山に昼夜起居せしゆえ、これも山男なり。仙台辺に、芸妓がいきなり放題に良久《やや》しく山中に独棲せしことも新聞でよめり。そんなものが山男山女ならば、当国の日高郡山路村から熊野十津川には、山男が数百人もあるなり。

南方の批判の趣旨は、柳田や『遠野物語』の語り手佐々木喜善らが例としてあげる山男山女は、多少は風変わりかもしれないが、異民族でも化け物でもない「尋常の人間」に過ぎないということである。

深夜山中の工場に現れて「げた〳〵と笑う」女（『遠野物語』七五話）、地竹の茂みの中で大きな草鞋を脱いで寝ている大男（同三〇話）、裸体で木の葉を身にまとい、魚を取って市に売りに来る山男（「山人の市に通うこと」4―三八三）、市の日に米を買いに現れる、近在の者と思われぬ背の高い、眼の光る男（同）等々を「山男山男ともてはやす」のは、「山地に往復したことなき人」であって、実際に山に行って会ってみれば、我々と何の変わりもない当たり前の人間であることが分かるのだと南方は言うのである。

南方の批判に対して、柳田は、前にも引いた十二月二十七日付の書簡（一三一頁参照）で反論を試みている。しかしその論調は、「もちろん十分なる証拠論拠は提供せしにあらず。むしろ材料を排列し、これに空なる仮定を添えたる遊戯文字に候いしなり」と、はなはだ中途半端なものであり、「熊楠の批判を一蹴するだけの力を持たなかったことは明らか」（谷川「山人と平地人」）であった。

『山の人生』第一話

とはいえ、柳田の山人に対する関心そのものが消え去ることはなかった。大正十四（一九二五）年一月から八月まで三十回にわたって『アサヒグラフ』誌上に連載された「山の人生」は、彼の青年時代に始まる「山人」研究の締めくくりともいうべき論説である。一回あたり八百字前後、神隠しや山中の異人の伝承を、簡単な解説や感想を交えながら淡々と紹介する短文の連載であった。この説話風の短文にさらに多くの材料を付け加え、「簡略に失した説明を少し詳しく」した上で刊行されたのが、単行本『山の人生』（大正十五年十一月刊）である。単行本『山の人生』には、大正六年の講演筆記「山人考」もあわせて収録されている。

『山の人生』の冒頭第一話は、「山に埋もれたる人生ある事」と題して、いわゆる山男や山中の怪異の伝承とは関係のない、「私のいちばん印象の深かった人殺しの刑事事件」（『故郷七十年』別3－三四一）のことを記している。かつて内閣法制局に在職中、柳田は特赦に関する事務を扱ったことがある。時に一つの事件について「一尺近い厚さ」（別3－三四〇）に綴じられた膨大な犯罪資料を読まねばならず、しかも取り立てて手柄になるわけでもない「皆の嫌う仕事」であったが、柳田は「好きなために熱心に眼を通した」（同）という。『山の人生』第一話は、そのときに読んだ犯罪関連資料の中で、特に柳田の心を動かした二つの刑事事件のいきさつを記したものである。一つ目は次のような話である。

三十年余り前の非常に不景気であった年（『故郷七十年』では、「かつて非常な飢饉の年」のこととされている・別3－三四一）に、美濃の山の中で炭を焼く男が子ども二人を鉞で斫り殺した事件があった。炭は全く売れず、何度里に降りても一合の米も手に入らない。最後の日にも手ぶらで帰ってきて、飢えた子どもの顔を見るのが辛さに、小屋の奥に入って昼寝をしてしまった。

眼がさめて見ると、小屋の口一ぱいに夕日がさして居た。秋の末の事であったと謂う。二人の子供がその日当りの処にしゃがんで、頻りに何かして居るので、傍へ行って見たら一生懸命に仕事に使う大きな斧を磨《みが》いて居た。阿爺《おとう》、此でわしたちを殺して呉れと謂ったそうである。そうして入口の材木を枕にして、二人ながら仰向けに寝たそうである。それを見るとくら〳〵として、前後の考も無く二人の首を打落してしまった。それで自分は死ぬことが出来なくて、やがて捕えられて牢に入れられた。
此親爺がもう六十近くなってから、特赦を受けて世中へ出て来たのである。そうして其からどうなったか、すぐに又分らなくなってしまった。私は仔細あって只一度、此一件書類を読んで見たことがあるが、今は既にあの偉大なる人間苦の記録も、どこかの長持の底で蝕《むし》ばみ朽ちつゝあるであろう。（4－五九〜六〇）

この話に続けて、生活苦のあげく故郷九州の山中の滝で無理心中を図り、一人生き残ってしまった女の「同じように悲しい事件」（同前）を記したのち、柳田は、『山の人生』第一話を次のように結んでいる。

我々が空想で描いて見る世界よりも、隠れた現実の方が遙かに物深い。又我々をして考えしめる。是は今自分の説こうとする問題と直接の関係は無いのだが、斯《こ》んな機会で無いと思い出すことも無く、又何人も耳を貸そうとはしまいから、序文の代りに書き残して置くのである。（4－六〇）

「隠れた現実」と「人間苦」

「今自分の説こうとする問題」というのは、山人に関わる多くの伝承を示しながら、それらが「日本文化史の未解決の問題なる事」（4－一六五）を説く『山の人生』全体のモチーフを指している。確かに『山の人生』第一話は、舞台が山の中であるという点をのぞけば、山人や山の怪異の伝承との直接のかかわりはないように見える。

しかし、『遠野物語』が怪談文学ではなく、「現在の事実」を記述した農村生活誌の一種であったように、『山の人生』もまた怪異随筆集を意図して書かれたわけではない。『山の人生』は、「短い研究」ではあるが、「天然の現象の最も大切なる一部分、即ち同胞国民の多数者の数千年間の行為と感想と経験」(『山の人生』「自序」4－五七)を記録したものである。そこに記されている山男・山姥や神隠しの話は、「同胞国民の多数者」の「感想と経験」としての現実であって、決して「空想で描いて見る世界」の絵空事ではない。山人との遭遇や山中の怪異現象は、たとえそれが幻覚に類するものであったにしても、現在に至るまで日本人の生活を現実的に規定している共同の「経験」なのである。

山男や神隠しの伝承が多数の日本人にとっての「現在の事実」であるように、貧困にあえぐ山村にさまざまな「人間苦」が存在するのもまた、まぎれもないこの国の現実である。それらはしかし、西洋近代の文化を信奉する知識人や、都市生活を判断基準にして政策を考える政治家・官僚の目には触れることのない「隠れた現実」である。地方農山村の生活の中には、未だ知識として共有されていない広大な「物深い」領域が隠されている。『山の人生』という「短い研究」は、そうした「隠れた現実」がこれまで「観察し記録し又攻究せられなかったのは不当」であること、そしてその作業は「今後の社会改造の準備」のために是非とも必要であることを証明しているはずだと柳田は述べている(『山の人生』自序・4－五七)。

特赦関係資料の中の「人間苦」の記録を読んだ柳田は、どうしてもこれを誰かに話したくなり、友人の田山花袋にその悲惨な内容を語って聞かせたという。しかし花袋は、「そんなことは滅多にない話で、余り奇抜すぎるし、事実が深刻なので、文学とか小説とかに出来ないといって、聞き流してしまった」(『故郷七十年』別3―三四二)そうである。いうまでもなく田山花袋は、日本における自然主義文学の第一人者である。「山に埋もれたる人生」の話は、現実をあるがままに描きとることを標榜する自然主義文学者でさえも「余り奇抜すぎる」と「聞き流して」しまうような信じがたい出来事の記録である。それはまた、役人たちに「皆の嫌う仕事」として敬遠され、「長持の底で蝕ばみ朽ち」ていく記録の中に埋もれた事実である。

しかし、山男や神隠しの伝承が大多数の国民の精神文化の大切な一部であったように、文学者の想像を絶し、政治家や官僚の目に触れにくい「物深い」現実の方が、かえって国民生活の常態なのではないか。二つの幼児殺害事件の話を導入として山人の伝承世界に分け入る『山の人生』には、地方生活の実情も理解しないまま「挙国一致」を唱える政治家や、「国民精神の作興」を説きながら大多数の平民の精神文化に無知な保守思想家らに対する静かな抗議が込められているともいえよう。

なお、美濃の炭焼き男の事件については、谷川健一が金子貞二著『奥美濃よもやま話』の中に、出所後の本人の告白とされる記述（ただし直話ではなく、又聞きの記録である）を見出し、犯行の動機や時日をめぐって、柳田の記述との間に食い違いがあることを指摘して以来、事実関係についての研究が進んでいる。内田隆三は、当時の新聞報道などを調査して事件の概要を明らかにしている（内田『柳田国男と事件の記録』）。谷川も、炭焼き男本人の打ち明け話と『山の人生』の記事との間の違いが生じた理由を詳しく検討し、「柳田の記憶は調書通りのもので、多少の思いちがいがあったとしても、間違いというものではなかった」（谷川『柳田国男の民俗学』）と結論づけている。

フォークロアと社会政策

『山の人生』刊行のおよそ一年後、柳田は「幼児の災害」と題した朝日新聞論説（昭和二年十月十二日）において、連日のように報じられる親子心中事件をとり上げている。

その中で彼は、「親が子を殺さねばならぬような、怖るべき事態を絶滅すること」が政治の役割であることを説く一方、この悲惨事の真の原因は伝統的な死生観や家族観などの中に隠されていると指摘している（別2－三五～三六）。同様の議論は、フォークロアの方法によって近代の世相・風俗の変遷を説き明かした『明治大正史・世相篇』（昭和六年刊）の中にも見出すことができる（第九章「家永続の願い」）。そこでは、「不幸な者の孤児」の救済も含めたさまざまな互助組織を備えていた村落共同体が解体し、「家庭の孤立」が著しくなってきたことが、今日の親子心中の増加をもたらしたという考えが示されている。その上で、孤児を救済する制度の整備も急務であるが、一方で、人を親子心中に追い込む「家庭の孤立」を促した最初の原因、即ち移動や職業選択の自由、家の分解とそれに伴う婚姻方法の自由など、「今日当然の事と認めらるゝもの」の中に何か欠点が隠されているのではないか、ということを考えるのが学問の任務であると説かれている（24－三二五）。

さらに柳田民俗学の確立期とされる昭和十年代には、「親子心中」の問題は、フォークロア研究が説き明かすべき主要な課題としてはっきりと位置付けられるようになる。『木綿以前の事』（昭和十四年）に収められた論考「女性史学」では、親が世をはかなんで自殺する際に幼児を道連れにする風習が、なぜ日本にばかり多いのかを考えてみなければならぬとした上で、家の連帯感、一体感、霊魂や死後に対する観念、江戸時代以来の道徳観念など、さまざまな「古風な考え方」が探究すべき課題として指摘されている（14－一九〇）。

このように、親が子を殺すという悲惨な事件と、『山の人生』が取り扱うフォークロアの探究課題とは、「直接の関係は無い」（4－六〇）どころか、柳田の中では終始一体のものとしてとらえられていた。そもそも、制度的な学問においては閑却されている「地方〳〵の平民の思想、及び之に伴う生活の変想」（「郷土誌編纂者の用意」25－一一）、「国の大部分を成して居る平民、殊に農業方面の日本人の性質」（「郡誌調査員会に於て」25－五四七）を明らかにして、国の政策の基礎とすべきであるというのは、農政官僚時代からの柳田の持論であった。とはいえ、官僚時代に農政を論じる中で説かれた地方生活の実情は、もっぱら経済生活を中心とするものであり、フォークロアに関する事がらは、神社合祀をめぐる問題などを除けば、政策と直接関連付けて論じられることは少なかった。

『山の人生』という書物は、貧困に追い詰められた果ての幼児殺害事件という社会的・経済的な問題と、「山人」の伝承という民俗世界の問題という「二つの別々の要素」が「一つの本にまとめられている」（別3－三四二）という意味で、柳田の歩みの中の一つの大きな転機を象徴している。

日本史学者家永三郎が、昭和二十五年に柳田から直接聞き取った話として、次のような言葉が記録されている。

私は、古いことに骨董的な知識はかなり前からもっていたが、民俗学の研究に入るようになったのは、明治四十一年に九州を旅行し、田舎にいろ〳〵今まで知らなかった珍らしい生活を見出してからのことである。それまであんまり旅行もしていない。民俗学も、デモクラチックな考えから研究を進めるようになったのは後のことで、初めはかくれたものをあばき出すのに興味が惹かれた。

（家永三郎『津田左右吉の思想史的研究』）

ここに言われている「後のこと」が、家永も指摘している通り、「大正デモクラシー思想の先鋭な表現者」（同）として「時局の批判討究」（「政治生活更新の期」29－五二）のための言論活動を展開した大正末年頃を指しているのは明らかであろう。

もちろん、それ以前から柳田は、フォークロア研究の目的は社会改良のための政策の基礎を提供することにあると考えていた。『郷土研究』誌時代の柳田が、石橋臥波の趣味的な民俗学と自らの研究とが同一視されることを嫌い、自らの専門は「ルーラル・エコノミー」であると述べたのもそのことと関係している。柳田の意識においては、自らの研究はあくまでも政策のための学問、広い意味における政治の学問であった。しかし、『郷土研究』誌においては、フォークロア研究と社会政策・経済政策とが直接結びつけられることはなかった。「ルーラル・エコノミー」という言葉が南方熊楠による批判を招いたのも、その根本の原因は、『郷土研究』誌時代の柳田が、自身の研究の理念や方法を必ずしも明確にしなかったことにあった。

後に見るように、柳田は大正末年から昭和初年にかけて、フォークロア研究の成果を、時局批判や政策提言の根拠として積極的に活用し始める。そして一方では、フォークロア研究をはっきりと一つの体系的学問、それも「政治」のための学問として位置付ける一連の学問論を展開する。『山の人生』という著作は、こうした柳田の学問研究の新たな転回を示しているのである。

生き別れた同胞

『山の人生』でとり上げられている伝承の多くは、明治末年から大正初めに書かれた論考や『遠野物語』で紹介された事例と重なっている。新たに付け加えられた実例も、近世随筆など文献資料によるものがほとんどを占めている。単行本自序の「資料の新供給を外部の同情者に仰ぐ為にも、一応は此形を以て世に問う必要がある」という言葉からは、明治末年以後、山人との遭遇や神隠しなどの新たな体験談が思うように集まっていないことがうかがわれる。「賛否の意見を学者に求めるだけの、纏まった結論というものは無いかも知れぬ」（自序、4－五七）と自ら述べているように、異民族の末裔が現存するという主張も影を潜めている。

とはいえ、『山の人生』では、山人の正体やその生活実態を知ろうとする関心が差し控えられた代わりに、山人研究にはまり込んだ柳田自身の思想的な動機が改めて浮き彫りになってきている。柳田が山人の消息に強い関心を寄せたのは、「現在の我々日本国民が、数多の種族の混成」（「山人考」4－一七二）であり、異民族である山人の血は、柳田を含む「現在の」日本人の中に流れ込んでいると信じたからにほかならない。「我々の血の中に、若干の荒い山人の血を混じて居るかも知れぬということは、我々に取っては実に無限の興味であります」(「山人考」4－一八六)と柳田は言う。民俗に関する最初の論考「幽冥談」以来、柳田は、鬼や天狗などと呼ばれてきた「先住異民族」の「荒い」性情に並並ならぬ関心を寄せてきた。柳田の見るところ、「諸方の山に割拠し」(「幽冥談」)、「常に孤立の生活を営んで」(「山人の研究」)いる彼らの性情は、正義・清潔を好み、偏狭で復讐心が強いこと(「幽冥談」)を特色としている。その「清浄を愛する風」、「執着の強いこと」、「復讐を好む風」、「任侠の性質」(「天狗の話」)は、儒教教育によって矯正される前の「武士道の精髄」(同)にも通じるものがある。

山人の特色とされる潔癖・偏狭・執着はまた、柳田自身が認める自らの気質の特徴でもあった。「無暗に山の中が好であったり、同じ日本人の中にも見たゞけで慄える程嫌な人があったりする」という自分は、もしかするとそうした山人の性質を濃厚に受けついでいるのではないか(「山人外伝資料」4－四四九)。柳田はそのように想像して、「山人」に対する親近感を表明している。しかし、稲を携えて渡ってきた大和民族の歴史は明らかになっていくのに対し、同じ日本人の一部を成す「山人」の歴史は闇の中に捨てられたままになってきた。柳田が追い続けてきたのは、行方不明になったかつての同胞の消息なのであった。

松浦《まつら》静山の『甲子夜話《かっしやわ》』の中に、神隠しに遭って行方不明になり、二十年も経ってひょっこり帰ってきた男の話が載せられている(正編巻五第一八五話、及び巻七十三第六話)。帰ってきたときには、「元の四つ身の着物を着たまゝで、縫い目が弾けて綻びて居た」(『山の人生』4－七七)というこの話を、柳田はよほど気に入っていたようで、最初の民俗学的論考「幽冥談」で言及して以来、いろいろなところで紹介している（ただし、柳田による要約は原典に忠実ではない）。この話を踏まえて、『山の人生』の末尾は次のように結ばれている。

〔初めて土着して以来、住民が心を合わせて固く旧来の信仰を保持していたことにより〕なつかしい我々の大昔が、大して小賢しい者の干渉を受けずに、略々《ほぼ》うぶな形を以て今日までも続いて来た。例えば稚くして山に紛れ入った姉弟が、その頃の紋様ある四つ身の衣を着て、ふと親の家に還って来たようなものである。之を笑うが如き心無き人々は、少なくとも自分たちの同志者の中には居ない。（4－一七二）

「山に斯《こ》ういう人たちの居るということは、我々の祖先に取っては問題でも又意外でも無かった」（4－一四五）と、柳田は言う。「なつかしい我々の大昔」の祖先たちの暮らしの中に、山人との遭遇・交流は当然のこととして織り込まれていた。山人との遭遇や、山人と結び付けられた不思議な現象の数々に対して、祖先たちは、「国津神」、「鬼」、「天狗」など時代によって異なるコードを用いながら、さまざまな解釈を施してきた。「山人思想の宗教化」（4－一五九）ともいうべき山人をめぐる解釈の体系は、平地人の行為や考え方、信仰生活を相当程度に左右していた。

このように、「山人に関する経験」（4－一六五）は、「同胞国民の多数者の数千年間の行為と感想と経験」（4－五七）の大切な一部を形成している。しかし、史料に乏しい「此島国の原住民」の歴史はほとんど見失われ、「山人思想の宗教化」の問題も、いまだに「日本文化史の未解決の問題」（4－一六五）

として放置されている。現在の日本人の多数を形づくる「下界の平民」にとって山人は、いわば生き別れになった同胞である。柳田は、「山に紛れ入った」かつての同胞の行方を、「山人に関する経験」の解釈体系の中に探ろうとしている。『山の人生』で柳田が問うているのは、山人との関係において「今ある下界の平民の信仰が、如何に発達して斯う迄完成したか」（4－一六七）ということ、言い換えれば「下界の平民」の子孫である現在の日本人の精神の中に刻印された山人の足跡なのであった。

「国民性」相対化の視座

谷川健一は、「山人外伝資料」以降、「山人＝先住民」という主張は次第に影をひそめ、『山の人生』においては、「山の神秘はもっぱら山民の生活と宗教とにかぎられている」と述べている。実際、『山の人生』発表の後、柳田が山人自体の性情や文化に直接言及することはほとんどなくなる。しかし、そのことをもって柳田が、「日本の歴史民俗社会を異質の複合文化としてみる視点を捨てたと見る」（谷川「山人と平地人」）のは、必ずしも当たっていない。表立って論じられることはなかったとはいえ、平地人の抱く宗教感情の中に刻み込まれた山人の形象は、柳田の時局批判や「国民性」論の隠れたよりどころとなっていると考えられるからである。

昭和十二（一九三七）年に発表された「山立《やまだち》と山臥《やまぶし》」という論考は、柳田が山人の性情や文化に直接言及した最後の文章である。この中で柳田は、マタギ、木地師など「農を営まざる山地の住民」の歴史をとり上げている。かつて山民は、群れをなさずに孤立生活を送り、大きな移動力と高い知識・

技能を有する世間師として活躍していた。そして、彼ら山民（山立）が保持した信仰は、修験道・山伏行者と深いつながりを持っていた。しかし、山村の急激な農村化が進む中で、山民はすでに本来の生業を保てなくなっており、彼らの子孫も「里に入り町に入り農民の中をくゞり、今日の所謂大衆の間に混入して」（31－一一六）しまっている。柳田は、消滅の危機に瀕している山民の生活・文化を早急に調査し、山の信仰の実態を明らかにすべきことを説いた上で、次のように述べている。

以前我々が山立の気風として、又は山臥行者の長処短処として、あれほど注視し又批判した正直・潔癖・剛気・片意地・執着・負けぎらい・復讐心その他、相手に忌み嫌われ畏れ憚られ、文芸には許多の伝奇を供し、凡人生涯にはさまぐの波瀾を惹起した幾つともない特色は、今や悉く解銷して虚無に帰したのであろうか。或は又環境に応じ形態を改めて、依然として社会の一角を占取し、この今日の日本的なるものを、攪乱せずんば止まじとして居るであろうか。（31－一一六）

柳田が「注視」してきた天狗・山人の荒々しい性情、すなわち「時あって発現する彼等の憤怒、乃至は粗暴を極めた侵掠と誘惑の畏れ」（『山の人生』4－一六六）は、かつて平地の人びとにとって「自ら責め深く慎むべき理由」（同4－一五六）であるところのタブーの根源となっていた。天狗・山人の怒りや乱暴は、信仰心の衰えや世の中の堕落に対する警告として受け止められ（「幽冥談」）、世を立て直し、人びとを救う英雄・偉人は、しばしば「異常なる特徴」を持った「鬼の子」として生まれた（『山の人生』）。平凡人の精神生活の中にさまざまな波瀾を引き起こしてきた山人の形象は、果たして「虚無に帰した」のか。

おそらくそうではあるまい。その昔、世の乱れが天狗の暴れる時代を呼んだように、我々の中に刻み込まれた山人の性情は、今日ふたたび日本の現状を変革していく動力となるのではないか。柳田はそのように考えて、日本人の血の中に隠されたもう一つの特性に大きな期待を寄せている。孤立性や偏狭・片意地・潔癖・執着といった山人の特性は、柳田の中で、日本人の「国民性」とされる群れたがる性質・事大主義・無責任・あきらめのよさなどを相対化する視座として、『山の人生』以後も保持され続けたのである。

学問のみが世を救う——『青年と学問』

経世済民の学問

すでに見たように、柳田の中で地方の生活文化や民間伝承を研究する新たな学問の構想が固まってきたのは、明治の末、郷土会設立の頃である。たとえば、先にも引いた明治四十四年十月十四日付の南方熊楠宛書簡の中には、次のような主張が見られる。

自分が官吏の身で専門外の「郷土研究」などに手を出すのは、「少しでもよき日本にして死なんと思うからである。「今日の民風の頽廃」は、自国の研究をおろそかにしたための「過去の忘却」に由来している。「欧化主義の弊」を自分は「鞭のごとく痛切に」感じている。「この機運を挽回するためには、新しき方面より日本の成長を研究すること」が最も必要である。青年が「父または祖父に向かい最初に発する問」は、いつの世においても「自分の過去」である。この問いに満足に答えず、いたずらに「ナポレオンを説きワシントンを読み」などした結果が「今日の国情」をもたらしたのである。これを考えれば、同じく学問をするなら、少なくとも副産物として「日本人に日本の昔の生活をしのばせ、祖先の熱情に同情さするくらいの用意」はあってしかるべきであろう。自分はこのように思うゆえに、「東洋人一流の文章報国主義をどこまでも主張」するのである、と。

この書簡中にある「文章報国主義」という言葉は、魏の文帝（曹丕《そうひ》）の『典論』にある有名な文言、「文章は経国の大業、不朽の盛事なり」にもとづく造語であろう。学問は「経国」「経世」のためにあるという東洋の伝統的な「文章経国」思想は、飢饉を絶滅するために農政学を志した柳田自身の思想でもあった。周囲からは好事家の道楽のようにも見える「郷土研究」も、柳田にとっては、良い政治を実現して人びとを幸福に導く「経世済民」のための学問にほかならなかった。学問の目的は「経世済民」にあるという主張は、柳田の著作のそこここに見出すことができる。晩年に行われた桑原武夫との対談の中でも、柳田は学を身につけるのは人のためにすることであって、自分のためにするものではないと述べている。学問の目的は「自己実現」ではなく、「役に立つ人間に自分をする」ことにあり、学問の志は「世の中のためになること」（『柳田國男対談集』「日本人の道徳意識」）に尽きるというのは、終生変わらぬ柳田の学問観であった。

雑誌『郷土研究』を刊行していた大正時代前半にも、柳田は「郷土研究」がどのような学問であるかということを、折に触れて語っている。たとえば、「ルーラル・エコノミー」という言葉をめぐって南方熊楠の批判を受けた頃の文章の中では、次のように述べられていた。

我々素人が短かい余暇を捧げて諸国の話を聞書して居るのは、洒落や好事からでは勿論無い。此を基礎とした将来の田舎の問題の決定、即ちいずれは日本民族の生活が変遷せねばならぬとすれば、出来る限り幸福なる変遷をさせたいがどうすれば善いかを知ること、仮令《たとい》それ迄は六《むつ》かしいとしても、せめては今の日本人の生活を満足に且つ明白に理解したいと云う為である。

（「編輯室より」30－三二七～三二八）

また、南方の批判に対する反論の中では、「ルーラル・エコノミー」は「和訳するならば農村生活誌とでもして貰いたかった」とした上で、「只「平民は如何に生活するか」又は「如何に生活し来ったか」を記述して世論の前提を確実にするものが此までは無かった。それを「郷土研究」がやるのです」と述べられている（「「郷土研究」の記者に与ふる書後記」30－三三五～三三七）。そして、この弁明が掲載された『郷土研究』誌の同じ号に「郷土誌編纂者の用意」という学問論を寄稿し、翌月号にもその補説に相当する「郷土の年代記と英雄」という論考を寄せて、自らの考える「郷土研究」のあらましを示している。

平民の歴史

「郷土誌編纂者の用意」の中で柳田は、政治や戦争の大事件ばかりを記録した「年代記」と、「貴人と英傑の列伝」との組み合わせで作られた従来の歴史では、国民の大多数を占める「平民の歴史」を明らかに出来ないとして、次のように説いている。

地方の社会問題を発見・解決していくためには、郷土の置かれた現状を把握し、そのような状態に立ち至った原因を考えなければならない。それは一種の歴史研究に拠らなければならないが、現在の歴史学は、「郷土が如何にして今日有るを致したか」という問いに答えるには全く無力である。というのも、地方に暮らす平民の生活が文書に記録されることはほとんどなかったため、文書史料を偏重するこれまでの歴史学は、「地方〳〵の平民の思想、及び之に伴う生活の変想」（25－一一）を明らかに示すことができないからである。自分は「日本には平民の歴史は無い」と思っている。例えば合戦物語の絵などには、「旗持の後や馬の陰などに、無数のへの字が積重なって居る」が、それは「雑兵の陣笠」を描いたものである。雑兵といっても村に帰れば「槍一筋の家柄」であり、子孫は名主も勤め、代議士や地方議員も多くはその家から出るというのに、中央の歴史記録ではこのように冷遇されている。あるいは名所図会などでは、「小さな円の中に眼と口とだけを書いて之を見物と名づけ」、その後ろには「無数の丸薬のようなもの」を並べて「群衆」などと呼んでいる。「おまえの村の由来は不明だ、平民は要するに無名だ」と、「民」の歴史を無視しておいて国情や国民性を論じようとするのは全く無理な話である。

このように述べた上で、柳田は地方平民の生活・思想を研究する際の方法的心得として、年代の数字にこだわらないこと、固有名詞の詮議（有名人の事跡）を重視しないこと、材料採択の場所を変えること（文書史料重視から伝承・習俗重視への転換）、比較研究に力を注ぐ（地域による異同に注目する）ことの四つを挙げている。要するに柳田の説く「郷土研究」とは、文化の中央集権化の中で忘れ去られていく地方平民の生活・思想を、郷土に暮らす者が主体となって明らかにする一種の歴史研究であり、そこで得られた地方生活の変遷に関する知識は、将来の政策決定の基礎となって人びとを幸福に導いていくものと考えられていた。

とはいえ当時においては、そのような研究は「大学でも布衣《ほい》の間にも、此まで一向手が着けられて居なかった」（「郷土誌編纂者の用意」25－一二）全く新しい学問分野であり、社会的にはほとんど認知されていなかった。地方の事物の研究は、いまだ世間からは好事家の道楽のように見られていたし、実際、個人的な好奇心を満たすためだけの趣味的な研究も多かったのである。

そうしたこともあって、『郷土研究』誌時代の柳田は、自らのめざす新たな学問の定義や基礎づけの作業を急ぐことはなかった。また、その学問の名称にもほとんどこだわりを示していなかった。その頃の文章には、「郷土研究の学問」（「行脚研究者の不能事」30－三六九）、「所謂フオクロア」（「武蔵野の昔」2－三五〇）、「郷土学創立の苦艱」（『郷土研究』二巻三号「編輯室より」30－三二七）といった言い方が散見されるが、それらはどこまでも仮の符牒に過ぎないものなのであった。

関東大震災後の日本社会

しかし、関東大震災の翌年、朝日新聞社論説委員に就任した直後から、柳田は自らの手がける新たな学問の確立・普及に向けて大きく動き出し始める。大正十三（一九二四）年六月に栃木中学校で行った講演「歴史は何の為に学ぶ」（大正十三年六月）を皮切りとして、「青年と学問」（大正十四年五月）、「南島研究の現状」（同九月）、「郷土研究ということ」（同十月）と、柳田はフォークロア研究の目的や方法について述べた学問論を講演の形で次々と発表していった。こうして、昭和二（一九二七）年までの間に発表された十編の学問論をまとめたものが、柳田民俗学の最初の概説書といわれる『青年と学問』（昭和三年四月刊、昭和六年に『郷土研究十講』と改題して再刊）である。

震災直後の社会の混乱を前に、「こんなことはしておられないという気持」に駆られた柳田が、時局批判の言論活動を展開したことはすでに述べた。そして、この時期の柳田をまとまった学問論の構築へと突き動かしたものも、やはり日本の前途に対する深い憂慮の念なのであった。

大正末期の日本は、政治の混乱、経済の行き詰まり、社会的矛盾の拡大など、さまざまな面で病弊を深めていた。沖縄に「ソテツ地獄」をもたらした戦後不況の後も日本経済の不振は続き、大正十一年には再び金融恐慌が起こって多くの銀行が支払い停止に陥った。さらに翌年の関東大震災では、産業界も大きな被害を蒙り、銀行は支払不能の手形を多く抱え込むことになった。政府は勅令を発して、決済が困難となった被災地関係の手形を特別措置として日本銀行に再割引させ、これによって日銀が蒙る損失の一部を政府が補償するものとした。

このとき再割引されたいわゆる震災手形は、日本経済に大きな禍根を残し、やがて昭和二（一九二七）年の金融恐慌の一つのきっかけを作ることになる。さらに、復興資金を得るために発行された巨額の公債は、国家財政を大きく圧迫することになった。銀行は多額の復興資金を企業に貸し付けたが、そのある部分はやがて不良債権と化して、日本経済の体質悪化の要因となっていく。また、震災からの復興需要は経済に一時的な活況をもたらしたが、同時にそれは物価の急激な上昇をもたらした。震災被害による生産の低下と国内物価の上昇によって輸出は不振に陥る一方、復興資材の輸入はますます増大したから、日本の外貨事情は急速に悪化していった。

こうした長引く経済の低迷は庶民の生活を圧迫し、工場労働者や農民は生活苦にあえいでいた。その一方で、一部の富裕層や新興の都市小市民階級の人びとは、華やかで「モダン」な文化を享受していた。大正モダニズムと呼ばれる享楽的な消費文化の流行は、関東大震災後も落ち込むことなく、むしろ拡大の一途をたどっていた。洋風の文化的生活、モダン生活が国民の理想となり、震災後急激に勃興した「銀座」は、「モーダニズムの尖端を行く町」として、「今や日本中の人間の渇仰の的」となっていた（安藤更生《こうせい》『銀座細見』）。

銀座――これが日本の都会生活の桧舞台なのだ。そこには何でもある。美女も、美男も、カフェも、寿司屋も、マルクスボーイも、ネオンサインも、花も、巴里《パリ》から今朝着いたネクタイも、紐《ニュー》育《ヨーク》からいま着いた靴下も、そして、東京の果てまで五十銭でゆくというタクシーも！　銀座にないものはない。銀座を歩くこと、銀座で買い物をすること、銀座を享楽することは、今や日本中の人間の渇仰の的だ。銀座であることは現代文化の象徴だ。（同）

しかし、銀座に象徴されるモダン文化は、「先端的な流行を巧に調節することを知っている」（同）消費事業者が、脆弱な経済基盤の上に打ち立てた幻影にすぎない。流行を追い求めて「銀座」を享受する人びとは、「幻影に踊るはかない亡者の集団」（同）にほかならない。「資本主義が演出しているあぶない舞台」（同）の足元には、音もなく没落の影が忍び寄っている。大正十四年二月二日の社説において柳田は、「行き倒れ」の人数や無料宿泊所で二三日も食べずに寝ている者の数を政府は隠さず公表し、東京が「名ばかり一国の大都にして、世界に比い稀なる情ない窮民の巣であること」を国民によく考えさせる必要があると主張している（「都市生活の病弊」別1－一一八）。

『青年と学問』

こうした苦境にあえぐ日本社会の状況を、柳田は「言葉に現し難いほどの気遣い」(25－一八二)をもって見つめていた。『青年と学問』に収められた一連の学問論は、未来を担う青年たちに向けて柳田が発した、世の中の苦悩を救うための処方箋なのであった。

『青年と学問』の中で柳田は、学問は「経世済民」のためにあるというかねてよりの持論を前面に押し立てて、世の中の苦悩を救うものは学問以外にないことを繰り返し説いている。「学問は結局世の為人の為で無くてはならぬ」(25－一八五)のであり、震災後の社会の混乱の中で、「学問のみが世を済《すく》うを得べしということ」(25－八七)、「学問だけは幸いに其方法さえ誤らなければ、行く〳〵この人類の苦悩を済い得る」(25－一八二)ということがいよいよ明らかになってきたと柳田は言う。このように、柳田が青年層に的を絞って学問の力による社会問題の解決を訴えた背景には、普通選挙の実施が目前に迫ってきたという政治状況があった。

我が国で初めての総選挙が行われたのは明治二十三(一八九〇)年であるが、当時の選挙人たちの多くは、候補者の名前は書けても、代議制の本質は何一つ理解しないまま、「祈禱又は歎願を知って要求を解せず、風雨寒暖の不可抗力に服するような態度」で「憲法政治の時代」に入り込んでしまったと柳田は言う(「二階から見て居た世間」29－三三二)。その後も我が国の教育制度の中では、「代議制度の下に活動すべき国民を養成する」ための教育、すなわち「公民教育」が不十分のまま今日に至っている。金権、情実、デマの横行する悪しき選挙風土が作られてしまったのは、政治家が人びとの

「昔風の無智の満足」を票集めに利用した結果にほかならない（「普通選挙の準備作業」29－六六）。その風土が変わらぬまま、衆議院議員選挙法改正（いわゆる普通選挙法）によって、選挙人の数は四倍に膨れ上がろうとしている。それまで「祈禱祈願」に頼る以外によい政治を求める手段を持たなかった人びとが、政治の方向を決定していく時代が開かれようとしている。今や「天譴説」のような理屈にもならない精神論を振りかざす旧式の政治家に従って、人びとを「祈禱祈願」に頼った時代に後戻りさせるわけにはいかない。

一方で、それまで「政治生活の圏外」にいた人びとに「自由な投票をさせようという時代」に入れば、「国民の盲動ということが非常に怖ろしいものになって来る」（25－八九）。裏返して言えば、「宣伝の盛んな群衆政治の世の中」においては、「聴く者自身の取捨判定」（「地方学の新方法」25－一八六）の能力がきわめて重要なものとなってくる。「無学な者でも間に合う程に、決して現在の政治は手軽で無い」（25－一八五）。「よく疑い又よく判断して、一旦是と信ずれば之を実行するだけの、個人の力」（『明治大正史・世相篇』24－四一三）を養い、国民一人ひとりが良き選挙人となっていかなければならぬ。柳田の説く「世の為人の為」の学問とは、まさに、そのような良き公民を養成するための学問を意味している。

公民養成のための学問

柳田の考える、良き公民を養成する学問とは、具体的には郷土を研究する学問のことである。

そもそも「人間の不幸の大部分」は「天災地変」などではなく、「前代以来の拙劣なる政策」（25－一八二）や、「或階級又は或地域の住民が拙劣なる経済生活をした為」（25－一六二）など、誰かの悪い考え、誤った考えに起因するものである。そして、そういった悪い考え、誤った考えは、環境や行きがかりなど何らかの社会生活上の事情から生じるのである。現在の不幸の原因は、過去の生活の中に隠されている。「苦いにせよ甘いにせよ、こんな生活になって来たわけ」（25－一三二）がどこかにあるはずだ。それを知る手段は、歴史によるほかはない。

しかし、我々の知りたいと思う祖先たちの日々の生活のありようは、文字史料の形ではほとんど伝えられていない。「我々多数の者の祖先の生活」を知るためには、「文字以外の地方史料」（25－一三二）によらなければならない。遺跡・遺物、生活技術などといった昔の生活の痕跡は、大切な「文字以外の史料」である。とりわけ重要な史料は、「活きた人間の活き方」そのものである。すなわち、その人の使う言葉と、そこに現れる考えや心持ちである。「文字以外の史料」に注目する郷土研究は、「目的に於いては多くの歴史家と同じ」であるが、「只方法だけが少し新しい」（25－一〇一）のである。幸いに、郷土研究が盛んになるにつれ、「我々の父祖の何れより来り、何を信じ何を怖れ何を愛し何を願って居たかという一般的の状態と、その追々の変化」（25－一三三）が次第に明らかになってきている。郷土研究の成果が、「全帝国の政治意見と、生活の理想との上に反映」（25－二一七）されることへの期待がいよいよ高まってきている。柳田は、そのように説いている。

友食いの経済構造

前にも述べたように、柳田が郷土の研究を社会政策立案の不可欠の前提であると考えたのは、「中央都市と地方との地勢的相違」(29－八)にもとづく文化的な不均衡こそが、貧困、失業、労働問題、農村の疲弊など、さまざまな社会問題の構造的な原因となっていると見ていたからである。

柳田の見るところ、日本社会は「富の分配の極度に平衡を失して居る時代」(別1－一一六)の真っ只中にある。震災の直後に柳田が一部人士の説く「天譴説」に激しく反応した背景にも、華やかな消費文化の恩恵を享受する一部の国民と、生産的事業に携わりながら生活苦にあえぐ農民や工場労働者との、「辛苦と安逸との甚しき不均衡」(25－一六五)の問題があった。

国民の間における富の分配のいちじるしい不均衡は、すでに第一次世界大戦の頃から大きな問題となっていた。戦争景気の中で成金たちが豪奢な生活を送る一方、急激なインフレによって、生活必需品すら満足に得ることができない多数の貧民層が生み出された。

こうした中で、経済学者河上肇は、「貧乏という大病」の「根本原因」と「貧乏退治策」を経済学上の問題として明らかにすることをめざし、『貧乏物語』(大阪朝日新聞、大正五年九月～十二月)を執筆した。はじめ農政学研究から出発した河上は、柳田の農政論から大きな影響を受けており、農政学の概説書(『日本農政学』)も著している。河上によれば、文明の進んだ豊かな国にも最低限の生活必需品を得ることのできない貧乏人が多く生まれる原因は、富裕層の贅沢品に対する需要が社会全体の生産力を吸収してしまい、生活必需品の生産が不足するためである。したがって、富者が奢侈贅沢を廃止すれば、生活必需品の生産は増大して貧乏は根絶されるというのである。

河上は、「辛苦と安逸との甚だしき不均衡」の原因を、富裕層による不必要な浪費とそれに由来する生産事業の偏りに求めている。これは、典型的な社会改良論者の発想といえようが、柳田の「貧乏」についての考え方も、生産と消費のバランスを問題にする点においては河上と共通するものがある。柳田もまた、過剰消費が「国が貧乏する原因」(31－四八四)であるととらえ、それをしばしば「友食い」という言葉で言い表している。「友食い」とは、「少数で作った者を全体で食おうとする悪癖」(同)、すなわち、生産に携わらない多くの人口が、ごく少数の者の生産労働によって養われる経済構造のことである。そして柳田は、「友食い」という悪弊を、たやすく外部へ出て行くことのできない島国の地勢的な宿命であるととらえている。

柳田はそのことを、宮古島の歴史を例に引きながら次のように説明する(『青年と学問』「島の話」)。「孤島」は、外部の圧力を受けにくいので、自然条件に恵まれていればおのずと繁栄し、人口が増加する。しかし、土地に限りがあるため、人口が増えても増加した労働力を新たな生産的事業に振り向けることができにくい。また、陸続きの大陸のように簡単に別の土地へ移住することもできない。孤島の歴史は、「土地の養力」(『青年と学問』25－一五五)では支えきれない人口を淘汰する戦争や災害、飢饉の歴史でもあった。生産に対する消費の過大は孤島の宿命的な経済構造であり、島を統一して平和を維持するということは、支配層による生産者階級の搾取を意味していた。そして、内部抗争を制して島の統一を成し遂げるために取られた常套手段が、「外国と交通を開いて」(同)、その後援を得ることであった。このように「巧みに外援を利用して内を制するの策略」(同)は、沖縄本島や日本本土のような大きな島にも普通に見られ、その手法は現代の「経済戦」や「思想戦」にまで綿々と受けつがれている。

たとえば現在の沖縄では、支配層による税金という形での搾取こそ軽減されているが、代わって大阪や鹿児島の商事会社、それに加担して分け前にあずかる「那覇などの利口者」(「南島研究の現状」25－一六二)が、サトウキビ農家など島内の生産者層に対する実質的な搾取者となっている。彼らは、島外から持ち込んだ消費財を島民に売りつけ、また島の生産物を買い付けて島外に販売する。その際彼らは、商才と資金力にものを言わせて(「常民より一段すぐれた才能と、大きな資本力を武器として」同)価格を支配し、直接生産者の利益を吸い上げているのである。そしてこの構造、つまり、外部とつながった勢力が同胞を搾取する「友食い」の構造は、日本全体についても当てはまると柳田は言う(「日本全体としてもこの道理は同じである」同)。

都市による地方の搾取

日本国全体として見た場合、このような富の分配の不均衡は、生産の主体である地方を、消費の主体である都市が経済的に支配するという形で現れていると柳田はとらえていた。『青年と学問』の講演と同時期に書かれた論考の中で、柳田は都市と地方との経済的な関係を次のように説明している。

都市による経済の支配は、「中央都市が誇りとする」文化の力によって成り立っている。しかもその文化は、外国の文化を摂取することで蓄積されたものである。優勢な都市文化の地方への普及は、経済的には地方の財力を都市に吸収し、精神的には「都市崇拝の迷信的思想」を地方人の頭に植え付ける（「地方文化建設の序説」29－五～六）。このことはやがて、地方の生活にさまざまな不便、不経済を強いることになる。

東京市民の生活を基礎とした女児の洋服が奨励された。これは非常な勢であらゆる地方を席捲したが、都市生活者をおいて、一般農村に適当したものであろうか。ひさしのない洋館風の小学校の校舎が流行し出した。しかし、日本の如く風雨の強い地域に適したものであろうか。その他、衣食住の一切は地方生活とは趣きを異にする都会風に化しつゝあるのである。（同29－八）

都市の消費事業者は、巧みな宣伝や流行の創出によって、生産事業に携わる地方の人びとに無用の消費をあおり、地方の財力を吸い上げようとする。生産者の周りに不必要な消費事業が群がって分け前を奪おうとするさまは、たとえば炭鉱の周りや遠洋漁業の根拠地に、酒や遊興に金を落とさせる歓楽地ができるのと相等しい。また、外国文化の輸入による流行創出戦略は、「孤島」の支配勢力が用いた「巧みに外援を利用して内を制するの策略」と相通ずるものがある。生産力に見合わない過大な消費を続けていけば、ついには生産力そのものが枯渇してしまうであろう。

地方の財力が枯渇しはじめ、かつ地方人が宣伝・流行に疑惑を抱くようになると、都会人はさらに新しい刺激的な文化様式によって地方人の好奇心を挑発するために、深い考えもなく外国文化を輸入してこれを普及しようとする（同）。急激な流行の変転は、都会人の焦りを語るものであり、モダン文化の隆盛は「噴火口上の舞踏」（同）というべきであろう。地方の疲弊は、都会人が輸入文化を地方に押し付け、無用の消費をあおった結果である。都会人もまた、不況や失業という形で、見さかいもなく外国文化を輸入したツケを支払わされ、最終的には日本国自体が外国の経済的支配を受けることになるだろう。今日の不景気の原因は、単に工業の不振や貿易上の輸入超過にあると見るべきではない。それは、都会人が「無制限に、地方を搾取した結果」であり、「誤れる文化を輸入して地方に強いた罰」（29－九）なのである。

地方文化の地位回復

国際経済戦争の時代に敗者となるのは、外国の販売戦略に乗ぜられて、生産力に見合わない過剰消費の経済構造に陥った国家、すなわち「消費を知って生産を忘れた国家」（29－四）である。増加する人口・余剰労働力を振り向けるべき新たな生産的事業の拡張をおろそかにし、「周旋屋とか小売商とか、娯楽機関とか云う類」（「日本の人口問題」29－一〇八）の、少ないに越したことはないような消費事業ばかりが増えていく現在の日本は、まさに「消費を知って生産を忘れた国家」にほかならない（29－九）。

そして柳田は、このような「悲しむべき状態の救済策」（29－一二）として、二つのことを提言している。すなわち、第一に都会人においては、西洋文化への無節操な追随を廃し、輸入する外国文化を日本の国情や地方の生活様式に照らして取捨選択すること、そして第二に地方人は、自らの窮迫の原因を反省し、いたずらに都会文化の幻影を追うのをやめ、郷土の精神に目覚めて強固な地方文化を建設し、さらに進んでは、都会人に地方文化の精神を認めさせて良き文明の輸入を委託することである。

もちろん、以上のような柳田の理解を、資本主義経済の仕組みや歴史についての考察が欠けているとか、マルサス的な道徳主義の一変種に過ぎないなどと批判することは容易である。しかし、その点をカッコに入れて、貧困や地方疲弊についての柳田の理解を見るならば、郷土研究こそが世の中の苦しみを救うという、『青年と学問』を貫く主張の意味するところは明らかであろう。当否はともかくとして、柳田は日本の置かれた苦境の本質は生産に対する消費の過大にあるととらえ、その原因を中央と地方との文化力の優劣関係に見出した。そこから彼は、現在の経済・社会問題の本質的な解決を図るには地方の文化的地位の回復が必要であり、郷土研究はそのための具体的な手段となると主張したのである。そしてまた、『青年と学問』の中の三つの論（「青年と学問」、「島の話」、「南島研究の現状」）において、太平洋諸島や南島の研究が郷土研究の具体例として取り上げられていることの意味も、これまでの議論から明らかになってくる。

現在の日本の味わっている不幸は、「心細く且つ苦しい孤存状態に置かれた」（25－一六四）島国としての地勢に深く根ざしている。日本の不幸は沖縄の味わってきた不幸と同じものであり、沖縄の不幸はまた、かつてその属島であった小さな島々の不幸と同じである。それゆえ、沖縄諸島をはじめとする島の生活とその歴史の研究は、日本の不幸の病原を探り、その治療法を見出すための「最も適切なる一例」（25－一六三）となると柳田は考えたのである。

雑誌『民族』の時代

『民族』の創刊

青年たちに郷土研究の意義を熱く説いて回った大正末年から昭和初年にかけて、柳田はフォークロア研究（郷土研究）に関連するさまざまな研究会を立ち上げている。それらの会は、研究者相互の情報交換の場となると同時に、大学生をはじめとする若手研究者たちの育成の場としても機能した。

ヨーロッパからの帰国後まもない大正十二（一九二三）年十二月、柳田は早くも、自宅で民俗学に関する談話会（特に名称は付けられなかった）を開催している。参加者は、金田一京助、中山太郎、早川孝太郎、宮本勢助《せいすけ》（服飾史・風俗史研究家）、岡村千秋ら『郷土研究』の関係者をはじめ、松本信広（神話学・東南アジア史学）、西村真次（日本古代史・人類学）などで、東京帝国大学社会学科の学生岡正雄もその一人であった（定本年譜・別5－六三五）。「郷土会」と、後に触れる「木曜会」との中間に位置するこの談話会は、隔週土曜日ごとに開催され、やがて雑誌『民族』同人の会の母体となるのである。

翌大正十三（一九二四）年の一月には、中断していた南島談話会（大正十一年設立）が再開され、金田一、中山、折口信夫、宮良当壮《みやらとうそう》らが参加する。ほかにも、北方文明研究会（大正十四年八月、発起人は金田一、折口、中山、佐々木喜善ら）、昔話研究のための集まり吉右衛門会《きっちょんかい》（大正十五年二月）、民俗芸術の会（昭和二年七月）、方言研究会（昭和三年十二月）などに、柳田は主宰者あるいは中心的メンバーとして関わっている。

大正十四（一九二五）年十一月、柳田は五人の若手研究者とともに、雑誌『民族』を創刊する。「民族」という誌名は、柳田の命名による。大正六年に『郷土研究』を休刊して以来、約八年半ぶりに、柳田は自前の研究雑誌を運営することになったのである。編集同人には柳田のほか、石田幹之助（専門は東洋史学）、田辺寿利《すけとし》（社会学）、有賀喜左衛門《あるがきざえもん》（農村社会学）、岡正雄（民族学）、奥平武彦（政治史学）が名を連ねた。編集名義人は柳田の縁戚（松岡鼎の次女茂子の夫）で、かつて『郷土研究』の編集兼発行者を務めた岡村千秋、発行者は岡茂雄（岡書院の社主で岡正雄の実兄）、これを資金面で援助したのは澁澤敬三であった。

澁澤敬三は、澁澤栄一の孫で、昭和の実業界の指導的人物の一人である。第一銀行副頭取、東京貯蓄銀行頭取、日本銀行総裁を歴任し、戦後の幣原《しではら》喜重郎内閣では大蔵大臣に就任している。民族学、生物学にも詳しく、岡正雄をはじめ多くの若い研究者を援助して民族学界の発展に貢献した。大正十（一九二一）年にアチック・ミューゼアム（のちに日本常民文化研究所と改称）を創設したほか、日本民族学協会会長、日本人類学会会長も務めている。柳田の甥矢田部勁吉《けいきち》と中学校の同級であったところから、早くから柳田と面識があった。大正十一年から十四年まで、横浜正金銀行のロンドン支店に勤務しており、関東大震災の報を聞いて帰国の途にあった柳田とロンドンで面会している。

岡正雄との出会い

柳田とともに編集同人の中心となって活動したのは、のちにわが国の民族学・文化人類学界において指導的役割を果たすことになる岡正雄である。東京帝国大学社会学科の学生であった岡は、卒業論文作成と併行してイギリスの民族学者フレイザーが著した『王制の呪的起源』の翻訳を行っていた。柳田が「フレイザーを日本ではいちばん早くから読んでいらっしゃる大家」(岡正雄「柳田国男との出会い」)であると知った岡は、郷里の先輩である岡村千秋の紹介で柳田邸を訪れる。大正十二(一九二三)年十二月のことであった。

ちなみに、柳田が南方熊楠の教示によってフレイザーの『金枝篇』(第三版)を読み始めたのは明治四十五(一九一二)年四月で、その翌年には『穀神論』、『不死霊魂論』などを読んでいる(明治四十五年四月二十四日付・南方宛書簡及び定本年譜)。岡は柳田に翻訳書の序文を書いてくれるよう願い出たが、「言下に僕は書かないと、きっぱり断わられ」てしまう。柳田が、「君、それを出すんだったら、僕は反対するよ」という強い言葉で岡の願い出を拒絶した理由は明らかではないが、岡自身は、「先生がどうして反対されたのか、当時僕にはよくわからなかった」とした上で、次のように推測している。

先生は原始的、古代的王制の性格について、フレイザーのいうことに充分理解をもっておられたと思うのです。それでこの日本版が日本において安易に類比されるのを心配された配慮からではなかったかと思うのです。先生は天皇、皇室が好きだったですからね。天皇制なんていうものでなしに。ちょうど『民族』の編集を神楽坂の果実屋の二階のレストランで編集会議をやっているとき、大正天皇が崩御されたというニュースが入ったのです。僕たちはがやがやしていたのに、先生はじっと瞑目しておられ、こっちは困ってしまったことを思い出します。

（「柳田国男との出会い」）

「原始的、古代的王制の性格について、フレイザーのいうこと」とは、『金枝篇』の中で示された有名な仮説、すなわち、王が神聖視された未開社会の王制において「王殺し」が制度化されていたとする説を指している。敬神家を父に持ち、自身も官僚として明治天皇の大喪の儀、大正天皇の大礼に奉仕した柳田は、天皇・皇室に対して深い敬慕の念を抱いていた。そして皇室に対する敬愛ゆえに、柳田が「皇室に対しては表現をつつしみ、ある場合には沈黙を守った」（『柳田国男伝』）ことはよく知られている。フレイザー王権論の翻訳紹介に慎重な態度を取ったのも、岡の推測するように、それが日本の天皇制と「安易に類比される」のを恐れたためであったのだろう。

序文の執筆は断られたものの、この出会いをきっかけとして、岡は柳田邸で開かれていた研究会に出入りするようになる。岡は柳田に、『郷土研究』の復刊を繰り返し要望し、柳田も岡の熱意に押された形でついに新しい雑誌の刊行を決意する。柳田から「雑誌を出そうか」と言われた岡は、編集には当然、金田一、折口、中山ら『郷土研究』以来の柳田の同志たちが当たるものと思っていた。ところが、あにはからんや「お前とやろうと言われ、僕は驚き困却しました」（「柳田国男との出会い」）と岡は述べている。結局、「お前の知人、友人を連れてこい」（同）ということで集められたのが、石田ら四人のメンバーであった。

『民族』の編集方針

『民族』の編集にあたって柳田は、誌面を一段組の論文欄と二段組のその他の欄とに区分した。さらに二段組のページは、フォークロアの採集報告を集めた「資料・報告・交詢」欄と、関連諸学の最新事情や書評、学会・研究会活動の報告などを掲載する研究動向欄とに分かたれた。こうして刊行された『民族』創刊号の論文欄には、浜田耕作（考古学）、新城新蔵《しんじょうしんぞう》（天文学）、伊波普猷（沖縄の歴史・民俗研究）、鳥居龍蔵（考古学）が名を連ね、柳田も「杖の成長した話」を寄稿している。

以後柳田は、論文欄に計十二篇の論考を寄せている。このうち、「杖の成長した話」を初めとする四編は、『郷土研究』誌に連載した樹木信仰に関する論の続編ともいうべきものである。さらに大正十五（一九二六）年二月の第二巻二号で「人を神に祀る風習」を発表したのを皮切りに、人柱や御霊信仰に関連する七編の論考を次々に発表している。『民族』誌の表紙には、毎回樹木のスケッチが描かれ、「表紙の老樹の画は『民族』の名物の一つ」（三巻二号「編輯者より」）となったが、「これはフレイザーの『金枝篇』などからヒントを得られたものであったかもしれない」（大藤時彦「柳田先生の学問」）ともいわれている。柳田が『民族』の論文欄に発表したものが、すべて樹木信仰と供犠に関する論考であったのも、おそらくはフレイザーの「樹木の精霊」や「王殺し」の論を意識してのことであっただろう。雑誌『民族』において、柳田は、一方では従来から進めてきた自らのフォークロア研究と、ヨーロッパの民族学との連携関係を打ちたてようとしていた。その一方では、自らの学問を、民族学とは一線を画するものとして独立を図ることを模索していた。

岡は、雑誌『民族』刊行当時を回想して、「その頃、先生はフォクロア、民族学、人類学、考古学、言語学、歴史学にわたる広い総合的な雑誌を頭に描かれていたと思います」（岡正雄「柳田国男との出会い」）と述べている。柳田が執筆した創刊に当たっての宣言（「編輯者の一人より」）にも、この雑誌の志すところは人類学の一種であり、「民族」という表題は便宜的なものであって、研究範囲を「民族学」の領域に限定するような意図はないことが強調されている（30－四四五～四四六）。この当時人類学という言葉は、形質人類学、文化人類学はもちろん、今日の民族学、社会学、言語学、考古学、神話学、民俗学などの研究領域もその一部門に含む人類研究の全体といった意味合いで用いられていた。柳田が雑誌『民族』でめざしたのは、この総合的な人間科学としての人類学だったのである。

柳田門下の民俗学者大藤時彦は、雑誌『心』の柳田國男追悼特集の中で、雑誌『民族』の性格を次のように総括している。

『郷土研究』から『民族』へ移るとなにか前面がずっと広くひらかれ明るくなったような感じを受ける。これは雑誌の内容が、『郷土研究』の方はその題名通り日本の郷土研究の範囲に終始したのに対し、『民族』は今日の民俗学を中心として民族学、社会学、言語学、考古学など人類諸科学を総合したものであったことによっている。（「柳田先生の学問」・『心』十五巻十号）

この言葉の通り、『民族』の論文欄には、金田一京助、折口信夫、喜田《きだ》貞吉《さだきち》、白鳥庫吉《くらきち》、津田左右吉、宇野圓空、新村出、清野《きよの》謙二、橋本進吉、山田孝雄《よしお》などさまざまな分野の研究者が寄稿している。ロシア人の日本学者ニコライ・ネフスキーや、言語学者で駐日フィンランド公使のグスタフ・ラムステッドといった異色のメンバーによる論文も誌面を飾っている。また若手研究者たちは、民族学、宗教社会学など、ヨーロッパの最新の研究動向を精力的に紹介した。

採集資料の充実

こうした斬新で総合的な誌面と対照的だったのは、巻末にまとめられた採集資料の報告欄であった。『郷土研究』誌の「報告」欄と類似するこの欄に原稿を寄せたのは、主に地方在住の郷土史家たちで、その多くはかつての『郷土研究』の読者であった。

柳田は「編輯者より」と題する短信欄を通じて読者に投稿を呼びかけ、求める資料の種類、必要な情報の項目、採集上の注意点などについて細かな指示を与えて報告欄の充実を図った。たとえば、「次の号にはやはり旧暦七月に関係ある材料を集めて置きたいと思います」(一巻四号)というように、特定の資料を集中的に集めるためのテーマを決めたり、すでに相当量の資料が集まっているものに関しては、「此から後の報告は本号掲載各府県の例と異なる所又はよく似て居ても説明や心持の明白に違う点」に絞りたい(同)と調査の方向を誘導したりしている。また、単発的な報告はすぐには誌上に載せず、同種の資料がある程度集まるのを待って、他の報告とまとめて掲載したりもした。

のみならず柳田は、「学問上に必要なき美文修辞」は付加せずに簡明に叙述せよ(二巻一号)などと報告文の記述そのものにも注文をつけ、時には報告者に無断で書き直したり省略を加えたりもしている(「資料には折角の美文もあったが、力めて要点を精確に抄出して、多数の省略を敢行した」二巻二号)。

たとえば、三重県出身の郷土史家井上頼寿《よりとし》が投稿した「八幡と魚の牲《にえ》」という文章は、記述と脚注、及び考証から成っていたが、柳田は「便宜上之を二分して」、その記述の部分だけを書き改めた上で掲載している（一巻六号）。

こうした著作者に無断での原稿書き直しは、『郷土研究』誌時代にすでに前例がある。柳田は、同誌に折口信夫が寄稿した「髯籠《ひげこ》の話」を、書簡体（候文）で書かれた原文を口語に書き改め、さらに内容にも二箇所の変更を加えて誌上に掲載している。

このように柳田が投稿内容に細かい注文をつけ、ときに無断書き直しをしてまで報告の種類や規格の統一を図ったのは、各地からの報告にもとづいて蓄積されていく「文字以外の地方史料」（25－一三二）の質が、「我々多数の者の祖先の生活」（同）を研究する新たな学問の実証性の水準を左右すると考えたからである。文書記録を偏重する当時の歴史学界においては、日常の生活様式や習俗・習慣、口碑、信仰儀礼などは歴史史料としての価値をほとんど認められていなかった。実際、それまで習俗・習慣の記録といえば多くは好事家による趣味的な蒐集であり、学問的な信頼性・客観性という点で問題があったのも事実である。「文字以外の史料」による研究を科学的な歴史研究として学界に承認させるためには、資料として依拠する採集報告の「客観的資料としての信頼性」を打ち立てなければならない。そのような思いから柳田は採集報告に対して、「雑誌寄稿は直接採集資料であること、これに手を加えたり、整理したり、解釈や意見を加えたりしたものはだめ」（岡正雄「柳田国男との出会い」）という厳しい態度で臨んだのである。

こうした厳しい選別を経ながら、やがて『民族』誌に集まる報告資料は質量ともにめざましい充実ぶりを示すようになり、三巻二号の「編輯者より」では、「一般に「郷土研究」の時代に比べて、事実が自ら発光する所の智識が、其量を加えたという評を受けて居る」と柳田自身も満足感を表明している。岡正雄も、『民族』編集者としての柳田の働きを、「この資料に対するきびしさがあったために、フォクロアは科学的客観的資料として信憑性を獲得し、民俗学が戦後学界における市民権を確立することができたのだと思います」(「柳田国男との出会い」)と評価している。

しかしながら、強圧的ともいえる柳田の編集姿勢に対して、投稿者たちも次第に不満を募らせていった。「編輯者より」では、投稿者の不満の声に対して、資料が蓄積されるまでの掲載の「待合せの必要」や、「編者の排列選択」の「自由」についての弁明の言葉も見られるが(三巻一号)、柳田の編集姿勢そのものが改まることはなかった。

喜《き》談《たん》書《しょ》屋《おく》での生活

昭和二(一九二七)年、柳田の長男為正が通う成城学園が、府下北多摩郡砧村に移転を計画、周辺に宅地を造成して父母に分譲した。関東大震災後、東京郊外に次々と開発された「学園都市」の一つである。当時、養父母と同居していた加賀町の家では、柳田の蔵書は狭い書斎からあふれて収拾のつかない状態になっていた。柳田は養父直平の援助も得て砧村喜多見(現世田谷区成城)の宅地を購入し、そこに書庫・仕事場を兼ねた住宅を新築したのである。

私は昭和二年の秋、この喜多見の山野のくぬぎ原に、僅かな庭をもつ書斎を建てゝ、こゝを一茶の謂うついの住みかにしようという気になった。あたりはまだ一面の芒尾花で、東西南北には各々二三本の大きな松が見え、風の無い日には小鳥の声が有る。（『野草雑記』22－三）

八月末には新居が完成し、九月十日、柳田は新校地の中学校に通うことになった為正とともに砧村に移り住んだ。「ぐずぐずしていては勉強が出来ない。ぼくだけ独り先へ引越すよ」（飯島小平「柳田のおじさんの思い出」定本十二巻月報）と妻に告げ、旧宅に妻と娘たちを残したままの転居であった。

新宅にはすでに、「お前、文庫を建てたからきてくれないか」と言われ、「あの文庫で勉強できるなら有難い」（岡正雄「柳田国男との出会い」）と思って移ってきた岡正雄と、長野県出身の青年野沢虎雄が住み込んでいた。野沢は、柳田が東筑摩郡東箕輪村で行った講演の際に柳田を訪れて気に入られ、砧村に書庫を建てたから「君も本を読みに来ないか」と誘われて上京したのである。

こうして始まった男四人の暮らしは、「はじめのうちは自然もいいし、ひじょうに快適な生活が続いた」（野沢虎雄「柳田国男との出会い」）ようである。柳田もまた、「昭和三年の初めての春は楽しかった」（22－三）と、当時を懐かしんでいる。柳田は砧村の新居を「喜談書屋」（「熙譚書屋」）と名づけた。地名「喜多見」の読み「きたみ」に、皆が集って「喜び談じあう書斎」という意味を掛けたものである。しかし、当初は加賀町の本宅との間を往来していた柳田が砧村に完全に腰を据えるようになると、岡と野沢には、共同生活が次第に苦痛に感じられるようになっていく。

野沢君という人がまたいい人で、またこわい先生がいつもおられるわけではなし、愉快にやっていました。というのは、初めのうちは土曜にこられて、一晩泊って日曜に加賀町のお宅に帰っていかれたのですが、少したつとずっと文庫ですごされるようになったのです。初めのうちの楽しい生活がだんだん窮屈になってきた。そして、いろいろのことが積み重なって変になってきたのです。（岡「柳田国男との出会い」）

こうして「いろいろのことが積み重なって」いった結果、「しまいには岡さんも私もノイローゼみたいになって」（野沢「柳田国男との出会い」）しまう。そしてついに、「もうとても先生と朝夕、顔を合わせることに堪えられなく」なった岡は、「しぶる柳田を説き伏せると、その日のうちに荷物をまとめ、逃げるように成城を去っていった」（『柳田国男伝』）のである。昭和三年九月初めのことであった。柳田と岡の緊張関係に巻き込まれて「ノイローゼ気味」（野沢）になった野沢も、ほどなく郷里の信州へ帰っていった。

異様な対決姿勢

昭和三年をはさむ数年間は、柳田と「既成学界との対決が最も激しかった時代」であり、その頃の柳田の「鋭利な刃物でも見るような」厳しい態度はきわめて印象深いものであった。雑誌『民族』の編集同人の一人であった有賀喜左衛門は、そのように述べている（「聟入考と柳田国男」）。そして有賀はそのことの証左として、昭和三年の講演をもとにして書かれた「聟入考」（昭和四年十一月刊『三宅博士古稀祝賀記念論文集』所収）をとりあげ、次のように述べている。

この論文集に載った「聟入考」には「歴史対民俗学」というサブタイトルがついていた。そしてこの内容は今日でも見ればわかる通り、古文書史学に対する宣戦を布告したようなすさまじい内容のものであった。このサブタイトルはこのことを象徴していた。もちろんこの論文と同じ気持はその当時の柳田のいづれの文章にも籠められていたが、この論文はそれをむき出しにして、古文書史学帝国の懐に刃を擬しているようにも見えた。（有賀前掲）

この有賀の論の意図は、のちに「聟入考」が単行本『婚姻の話』に収録された際に、「歴史対民俗学」という「痛烈なサブタイトル」が削除され、『定本柳田國男集』編纂の際にもそのことが見すごされたことに対する抗議の表明にあるのだが、そのことは措くとして、確かにこの時期の柳田は、のちに日本民俗学と名づけられる新しい学問を確立するために猛烈な勢いで研究に打ち込んでいた。その意気込みは、はたから見ても恐ろしいほどであり、また、柳田の焦燥感もひしひしと伝わってきたと野沢も証言している（野沢「柳田国男との出会い」）。

柳田が歴史学や神話学の研究者に対して、ときに名指しで容赦ない批判を浴びせ、少なからぬ反発を買ったのもこの時期のことであった。昭和二年には歴史学者で『民族』の寄稿者でもあった西村真次の「説話」と「史実」の扱いについて、二度にわたって批判を加えている。『民族』二巻二号掲載の論文「松王健児《まつおうこんでい》の物語」（昭和二年一月）における西村真次への批判、及びそれに対する西村の反論に編集者の権限を利用して付された再批判がそれである。昭和四年四月には論文「人形とオシラ神」の中で、歴史学者喜田貞吉の所説を、「臆説にしても余りに無謀」（12－三〇六）といった激しい調子で批判している。同年十月には、人形劇研究家南江《なんえ》二郎の『民俗仮面考』に対して、「南江二郎氏が其民俗仮面考の序文に、日本の仮面の問題はもう大抵わかって居るようなことを書かれたのを見て」（「仮面に関する一二の所見」31－二二九）とか、「片端に坐ってまだ全体の趨勢を概説し得られる時節では無い」など、ほとんど嫌味に近い言葉を浴びせている。しかし南江が述べていたのは、「限定された紙数」のことを考えて、「資料の手に入り易い」日本の事例よりも、「諸外国のものを出来るだけ多く紹介」したということに過ぎず、柳田は明らかに南江の言葉を曲解している。南江に対する批評は、学問的な批判というよりはむしろ、感情的な非難の言葉に近い。

この頃の柳田の批評文には、しばしばこれに類した棘のある言葉が現れる。たとえば昭和五年四月の「物語新釈」においては、神話学者松村武雄を名指しで「外国の学者の言うことを聴き、考えても見ずに、昔話の国際一致のみを信じようとしている」とか、「当世の説話学者の如き怠け者は我々の祖先の中には居なかった」など、ほとんど悪罵に近い言葉を投げつけている（ただし、この論考が「海神少童《かいじんしょうどう》」と改題されて単行本『桃太郎の誕生』に収録された際には、松村の名が削除されるなどの修正が施されている）。その翌月、松村は早速一文を草して、柳田の大人気ない批判・態度への不快感を表明している。柳田のいささか行き過ぎた対決姿勢に対する周囲の反応を示す好例と思われるので、一部を引用しておこう。

どうした訳か知りませんが、日本だけの説話や民俗を研究して居られる学徒の或る者は、申し合わせたように、他人の研究を目の敵のようにけなす風があるように見受けられます。それも言説見解の一々について、その誤謬を正すのなら、勿論学的に結構至極なことですが、頭から自分たちのやっていることは全部正しい、他人のやっていることは全部間違っているというような物の言い方が多いのですから、第三者としても、余り愉快な感じがしません。その中でも大兄は、殊に勇敢に八方に斬っておかゝりになり、そしてその言い方が、いつも今回の場合のように、唯我独尊的な響を持っているのは、どうしたものでしょう。先頃喜田貞吉博士に対する御批評にしても、『わからぬ者がやたらに口を出しては困る』という御口吻でしたが、同博士の反駁を拝見して、第三者として冷静に考えますと、大兄の方にも重大な『知らぬこと』が存していたとしか思われません。

（「柳田國男氏に」・『旅と伝説』三巻五号）

柳田の「荒れ」

当時柳田は、『民族』に掲載された論考や、週に一本の割合で執筆された朝日新聞の論説のほかにも、『アサヒグラフ』誌などにいくつも連載原稿を執筆するなど、明らかにオーバーワーク気味であった。加えて、身体の不調にも苦しめられていたようである。

昭和三、四年頃、父にとっての一つの危機があったようである。仕事の上にも、肉体的にも不調があって、軽い神経衰弱にかかった。母は人知れずかなりの苦労をしたようである。

（堀三千『父との散歩』）

学界に対する「鋭利な刃物」のような態度の裏には、こうしたストレスの積み重なりによる精神的な苛立ちも働いていたことであろう。柳田のそうした苛立ちはまた、彼を取巻く個人的な人間関係の中にも波紋を巻き起こしていた。関係者の何人かの証言によれば、この頃の柳田は、突然わけのわからぬ怒りや憤懣をぶつけて周囲の者を辟易させることがあった（もちろん、その大本はわがままでお天気屋の彼の性格にある）。

『民族』の発行者岡茂雄（岡書院主で岡正雄の実兄）によれば、当時、身近な関係者たちは、駄々をこねる幼児のような柳田の態度をひそかに「荒れ」と呼んでいたという（「私たちは柳田先生のじれて当たり散らされるのを、荒れといっていた」岡茂雄『本屋風情』）。柳田の「ご機嫌の難しいこと」（岡正雄「柳田国男との出会い」）についてはさまざまな証言があるが、とりわけその矛先は岡正雄に向けられていた。柳田との緊張関係に耐えかねた岡が、野沢虎雄に「自殺しようと思ったことがあった、けれども芥川に先手を打たれたので死ぬ気にもなれねえよ」（野沢「柳田国男との出会い」）と笑えぬ冗談を口走ったこともあったという。

柳田と岡の関係がそのように大きくこじれるに至ったきっかけは、『民族』編集をめぐる二人の対立にあった。

特にひどかったのは、折口さんに〝まれびと〟の原稿を民族に書いて頂いた。その原稿を柳田さんが、こんなもの学問じゃないと言って、雑誌に載せることを拒絶するくらい強く出られたことがあって、そのときにぼくは柳田さんと非常に対立したようなことになった。私も折口さんに原稿をお返しするわけにもいかない。何かゴタゴタしておりましたら、折口さんが、いいですから、またあれしますから原稿返してくださいと言われたと思うんだが「私は毎日多摩川に氷詰めの行李が流れてくるかどうか気にして新聞を見ていますよ。」――当時山ケンという法学士がバットで殺して流した。いやなことを言われるくらい、先生とぼくとの間がおかしくなった。
（「追懐座談会記録・岡正雄氏談話」、『澁澤敬三』下 所収）

「多摩川に氷詰めの行李が流れてくるかどうか」云々というこの折口の言葉は、「いつか砧の方の多摩川には簀巻きの死体が流れてくるよ」（谷川健一）とか、「柳田先生が水死体で上流から、いまにも流れてくるような気がして、流れてこないかなァと思って待っていた」（中野卓）などとさまざまに尾ひれがついて伝わっていたらしい。

しかし、直接の当事者である岡の証言は、引用のとおりである。引用の中の「バットで殺して」云々というのは、「鈴弁殺し」あるいは「山憲」事件と呼ばれて世間を騒がせた殺人事件のことを指している。大正八（一九一九）年六月、新潟県内の信濃川で、トランク詰めにされた死体が発見される。捜査の結果、農学士で農商務省米穀管理部の技師が、リベートをめぐるトラブルから、後輩の農学士と共謀して横浜の外米輸入商をバットで殴打した上で絞殺したものと判明したという事件である。

折口が何を意図してこのようなことを言ったのかについては、折口自身が柳田に対して抱いていた悪感情を示すものとする解釈や、単なる皮肉な冗談とする見方などがあるが、本当のところは不明である。あるいは、柳田と岡の仲が険悪になっていることに心を痛めた折口が、不満を募らせる岡の自制を促す意味でこの事件を引き合いに出したのかもしれない。なお、談話記録の「氷詰めの行李」はおそらく「行李詰めの死体」の誤り、また「法学士」も岡の記憶違いである。

このゴタゴタのきっかけを作った「〝まれびと〟の原稿」というのは、折口学の核となる「まれびと」概念がその全貌を現した記念碑的な論文「常世及びまれびと」（のちに『国文学の発生』第三稿と改題して『古代研究（国文学篇）』に収録）のことである。柳田はこんなものは掲載できないから折口に返せと言い、岡はそんなことはできないと「先生とかなり激しくやりあった」（岡「柳田国男との出会い」）という。柳田は「それじゃお前、勝手にしろ」（同）と言って編集を投げ出してしまう。柳田が「常世及びまれびと」の掲載を強硬に拒んだ理由を、岡は「プライオリティのひっかかり」であると説明している。要するに、柳田もひそかに温めていたアイデアを、折口がさっさと先に書いてしまったことが気に入らなかったというわけである。

岡が「喜談書屋」を飛び出した昭和三（一九二八）年の九月頃には、柳田は『民族』の編集からはすっかり手を引いてしまっていた。同年十一月発行の第四巻一号からは、柳田に代わって岡と岡村千秋の二人が編集作業のすべてを引き受けることになる。ごたごたのきっかけとなった「常世及びまれびと」は、柳田の関与を離れた第四巻二号（昭和四年一月）でようやく日の目を見ることになった。

しかし、『民族』誌そのものも、昭和四年三月発行の第四巻三号をもって休刊（事実上の廃刊）となったのである。最終号に「休刊の辞」を執筆したのは、岡正雄である。後の回想の中で岡は、休刊の理由の第一に挙げられた「創刊当時の如き充分かつ協働的なる関心と努力とを、傾倒することが段々となくなりました」（『民族』第四巻三号）という一文について、「柳田さんとわれわれとの階調が壊れたということ」（前掲 岡正雄氏談話）を書いたのだと説明している。

民俗学会の設立

『民族』休刊から三ヵ月後の昭和四（一九二九）年七月、折口信夫を中心に宇野圓空、岡正雄ら旧『民族』の関係者が集まって民俗学会が設立された。しかしこの学会に柳田は参加せず、学会機関誌である『民俗学』にも最後まで一篇の寄稿もすることはなかった（『民俗学』の終刊は昭和八年二月）。柳田門下生の橋浦泰雄は、「昭和の初期に、先生は学界の仲間から一時孤立されたことがあります」（橋浦「柳田国男との出会い」）と述べ、その間の事情を次のように説明している。

それまでに、先生はご自身の主宰で『民族』（大正十四年十一月四日〜昭和四年四月）という雑誌を出しておられました。ところがその『民族』とは別に「民俗」の学会を創って、専門の機関誌を発行すべきだという説が生じました。先生は時機尚早だという見地から反対されたのですが、学会創立に努力する若干の人びとがあってついに創立され、その機関誌『民俗学』（昭和四年）が発行されました。この間、早川孝太郎君は、先生と学会との間を往復して、先生と学会とを引き離すような結果をもたらしました。岡正雄氏の言動にも類似の点がありました。折口、金田一、中山氏など先生の古くからの学友のほかに、もと『白樺』の同人だった小泉鉄《まがね》君なども含めて、ほとんどの民俗学界人が、新民俗学会に吸収されました。（同）

新学会の設立を事実上取り仕切っていたのは、岡正雄ら、旧『民族』における柳田の編集態度に批判的だった研究者たちである。彼らが柳田を排除する形で学会の創設に至った裏には、『民族』休刊に至る過程で生じた柳田に対する憤懣があったであろう。新学会の動きに同調せずに柳田のもとに留まった橋浦は、「ことに先生に対する個人的な非難が、先生のいない集会で、ときに感情的に述べられるのには、わたくしには我慢がなりませんでした」(橋浦「柳田国男との出会い」)と述べている。

しかし、柳田と民俗学会とのこじれた関係は、単なる感情のもつれにとどまるものではなく、その底には学問観そのものをめぐる根本的な対立が横たわっていた。大正末から昭和十年代にかけて柳田の門を叩いた人びとの中には、かなりの数の社会主義者が含まれており、橋浦もまたその一人であった。橋浦は岡茂雄の勧めで民俗学会に入会したが、何度か集会に参加するうちに、会員たちの学問観が柳田の説く経世済民的学問観とはかけ離れていることを感じ、すぐに退会したという。

橋浦の見るところ、民俗学会設立に走った研究者たちの学問は、「学問のための学問、研究のための研究、よくいって象牙の塔的で、先生のいわゆる、基点とは大きな相違がある」(橋浦 同)ものであった。橋浦の理解では、柳田の学問は「一般の人民大衆の生活史を明らかにする」ことを目的とする「人民のための学問」(同)であり、「眼前に痛切なる同胞多数の生活苦の救解」(25－八八)のために平民の歴史を研究するという政治性こそが柳田学の「基点」たるべきものであった。戦前の社会主義者たちが(また、戦後も多くの左翼思想家が)柳田の学問に共感を寄せたのは、「結局政治を改良し得れば、学問の能事了れりと迄考えて居る」(25－二四七)という柳田学の本質的な政治性に対してなのであった。「僕の学問は民間布衣の学問だから農村にいてもできる」、「どんな地域にあっても普断着のままできる学問ということで、学問というものはそういうものでなくっちゃいかんという説明」に、彼らは「身体が熱くなるような」共感を覚えた（野沢虎雄「柳田国男との出会い」）。

しかし、柳田が『青年と学問』の中で熱っぽく説いた「学問は結局世の為人の為で無くてはならぬ」（25―一八五）という経世済民の志は、「柳田先生に反旗をひるがえすごとく」（池上隆祐・中野卓「人・思想・学問」・有賀喜左衛門『文明・文化・文学』所収）して民俗学会に結集した新進の学徒たちの学問観とはまったく無縁のものであった。

柳田の「社会主義」観

もっとも、社会主義に対する柳田の見方は、一貫して冷淡なものであった。橋川文三は、「彼の社会主義への態度は、一言でいえば消極であった」（『柳田国男　その人間と思想』）というが、柳田の社会主義への言及には、むしろ嫌悪感がにじんでいるといってよいだろう。「産業組合講習会講習筆記」では、社会主義は「破壊的方面の社会改良主義」の称であり、要するに「社会弊害に対する反抗」に過ぎないのであって、とても国家を挙げてその説を試してみるわけにはいかず、とりわけ「物の共有制の如きは到底許すべきものにあらず」と述べられている。

柳田は、社会主義者が農民運動を牛耳っていく大正期の状況の中で、「階級闘争の理論を農村にまで徹底させることは容易で無い」（「農村雑話」16―四三二）と説き、「過渡期には免かれ難い一種の混乱」の中で、「不必要なる争いと怨みから、永年の和気を失ってしまうこと」を、「能う限り防衛して見たいと思うのが、自分の根本の動機」であり、その意味で自分は「先天的保守党」であると述べている(同16－四三一)。

農業を見限って都会へ出て行く者の多くが、将来性のある元気な若者であるように、社会情勢や生活環境の激変に耐えられるのは、どうしても「壮年有為の人間ばかり」(16－三四)に限られる。言葉を換えれば、社会が大きく変化するときに、いつもその混乱・動揺のしわ寄せを受けるのは社会的な弱者たちである。そして、社会の激変に耐えられない弱者を守りながら、必要な改良を進めていくというのが、柳田農政思想の基本的な考え方であった。

社会主義者たちは、資本家・地主という「共同の敵」を「征服すれば一時に幸福になる」(『明治大正史・世相篇』24－三七四)と主張している。しかし、国民のあいだの利害関係は、そのように単純なものではない。そういった大雑把な思想のもとに、「此国民が久遠の歳月に亙って、村で互に助けて辛うじて活きて来た事実までを、ウソだと言わんと欲する態度を示すことは、良心も同情も無い話である」(『都市と農村』16－三五四)。「問題は只如何にして無益なる混乱動揺とその犠牲者の数とを、最少限度まで少なくし得るか」(『日本農民史』16－一三六)という漸進的改良主義の立場から見れば、「現在の共産思想」は、日本農村の来歴や実態をろくに理解せず、「討究不足、無茶で人ばかり苦しめしかも実現の不可能であることを、主張するだけ」(『都市と農村』16－三五三)のものに過ぎなかった。

敗戦後、共産党にあらずんば知識人にあらずといった風潮がある中、昭和二十四(一九四九)年に行われたインタビューで、柳田は次のように述べている。

共産主義については、ロシアのヴォルシェヴィキを共産主義とみてよいのでしょうが、日本にある共産主義がそれならば反対です。〔中略〕ところが日本では学者が大分共産党に入りましたね。私はああいう人たちが本当に学者なんだろうかと思うのです。（『私の哲学』）

昭和二十二（一九四七）年に、共産党から参議院選挙に立候補した中野重治を、個人的な信頼関係から推薦したことを除けば、柳田は最後まで日本の共産主義運動に賛同しなかった。「討究不足」のまま、過去の一切を性急に否定しようとする思想の粗雑さは、おそらく柳田にとって体質的に受け入れがたいものだったである。

柳田学の強圧的側面

一方、柳田から「離反」した若い研究者たちの側にも、もちろん言い分はあった。柳田は、一般人が主体となって平民の歴史を研究する「民間布衣」の学問を鼓吹している。しかし、実際に柳田が地方に住む民間研究者に求めていることは、ただ資料を採集して報告するだけの作業であって、これを整理したり、解釈や意見を加えることは許されなかった。柳田学の持つそうした側面を、岡正雄は「一将功なって万骨枯るの学問」だと評している。

柳田学の基礎資料は多くの有名、無名の報告者の報告なのです。無名の報告者の報告の上に立っている学問なのです。ずっと後になって、先生に対する僕の悪口の一つが、柳田学は「一将功なって万骨枯るの学問」だということです。お前たちは報告だけしろ、まとめるのはおれがやる。

僕もいつも何か割りきれない気持で見ていました。　（岡「柳田国男との出会い」）

柳田が当面の研究活動において資料の採集・記録を最優先事項としていたのは、郷土研究（日本民俗学）はいまだ建設途上にある未成立の学問であると考えていたからである。現在の地味な資料収集は、知識の体系を完成するための準備作業なのであり、大切なのは個々の研究者の満足ではなく、将来における「人道の完備」に寄与することだというのが、柳田の基本的な考え方であった。しかしこうした考えも、研究者の主体性を第一に重んずる岡正雄ら若い研究者たちから見れば、個々の研究に対する強圧的な統制にほかならなかったのである。

常民生活史の研究――『蝸牛考』「聟入考」

方言周圏論

学界における孤立、自らの体調不良などさまざまなトラブルに見舞われたとはいえ、雑誌『民族』休刊に至る数年間は、柳田の学問活動が生涯のうちで最も充実した時期でもあった。この時期柳田は、「蝸牛考」、「聟入考」、「葬制の沿革について」など、日本民俗学の方法的基礎を固める重要な論考を次々と世に送り出している。

昭和二年に『人類学雑誌』に四回にわたって連載された「蝸牛考」は、「カタツムリ」「マイマイ」「デンデンムシ」など「蝸牛」をあらわすさまざまな名称（方言）を比較検討することによって、国語の成長・変遷に関するいくつかの仮説を提起したものである。その中には、外見への興味・空想が命名の大きな要因となっていること、国語の変遷には子どもの空想力が大きく寄与していることなど、興味深い考察が含まれている。とりわけよく知られているのは、方言の地方分布の比較から、個々の方言出現の前後関係を割り出せるとする仮説である。連載第二回の中で柳田は、東北日本と西南日本という風に文化圏を二分してとらえる考えに異議を呈し、次のような仮説を示している。

そこで私の考えるには、若し日本が此様な細長い島で無かったら、方言は大凡近畿をぶんまわしい、

〔注、コンパス〕の中心として、段々に幾つかの圏を描いたことであろう。従って或方面の一本の境線を見出して、それを以て南北を分割させようとする試みは不安全である。同時に南海の島々と奥羽の端を比較して見ることが至って大切であり、又土佐や熊野や能登の珠洲《すず》の如き半島突角の言語現象は、殊に注意を払うべき資料であると信ずる。（『人類学雑誌』四二巻五号）

『人類学雑誌』連載の「蝸牛考」は、のちに大幅な増補・書き換えが加えられ、単行本として刊行されている（昭和五年七月）。ここに述べられた仮説は、単行本において「方言周圏論」と名づけられている。その要点は次のようになる。すなわち、新しい語が発生すると、同じものを指す古い言葉は周辺地域に押しやられる。これが繰り返されると、古語の層が新語発生地を中心に池の波紋のように形成される。外周にある言葉ほど古い発生のものであり、半島の先端のような行き止まりの地には非常に古い言葉が残っている可能性が高い、というものである。

柳田は早くから、方言や地名、民謡など、その土地の生活と密着した言語現象に注目していた。最初の民俗学的著作『後狩詞記』には狩猟に関する民俗語彙集が付されており、『遠野物語』刊行の前後には地名や名字の研究が始まっている。主として「文字以外の地方史料」（25－一三二）から、多数国民の生活史を明らかにしようとする柳田学（郷土研究、日本民俗学）にとって、「眼前の事実」として「残留」している「過去の同胞国民の生活痕跡」（18－一二）の中でも、方言のような言語現象は特に豊富な材料を提供するものである。自然史の学問は、眼前にある「化石」という現在の事実の比較によって、生物の歴史を明らかにしている。同じように、「客観的なる地方事実の比較のみに由って」、方言の変遷史を明らかにすることができると柳田は言う（18―一九）。

同じ事がらを表す方言の語形やニュアンスの地方的異同を比較することによって、庶民生活の微妙な変遷を明らかにする手法は、「蝸牛考」連載と同時期に書かれた「民間些事」においても駆使されている。その中で柳田は、家屋内の区画を表す「ヘヤ」「デイ」「オエ」といった語の地方ごとのニュアンスの違いから、接客方法や坐り方などといった生活方法の変遷史を鮮やかに描き出している。

『都市と農村』

岡正雄が柳田のもとを去った昭和三年の秋、朝日新聞社は「朝日常識講座」全十巻の刊行を開始する。すべての巻の執筆を朝日新聞社内部の人材だけでまかなったこの講座は、全巻の予約部数十六万部という当時としては驚異的なベストセラーとなった。論説委員柳田もまた、第六巻の『都市と農村』の執筆を担当している（昭和四年三月刊）。

『都市と農村』は、日本の都市の成長の歴史をたどりながら、「都市と農村との将来の関係が如何にあるべきか」（16―二四一）という問題を検討したものである。日本の多くの都市は、農民の一定の経済的要求にこたえ、また過剰労働力を吸収するために、農村の延長として生まれてきた。その意味では、「町作りは乃ち昔から、農村の事業の一つであった」（16―二四九）。今日の農村衰微の問題は、都市商業資本が過度に膨張した結果、本来農村の出先機関に過ぎなかった都市が、逆に農村を経済的に支配するようになったところから生じたものである。

しかしながら、農村衰微の原因である商業資本の拡大を推進したのは、実は農民たち自身であった。農民たちは、農村と都市の力関係の逆転をむしろ積極的に歓迎していたのである。柳田はその理由を、人間世界の理想のありようを都市に求める農民たちの願望の中に見出している。かつて農民たちは、「あらゆる生活の理想を目にも見ぬ都に集注」（16－二九一）していた。都は「多くの田舎人の心の故郷」（16－二四三）であり、「今でも都は我々を曳く綱であり、又夢の花苑でもある」（16－二四四）。柳田は、日本の都市が生まれた経済的な過程をたどると同時に、都市の成長を促進する動力となった農民たちの心情の世界に分け入っていく。「都とは、農民の心的世界の中で、一つの理想郷としてあった」（天艸一典「柳田国男―農政学から民俗学への展開」）のであり、都市を生み出したのは、「現世の苦楽を超えた、完全なる世界」（同）を希求する農民の情熱であった。

このように、都市を生み育ててきた農村の「固有の力」（16－二四六）を振り返りながら、柳田は、将来の都市と農村のあるべき関係として次のようなことを提案する。まず、これからの都市は、余剰労働力の吸収という本来の役割を適切に果たすために、「自由なる未開地」である「海」に向かって進出する道を探らなくてはならない。外部へと向かう拠点としての都市はまた、かつて農民が都市に対して期待した慰安・休息の場所としても機能することが望ましい。

一方農村は、長い間の自給自足経済の経験を生かして主体的な消費計画、すなわち文化基準を確立し（「私の謂う消費計画は、別の語でいえば文化基準の確立である」16－三八四）、国の経済・文化を主導していくべきである。農村生活者が、「世の流行と宣伝とから独立して、各自の生計に合せて如何なる暮し方をしようかをきめてか丶る風が起れば」、中央都市の支配から脱することができ、あるべき「地方分権の基礎」が固まるのである（16－三八四～三八五）。都市が情報拠点、慰安・休息の場であるとすれば、農村は「志気の剛強なる者の国の為に、努力し且つ思索する場所」（16－三九一）となるべきであろう。この分業こそは、都市と農村の未来における望ましい関係である、と。

「常民」という概念

『都市と農村』の冒頭部分で、柳田は「我々常民の先祖は随分よく苦しみ、又痛切なる色々の実験をしたが自身ではそれを書残して置いてくれなかった」（16－二四一）と述べている。この頃から柳田は、「常民」という概念を前面に出して、その生活史を研究する必要性を強調するようになる。

「常民」は、柳田学の鍵となる概念であり、その理解をめぐっては従来さまざまな論議がなされてきた。それは、柳田自身の中でも「常民」という言葉の用法に揺れがあったためである。柳田がこの言葉を使い出したのは、明治末から大正の初め頃で（「「イタカ」及び「サンカ」」（二）・明治四十四年、「山人考」・大正六年など）、その当初は、「山人」に対する「平地人」、山中漂泊民に対する定住農民の意で使われていた。

「国民の最大多数、殊に兵士を構成する常民」（29－三〇六）のように、「国民の大多数層」（10－七七）を指す言葉として「常民」がしきりに用いられるようになるのは昭和の初め頃で、これが概念として定着するのは昭和十年前後のことである。その頃までは、「平民」「庶民」「普通人」「多数百姓」といった言葉も同様のニュアンスでしばしば用いられていた。『郷土生活の研究法』（昭和十年）の中では、「常民即ち極く普通の百姓」は、「オモダチ」や「オヤカタ」という村の上層部（名家）と、「諸職」「諸道」と呼ばれる非農民、漂泊民との「中間にあって、住民の大部分」を占める者とされている（同書の当該部分は定本未収録、単行本では二一五～二一六頁）。「常民」が定住農民のイメージと重なる一方で、柳田は都市に住む非農民である自分自身を含めて、「我々常民」という言葉を用いることもあった。

当初は農村共同体の中堅層に比定されていた「常民」概念は、やがて「平凡人」、「凡人」、「常人」といった類義語と交錯しながら、「より普遍化された抽象概念」（伊藤幹治《みきはる》）としてとらえ返されていく。昭和三十二年に行われた座談会の中で、荒正人《あらまさひと》の質問に答えて柳田は次のように述べている。

庶民をさけたのです。庶民には既定の内容がすでに定まり、それに理屈はいくらでもあるのですが、常民には畏れおおい話ですが皇室の方々も入っておいでになる。普通としてやっておられたことなんです。〔中略〕庶というときにはわれわれよりも低いもの、インテリより低いものという心持ちがありますし、常民というときは英語でもコンモンという言葉を使う。コンモンスという言葉は卑しい意味はないのだということをイギリス人はなんぼ講釈したかわからない。〔中略〕ですから私は庶民という言葉を使いたくなかった。平民という言葉は士族という言葉と対立するので、それも使わないとすると、なにかイギリスのコンモンという言葉が使いたいというので、私よりおそらく渋沢君などのほうが早いかもしれませんけれども、それを是認したのはわれわれで〔以下略〕。

（座談会「日本文化の伝統について」『民俗学について　第二柳田国男対談集』）

「普通としてやっておられたこと」というのは、日本のごくありふれた生活文化の全般を指している。ここにおいては、「常民」は実体的な概念ではなく、むしろ「常民性」（竹田聴洲《ちょうしゅう》「常民という概念について」）とでもいうべき普遍的な抽象概念に変容しているように見える。柳田の監修による『民俗学辞典』（昭和二十六年）では、「常民」とは「民間伝承を保持している階層をいう」とされており、日本民俗学界の内部では、「常民を抽象的な文化概念として把握する傾向」が「中心的な見解」となっている（宮田登『日本の民俗学』）。

こうした見解は、「日本の民俗学」（大正十五年）における「国民の中の旧分子」、「田夫野人はまだ大多数であって、時あっては我々新人自身の、胸の中にさえ住んで居る」（25－二五七）といった理解や、『民間伝承論』（昭和九年刊）における「民間（ポピュレール）」の定義、すなわち「有識階級」的な心意と対をなす「古風な慣行や考え方」（25－三四二）の保持者という定義の延長上に立つものである。その一方で、柳田自身の常民観は「文化概念」にまでは拡大されておらず、彼が特別の愛情を注いだある種の人びとを拾い上げるための概念が「常民」であったことを忘れてはならないという見方をとる論者も多い（和歌森太郎、神島二郎、後藤総一郎など）。

なお、座談会における柳田の「渋沢君などのほうが早いかもしれません」という言葉は、昭和十七年に澁澤敬三が自らの運営するアチック・ミューゼアムを「日本常民文化研究所」と改称したことを指している。澁澤自身による「常民」の定義は、「庶民・衆庶等の語感を避け、貴族、武家、僧侶階層等を除くコンモンピープルの意として用い出せるもの、農山漁村のみならず、市街地を合せ、農工商等一般を含むものとして、敬三の作出にかかる」（中山正則編『柏葉拾遺』）というものであった。

「聟入考」

柳田の提唱する常民生活史研究は、既成史学では手つかずのまま放置されていた領域に、全く新たな方法で切り込むものであった。「文字以外の地方史料」による「我々多数の者の祖先の生活」（25―一三一～一三二）を明らかにするという、郷土研究会時代から温められてきた構想は、いよいよ実現の段階に入ったのである。この時にあたって柳田が、既成の講壇史学に突きつけた挑戦状ともいうべき著作が、昭和四年十月に発表された「聟入考」である。

この論考の主題は、地方に残る婚姻習俗の比較研究をもとに、「聟入婚」が前代の標準的な婚姻方式であったことを説くことにあった。柳田によれば、「結婚」という用語が一般的なものになる以前、日本には「婚姻生活の開始」を意味する語はなかった。しかし、近世の中流階級以上の家庭においては、新婦の引き移り（嫁入り）をもって婚姻生活の開始としていたので、彼らの間では「ヨメイリ」という言葉は事実上「結婚」という語と同義であった。一方では、婚姻の成立後、かなりの時日を経過してから嫁を婿の家に送るという風習が一部地方に残存しており、これは古い時代ほど広範囲に行われていた。すなわち、婿が嫁の家を訪れて嫁の親と親子の契りを交わす儀式（初聟入）をもって結婚の成立と見なす「聟入婚」がそれである。この方式においては、「嫁入は決して結婚では無く、単に結婚後の或一つの手続に過ぎぬ」（15―一六二）ものであった。

明治の民法は、前者の方式に合わせて婚姻制度を統一したため、現在では嫁の引き移りに伴う儀式のみを「挙式」と称し、「嫁入り」の後に「送籍」（法的な婚姻手続き）することが一般的となっている。その結果、「聟入婚」の慣行を残している地域では、「法制と社会生活の実際」が整合せず、それまでは見られなかった「内縁の妻、多くの戸籍上の私生児等」の問題の処理に国が悩まされるという事態が発生している。これは、武家階級の間で発達した「嫁入り婚」を、我が国の標準的な婚姻方式と見なして行われた制度改革がもたらした弊害である。柳田は、そのように述べている。

「聟入考」という論考は、将来の生活改善計画と常民生活史の研究とがどのように結びつくかを示した一つの実践例と見ることができる。と同時にそれは、多数国民の生活という大切な事実に無関心な既成史学に向けられた鋭い批判の書でもあった。

「聟入考」の中で柳田は、文書記録に記されない生活や、文字と縁のない階級の風習を、「歴史」とは関係ないものとして放置する既成史学の態度を厳しく批判している。

　自分は今日の史学の先生の中に、国史というものは優れたる人格の自ら意識して為し遂げたる主要事績だけを、跡付けて居ればそれでよいと、言った人のあることを知って居る。そう考えて居られゝば楽でよかろうが、然らばこの微々たる無名氏の、無意識に変化させた家族組織の根軸、婚姻という事実の昔今の差異は国史の外かどうか。（「聟入考」15－一五四）

そもそも、「主要なる事績」というものは、一体誰が、何を基準として決めるのか。たとえば、国民の大多数を占める平民の生活の変遷は、常識的に考えれば「随分主要」なものではないか。それが、

「優れたる人格の意識した行動で無いから、国史で無い」というなら、平民の結婚制度が昔と今ではどう違うのかといった疑問には、一体どの学問が答えればよいのかと、柳田は問いただす。そして、日本人の体質や気質に大きな影響をもたらした衣食の変化、たとえば「麻から木綿モスリン人造絹への流行移動、飯の炊き方や温かい食物の嗜好、膾を棄て、刺身に向った経緯など」は、文書記録を「史実を表示する唯一の手段」と考える既成史学の方法では解明することは難しいと主張する。

平泉史学批判

柳田は明示していないが、ここで槍玉に挙げられているのは、国史学者で神道家の平泉澄《きよし》の歴史観である。論文「聟入考」は、昭和三年三月に東京大学山上会館で開催された史学会における講演「婚姻制の考察」がもとになっている。この会の世話人をしていたのが、当時東京帝国大学国史学科助教授であった平泉澄である（「窓の燈」11－四九八）。講演を聴講した岡正雄によれば、柳田は平泉を前において名指しでその論文を批判したという（「平泉さんを前において東大史学科の某氏がこういう論文を書いているといって、目の前でやっつけるんですよ。これは激しいものだったですよ」・「柳田国男との出会い」）。「聟入考」の中で柳田が引き合いに出している「国史というものは優れたる人格の自ら意識して為し遂げたる主要事績だけを、跡付けて居ればそれでよい」という意見は、おそらく平泉の次のような考えを指している。

歴史は明かに高き精神作用の所産であり、人格あって初めて存し、自覚あって初めて生ずるものである。〔中略〕それ故に未だ自覚する事なく、志尚立たざる者に於いては、歴史は未だ存しない。酔生夢死の徒輩は、遂に歴史と無縁の衆生である。

（『国史学の骨髄』昭和二年六月）

平泉のいう「人格」とは、具体的には国家のために尽くした先哲・忠臣・義士を指し、その代表者がたとえば『神皇正統記』を著した南朝の忠臣、北畠親房であった。平泉によれば、日本の歴史とは、とりもなおさず万世一系の天皇の統治する「国体」の歴史である。そして国史学の任務は、国家護持に身を捧げた「人格」の事績を跡付けることによって、歴史を貫く「冥々の力」（＝日本精神）を確証し、それを新たなる創造の精神として活かしていくことにある。このように考える平泉においては、歴史とは少数の自覚者が創造していくものであって、歴史に参与するという自覚を持たない無名の多数者には、そもそも歴史は存在しない。平泉の歴史観のそうした徹底性をよく示すのが、日本経済史・農民史を専攻し、東北大学教授を務めた中村吉治《きちじ》の語る次のような逸話である。

卒業論文に農民史をやろうと腹がきまったのは二年生の後半だった。三年になるともう的をしぼって史料あつめにかかる。夏休みの前に、慣例だということで、同級生一同そろって当時の助教授のお宅に参上、それぞれ論文の主題を申しのべて、助言を頂き、承認されるという段取りになった。私の番になって、未だ学界にも少いことをやるんだという風な気負った勢いで腹案をのべたところ、先方はまことに冷然として、しばらく沈黙ののち、百姓に歴史がありますかと一言。これにはとまどって何もいえない。すると冷笑の見本のように唇を動かして、豚に歴史がありますかときた。私は黙っていた。つぎと声がかかって交代した。やがては皇国史観とやらで天下をとった感のある先生だったが、何とも複雑な気持で小石川から本郷に歩いて帰ったその夜のことを忘れない。

（中村吉治「歴史と私・農民史への出発」）

これは、「昭和三年、東京帝国大学で」確かにあった出来事だったと中村は回想している。中村は、同郷の先輩である有賀喜左衛門を通じて柳田ともつながりがあり、昭和五年には柳田の後援のもと、池上隆祐、有賀とともに雑誌『郷土』を発刊している。

ここで中村吉治の逸話を引用したのは、決して平泉を貶めるためではない。むしろその見事なまでに徹底した信念が、柳田と平泉の互いに相容れない歴史観の対照の妙を浮かび上がらせていると思われたからなのである。平泉にとって歴史は「高き精神作用の所産」なのであって、豚に歴史はないのは当然のことであった。

ところが柳田は、まるで平泉に当てつけるように、家畜に歴史があることは誰でも知っていることだと述べている。「豚に歴史がありますか」の一件から四年後に書かれた「狼史雑話《ろうし》」（昭和七～八年）の中で、柳田は「狼にも歴史が有るかどうか」という問いを立て、次のような論を展開している。

この世に狼という動物が発生して以来、彼らがいつも全く変わらぬ生活を繰り返して今日に至っているのなら、彼らには歴史がなかったといえるだろう。家畜のように、人に飼われてだんだんと改良してきたものに歴史があることは、誰もが知るところである。ところが人は、「野外の動物」だけは「原始以来千篇一律の生態」を続けていると速断しがちである。しかし、たとえば燕は家の梁に巣をかけるが、それならば家というものができてから燕という鳥が発生したのか。あるいは、巣がかけられないように家のつくりが変わったら燕という鳥がなくなるかといわれれば、否というほかはないだろう。魚でも小さな虫でも多分同様で、以前と同一の生きかたを続けていくことができないのは、むしろ普通であろう。単に人間が気づかないだけで、動物にはみな歴史がある。中でも狼の社会は確かに変遷している。何よりもまず、彼らは日本においては消滅した。すなわち、「彼等の国は亡びたのである。是が彼等の歴史でなくて何であろう」(22－四四〇)。

柳田が、平泉の「豚の歴史」発言を聞き知っていたかどうかは明らかでない。中村は、有賀喜左衛門と柳田國男という「豚を愛する人々」(中村前掲書)の存在に勇気づけられながら、卒業までを頑張り通すことができたと言っている。柳田は、あるいは中村の口からその一件について聞かされていたのかもしれない。柳田は、狼の歴史は「人類が知って参考としなければならぬ一つの大切な「治乱興亡の跡」であったように、私たちには考えられるのである」(22－四四一)と述べている。さらに「史学」はどんな重要な事がらでも、記録がないものは知りようがないと、「すぐに諦めてしまう悪い癖をもって居た」(22－四四二)とも言う。これらは明らかに、平泉史学的な歴史観に対する当てこすりである。

動物にも歴史がある

柳田の言う「動物の歴史」は、決して単なる比喩ではない。日本において狼が滅亡したのが「自然の大法則」の一つの現れであるなら、同じような因果の連鎖はあらゆる動物の上にも働いているに違いない。人類だけは「壊れかかった社会を再組織して、新たな繁栄を期する能力」があると人は信じているようだが、それとても五十歩百歩の差に過ぎないと柳田は言う（22－四四一）。あるいはまた、こうも述べている。現在の人類学は、哲学や史学に遠慮して、その研究対象を「動物としての人」に限定している。確かに人は他の動物と比べて「賢い動物」である。「考えてどこ迄も其社会を改造して行ける動物」であり、「神を懐《おも》い死後を信じ得る動物」である。しかし、要するにそれだけのことであって、人が動物であることに何の変わりもない。「自然の現象としての人類を知ること」に、哲学だの史学だのといった中間の仕切りを設けることはできない（『民間伝承論』25－三四八）、と。このように、人間と動物を等しく歴史の「主体」と見る柳田の発想は、彼が人間の社会集団を好んで「群」と呼ぶところにもよく現れているだろう。

敗戦後の昭和二十一年に書かれた「家を持つということ」（単行本『婚姻の話』所収）で、柳田はこんなことを述べている。自然と人生とはそれぞれ別々の道を進み、時として二つは対立相克するように思っている人が多い。しかし「国破れて山河在り」というのは、確かな根拠もなく何となくそんな気がするだけのことで、実は「人生を自然の現象の片端と観ずる練修を、我々が怠って居た」（15－七）ことを示しているのである。静かに観察してみれば、「自然そのものも亦成長して居る」。「時と内外の力のかねあい」によって、「変るべきものは変らずには居なかった」のである（同）。

同様の考えは、さきに引いた『山の人生』の自序でも、「天然の現象の最も大切なる一部分、即ち同胞国民の多数者の数千年間の行為と感想と経験」（4－五七）という言い方で示されていた。人間の身体の働き（行為）、精神の働き（感想）、外界への作用・反作用の全体（経験）は、等しく自然の一部分である。人間の歴史だけが特別なもののように思えるのは、それがわれわれにとって最も切実な関心対象（「最も大切なる一部分」）であるからで、自然の部分であることにおいては他の自然現象と変わるところはない。柳田は、そのように考えている。

平泉は、歴史の主体は自覚した精神であると主張する。神道家であった平泉にとって、歴史を創造する「自覚」とは、とりもなおさず神道の信仰そのものを意味していた。平泉によれば、「国体」の歴史を貫く国家護持の精神こそが神道の本質である。それゆえ国史研究の意義は、史実の実証を通して神道の理念を明らかにすることにある。「皇国史観」と呼ばれるこの考えは、昭和十年代には、歴史学界のみならず、軍人や政治家の間でも圧倒的な影響力を持つようになる。

一方、柳田の考える神道は、「自覚」とは正反対の「無意識」のうちに伝承されてきた常民の信仰にほかならない。精神の自然的基底ともいうべき「無意識」の中に伝わる信仰こそが、本来の意味の神道であるというのが柳田の一貫した主張である。しかし、神道の本質を、「自覚」から生まれる「高き精神作用」に見出す平泉は、最後まで柳田の説く無意識の伝承の価値を認めることはなかった。昭和三十三年（柳田八十四歳の年）に書かれたエッセイの中で、平泉は次のように述べている。

皇国の一大事因縁を忘却する時、神道は単なる原始宗教か、又は低劣なる民俗に堕するであろう。いかにもそれは、本来神道と無縁のものではないだろう。しかも日本の国家建設と共に、神道は向上し、高揚せられた。「日本」なる国家は、神道に於いて、荘厳浄土に外ならぬ。

（「神道の眼目」）

日本民俗学の確立――『明治大正史・世相篇』『民間伝承論』

『明治大正史・世相篇』の刊行

昭和五（一九三〇）年十一月二十日、柳田は朝日新聞社論説委員を辞任する。十年後に朝日賞を受賞した際の記念講演で、柳田は辞任の理由を次のように説明している。

其頃も私は傍らに斯ういう骨折な仕事〔注、民俗学の研究を指す〕をもって居ました為に、本職の方は惰《なま》けられる限りなまけて居ました。しかし如何に同情者の多い居心地のよい新聞社であっても、是ではあんまりだろうと自分から気が咎《とが》めて、辞職をしてしまいましたが〔以下略〕。

（「民俗学の三十年」24－五〇八）

これによれば、朝日新聞社との間に何かトラブルがあったというわけではなく、研究と記者生活との両立が体力的に難しくなってきたことが辞任の理由であったらしい。

最後の社説は、不況対策として銀座に大規模な露店街を設けるという計画を痛烈に批判した「生産増進と夜店政策」（九月十四日付）であった。この計画の中に柳田は、相も変らぬ悪しき「友食い」の経済構造を読み取っている。小売商や不要不急のぜいたく品の生産者からすれば、好況とは浪費の別名である。彼らは流行の創出や宣伝によって「消費余力」を「勝手次第」に操作し、見かけの好況を作り上げてきた。「銀ブラ人士の気軽な消費者心理」を刺激して金を落とさせようとする夜店政策もまた、小売商人の後押しをして一般消費者に不必要な消費を強いるものであり、健全な生産政策とは程遠い。柳田はそのように述べている。

新聞社を退いた柳田は、かねてより執筆を進めていた『明治大正史第四巻・世相篇』を完成させる（十二月三十一日校了、昭和六年一月刊行）。朝日新聞社の企画した『明治大正史』全十巻の一冊である『世相篇』は、『都市と農村』（昭和四年三月）と並んで、彼の論説委員としての活動の総決算ともいえる著作である。

論説委員時代の柳田は、社説・講演を通じて「時局の批判討究」（「政治生活更新の期」29－五二）の論陣を張る一方、「現代生活の難問題」（『青年と学問』25－一九七）を解明するための新たな歴史の学問の構築に心血を注いでいた。『世相篇』は、彼が社説の中でとり上げてきた眼前の社会現象が、前代の生活の中からどのような変遷を経て生じてきたかを明らかにしようとする実験的な試みであった。『世相篇』の序文の中で、柳田は彼の試みる「世相を解説する史学」（「史学と世相解説」24－一一四）の方法について、次のように述べている。

自分は現代生活の横断面、即ち毎日我々の眼前に出ては消える事実のみに拠って、立派に歴史は書けるものだと思って居るのである。（24－一一九）

我々の眼前に現れては消える事実、すなわち現在の生活の横断面の諸事象はそれぞれその起源を異にしている。たとえば、電灯が普及した現在においても、地方にはランプの宿もあり、祭りに松明をともす風習もある。電灯、ランプ、松明は同じ時代の事象ではあるけれども、それを起源の古い順に並べればそのまま縦の歴史の記述となる。『世相篇』で試みられているのは、文書記録には残ることの少ない「生活の最も尋常平凡なもの」（24―一三〇）の推移を、現在の事実の観察をもとに浮かび上がらせることであった。

このやり方は、すでに「蝸牛考」や「聟入考」などで意識的に用いられ、一定の有効性が確かめられていた。「聟入考」では、「行く〳〵或は現社会相の横断面が、久しい前代の生活過程の投影であることを証明し得て、今のように不安な演繹論法の、御厄介にならずに済む時代が来るかも知れない」（15―一九〇）と述べられていたが、『世相篇』はこの方法を、「明治大正史」という「歴史」叙述の基礎に据えることをはっきりと宣言した点において、柳田学にとっての記念碑的な著作であると言ってよい。現在の事実を観察・記述し、その異同を比較することによって時間的推移をあとづけるという、『世相篇』で明示された方法は、のちに「比較研究法」「重出立証法《ちょうしゅつ》」などと呼ばれて、日本民俗学の基本的方法と見なされることになる。

『世相篇』は、明治・大正という時代を通じて、「国民としての我々の生き方が、どう変化したかの問題」（24―一三五）を、誰もが直接に経験してきた事実、「何人も知り切って居る莫大なる事実」（同）をもとに描き出そうとする。その内容は、色彩感や物音の時代的推移を扱った「眼に映ずる世相」から始まって、学問と公民教育の発展に期待をかける「生活改善の目標」まで、全十五章からなっている。叙述の節目に挿入された写真（全部で八葉、ただし『定本柳田國男集』では省かれている）も印象的である。日本史専攻を志した頃にこの「破天荒の歴史」に出会って驚嘆したという和歌森太郎は、本書の内容を次のように紹介している。

まず「眼に映ずる世相」と題して、色彩感の歴史から、衣食住、風光景観以下恋愛と結婚の変化や家族関係、労働問題、貧乏と病気等々にいたるまで通常の歴史がほとんど目をくれなかったような、しかし人間にとって切実な問題をとりあげて、前近代的なものから近代的なものへ推移する間の、生活の微妙な動きを描写しているのである。

（和歌森太郎「柳田国男著『明治大正史・世相篇』」）

和歌森の指摘するとおり、『世相篇』は、日本の近代化という大変革を、「生活の微妙な動き」においてとらえたものである。そしてこの書の本領は、まさにその「微妙な動き」のとらえ方の中にある。

色彩の「近代化」

たとえば、第一章では「色彩にも亦一つの近代の解放があった」（24－一三六）として、明治・大正における衣服や調度の色彩の変化が語られる。明治以降、人びとの身にまとう衣装の色彩はどんどん華やかになっている。しかしかつての日本は、色の種類の貧しい国といわれ、明治の代に入るまで、色を表す言葉は外来語も含めて四十にも満たなかった。その理由の一つは、実際に作り出して「身に装う」ことのできる色がきわめて限られていたという技術的な制約である。柳田はこれを「天然の禁色」と言い表している。そしてもう一つは、国の制度としての「禁色」である。希少な染料を必要とする、ある種の美しい色は、庶民の使用が禁止されていたのである。しかしながら、これら二つの制限は、四民平等の世となり、また化学染料が知られるようになっていずれも解除され、人びとの空想の中にあった数限りもない色彩が現実のものとなった。今日の人びとが「多くの鮮麗な染色模様」を身にまとうことが出来るのは、つまりは西洋から輸入した科学技術と平等思想の賜物である。柳田の考える色彩の「近代化」は、まずはそのように要約される。

しかし柳田は、明治・大正の時代に色彩の上に起こった変化は、西洋近代文明の移入ということだけでは説明しきれないと考える。柳田によれば、すでに明治以前において、職人たちの染色の技術は高度に成熟しており、たとえ一つの色が禁じられていても、それに代わる第二の「それよりも珍しく、又上品なもの」を作り出すことができたのである。だから、もし人びとが望むなら、「明治の新世紀」に入るのを待たずして、人びとは多くの色を自由に身にまとうことができたはずだと柳田は言う。

そうであるにもかかわらず、江戸時代の多くの人びとは、「鮮麗なる染色模様」を日常の用に供しようとはしなかった。人びとは「澄んだ明るい色合」を避け、「わざ〳〵樹蔭のようなくすみを掛け、縞や模様までも出来るだけ小さくして居た」(24－一三八)。こうした好みは、農民も町人も異なるところはなかった。しかもこれは、質素倹約を考えてのことでも、貧しさゆえの不如意のせいでもなかった。むしろ我々の先祖たちは、「色に貧しかった」のではなく、「強いて富もうとしなかった形跡がある」。柳田はそのように指摘し、常民が「鮮麗」な色を日常の使用からあえて遠ざけていた理由を、「聖俗」の区別に求めている。

日本は天然の色彩の変化に富む国であり、我々の祖先の色彩に対する感覚は極めて鋭敏であった。彼らは、蝶や小鳥の翼、燃える炎、虹の架橋、夕焼け空や曙の雲の彩のような、模倣しがたい感動的な色彩を、別世界のもの、聖なるものと解していたのである。ことに彼らの宗教的な恍惚体験は、しばしば「鮮明」な色彩、「細緻なる五色の濃淡配合」で彩られていた。すなわち、「天然に養われたる此国民の宗教心は、常にこの種の異常色彩によって、目ざめ又必ず高く燃え立つように出来て居た」（24－一三九）のである。そうした感動や興奮は、もちろん人生において必要なものである。しかし、興奮状態が過度に繰り返されれば、それは耐えがたき疲労をもたらし、日常生活を妨げるものとなる。それゆえ人びとは、木陰のようなやや曇った色を愛して日常の安息を保っていたのである。

たとえば、現在では台所の前掛けにも用いられる「白」は、本来は「忌々しき色」であり、神祭りの衣か喪の服以外には身につけることはなかった。それは「白」が「目に立つ色」であり、「清過ぎ又明らか過ぎた」ためである。「白」を忌避する風習が失われてきたのは、一つには外国文化の影響でもあろうが、より大きな理由は、我々の生活の中で「晴」と「褻《け》」の区別が失われてきたことにある。すなわち、もとは宗教的な意味を持っていた「稀に出現する所の昂奮」の意義を、人びとが次第に軽く見るようになってきたからである。

心づかいの歴史

人びとは自然界の美しい色彩に憧れ、それを模倣することを願った。しかし、自然の色彩は、それが模倣しがたく手に入れがたいものであるからこそ、美しく感動的なのである。それゆえ人びとは、自然の色彩の模倣を願う一方で、意識的にそれを、憧れの領域、聖なる領域にとどめておこうと欲したのである。あたりまえのように鮮やかな色彩を身にまとう現代の人びとの色彩感は、自然の色彩を模倣し、手に入れたいという願いの延長上に成立したものである。人びとは、美しい色を手に入れる方向と、それを聖なるものとして禁忌の対象とする方向との、二つの選択肢の間で揺れ動いていた。今日の世相は、長い時間をかけて繰り返された無意識の選択において、前者が後者を少しずつ上回ってきた結果であることを示している。

とはいえ、後者が消滅していくことが歴史の必然であるというわけではない。現代人は、美しい色に対する欲求の実現を自明のことのようにして暮らしている。しかしその意識の下には、感動を特別なものとして区別してきた以前の人びとの感覚が息づいている。柳田は、以前の人びとの感覚を残留させている現代人の意識のありようを次のように言い取って、色彩感をめぐる一連の叙述を締めくくっている。

実際現代人は少しずつ常に昂奮して居る。そうして稍々《やや》疲れて来ると、始めて以前の渋いという味わいを懐かしく思うのである。（24—一四〇）

益田勝実は、木綿の衣服の普及につれて「女性の姿のしおらしさが、遠目にも眼につくようになった」、「細かな内々の心遣いが、掬み取らるゝことになった」（24—一四六）という『世相篇』の記述をとり上げ、「これは外形としての〈衣〉の歴史ではない。着物をめぐる心の歴史である。人間の心づかいがありありと息づいている」（東洋文庫版『明治大正史・世相篇』解説）と評している。

益田をはじめ何人かの論者が指摘するように、物や制度の変化とともに、その変化と相関する人の心の動きがとらえられているところに、『世相篇』の「歴史」書としての新しさがある。その心の動きには、生活感情や知的な理解だけでなく、視覚、味覚など五感による感知も含まれる。人間が身心の働きをもって外界と相渉る仕方（＝生き方）を広く「思想」と呼ぶならば、『世相篇』は文書によって自らの思想を表現することのない無名の多数人を主人公とする、近代日本常民思想史の試みであったということができるであろう。

「第二の故郷」を求めて

このように『世相篇』は、人びとの生活風景に現れるさまざまな変化を記述している。しかもそれらの変化は、決してばらばらで偶然的な出来事ではなく、相互に関連しながら一つの大きな流れを形づくっている。『世相篇』において、「柳田の微視の眼で人間史をとらえる方法」（益田勝実・旺文社文庫版『雪国の春』「代表作品解題」）が全体として浮かび上がらせているのは、古い共同体が解体しつつある一方、新たな人間共同のあり方は模索の途上にあるという、「世の中の変わり目」（24－一三三）の動きであった。

すでに見たように柳田は、土着定住して共同生活を送ることが、「幸福なる生活」の基礎をなすものと考えていた。土地と人を結びつけるものは農業であり、人びとが結束・団結する単位が家である。

かつてどこかから稲を携えてこの列島にわたってきた人びとは、漂泊の果てに新たな故郷を見出してそこに定住し、農業を生業として安定した生活を営んできた。

我国民の生業は古くから農業を以て主として居た。そして春種子を蒔いて秋収穫を待つ農業は、其自身定住したものであり静止したものである。農業は一面また労働力の結束を必要とする生業である。つまり我国民は古くから、一定の結束した人数が各々共同して、即ち一家族をなして定住して居たのである。

（「農村家族制度と慣習」15―三五五）

この「定住し」、「静止した」生活は、戦乱や大災害、あるいはその土地で養いきれないほどの人口増加などが起こらない限り、動揺することなく先祖から子孫へと受けつがれていく。農業を営む家々の集まる村落という土着の生活共同体は、戦国時代の終わり頃から数百年にわたって安定して維持されてきた。しかしそれが、明治・大正という「世の中の変わり目」にあって大きく動き始めている。いうまでもなくこの「変わり目」とは、個人の自立、工業化、都市化など日本社会の近代化にともなうさまざまな変化の相を指している。『世相篇』において柳田は、日本社会の近代化過程を、定住していた人びとが土着の生活共同体を離れて漂泊・移動を始め、次なる定住・共同生活のあり方を模索する、試行錯誤の過程としてとらえたのである。

何世代にもわたる土着の共同体を、柳田は象徴的に「故郷」という言葉で表している。『世相篇』の口絵には、大正末期に次々と開発された「学園都市」とおぼしき新興住宅地の航空写真が掲げられている。柳田自身が終の棲家と定めた成城学園都市も、そうした新興住宅地の一つであった。その航空写真には、「第二の故郷」という表題がつけられている。『世相篇』をつらぬく基本モチーフは、膨大な数の日本人が、かつての「故郷」の生活を離れ、新たな定住生活を営むために「第二の故郷」を求めて大移動を続ける壮大な歴史の物語なのである。

『世相篇』において柳田が描き出す感覚や心理の微妙な動きは、いずれもこの大きな物語のディテールである。たとえば、祭りの日に村中に漂う食べ物の香りの変化についての記述は、村落共同体が解体し、家々が孤立していくという出来事を感覚の面からとらえた表現である（24－一六〇～一六二）。また、温かい食べ物、やわらかい食べ物が増えてきたのは、「竈の分裂」（24－一六四）、すなわち家が小さくなり（夫婦家族化）、個人が自立していく傾向の現れである。自然経済が崩れた結果、農業では伝統的な「家」のシステムを維持できなくなった（24－三二九）。その結果、職業と家庭が一体となったそれまでの「家」は分裂し、人びとは「新たなる家々の第一祖となろうという意気込」（24－三二一）をもって故郷を離れ、新天地をめざして移動を始めている。分裂して家が小さく身軽になったことが、その動きに拍車をかけている。家の分裂はまた、「家庭の孤立」（24－三二五）をもたらし、それが親子心中などの社会問題を引き起こす原因ともなっている。

「一等むつかしい宿題」

このように柳田は、新聞の社会面をにぎわした事件や自身が新聞社説で問題とした出来事（たとえば「金歯」の流行）をとりあげながら、人びとが第一の故郷を離れ、「第二の故郷」を求めて漂泊する過渡期の時代相を描き出している。過渡期の混乱は、貧困や病などさまざまな苦難を人びとに強いている。その困難を克服し、人びとが安定した生活を打ち立てるために最も必要なことは、「共同団結」を取り戻すことだと柳田は言う。「団結は最初から共同の幸福がその目的」(24－三七七)だったのであり、「共同団結に拠る以外に、人の孤立貧には光明を得ることは出来ない」(24－三七九)と考えたからである。

そして柳田は、新しい時代の団結・共同を実現する手立てとして「選挙」制度に期待をかけたのである。『世相篇』の最終章「生活改善の目標」の冒頭には、「一等むつかしい宿題」と題された写真が掲げられている。小学校校舎の入り口に立てられた黒板に、「来《きた》る二十日は衆議院議員の総選挙の日です」から始まる文章が書かれており、五、六年生とおぼしき十人ほどの学童が真剣にそれに見入っている。

昭和三(一九二八)年二月二十日の第十六回衆議院議員選挙は、初めての普通選挙による総選挙であった。選挙会場に選ばれたこの小学校では、児童のために選挙の意義を書いて示したのであろう。児童の陰になってところどころ文面が読み取れないが、「外国にまけない立派な国」にするために、「私共は一生懸命勉強して大きくなったら」、「立派な人を選挙しなければなりません」という趣旨の文章であることがわかる。対立する都市と村落、孤立する家々、ばらばらになって浮動する個人を、再び統合して「土地ニ於テ幸福ナル生活」(28－三〇二)を回復するという「一等むつかしい宿題」は、未来の良き選挙人である子どもたちに託されたのである。

「第二の故郷」と「一等むつかしい宿題」という二葉の写真は、過渡期の日本社会が抱える課題を見事に表現しているように思われる。

学問の名称問題

『世相篇』自序の中で柳田は、眼前の事実の比較によって歴史を描き出す方法について、次のようなことを述べている。

此方法は今僅に民間に起りかけて居て、人は之を英国風にFolkloreなどと呼んで居る。一部には之を民俗学と唱える者もあるが、果して学であるか否かは実はまだ裁決せられて居ない。今後の成績によって多分「学」と謂い得るだろうと思うだけである。（24－一二九）

「一部には之を民俗学と唱える者もある」が、「学であるか否かは実はまだ裁決せられて居ない」と言っているのは、明らかに、柳田を差し置いて民俗学会に結集している研究者たちへの当てこすりである。しかし、「人は〔中略〕呼んで居る」とか「一部には〔中略〕唱える者もある」などと、まるで他人事のように語っているが、新しい史学の方法を積極的に「フォークロア」、「民俗学」の名で呼び始めたのは、実は柳田その人だったのである。『世相篇』の二年前に書かれた「聟入考」の中で柳田は、「近年漸く台頭せんとする日本民俗学」（15－一五六）が、いまだ史学の一部としての安定した地位を確立していないことを問題としつつ、次のように述べている。

そこで自分は其救解の策として、試みに今日行われて居る民俗学の一方法、普通にFolkloreと呼ばれて居る研究順序が、如何なる程度にまで史学を補助し得るかを説くべく、之を時代が要求して居る婚姻という一つの問題に適用して、少しく其例示をして見ようとするのである。（15－一五七）

すでに見たように、フォークロアの方法による歴史研究、史学としての民俗学という柳田学の枠組みは、大正の初めにはほぼ固まっていた。その頃柳田は、「郷土研究」という漠然とした呼称のもとに自らの研究を進めていた。しかし柳田が、「未だ曾て自分たちの携わって居る学問を、自ら此名称を以て呼んだことは無かった」（「郷土研究ということ」25-二一五）と断っている通り、彼は「専門の一つの学科」（同25-二一四）の名称として「郷土研究」の語を用いていたわけではない。「地方〱の平民の思想、及び之に伴う生活の変想」（25-一一）、「我々の父祖の何れより来り、何を信じ何を怖れ何を愛し何を願って居たかという一般的の状態と、その追々の変化」（25-一三三）を研究する新たな学問の正式名称は、長い間未定のまま放置されていたのである。

フォークロアとエスノロジー

この長く棚上げにされてきた名称問題に、柳田が正面から向き合うようになるのは、雑誌『民族』創刊（大正十四年十一月）前後のことである。『民族』には、歴史学、考古学、言語学、社会学、民族学など、さまざまな学問分野の研究者が集っていた。その編集方針は、「特に定義を立てず史学でも言語学でも、連絡があり関係があると思う分は、次々に包括して行けばよい」（「Ethnologyとは何か」25-二四〇）というものであった。『民族』の実質的な創刊の辞の中で柳田は、この雑誌が手がける「民族に関する学問」を特定の学問分野に限定するつもりはないと述べ、将来おのずと「何々学と名づくべき大なる一体」が作り上げられることへの期待を表明していた（「編輯者の一人より」30-四四六〜四四七）。

その一方で柳田は、この頃に行われた三つの講演（いずれも『青年と学問』に収録）において、雑誌

『民族』のめざす「日本民族の過去生活の真相」（30－四四六）を研究する学問が、具体的に「何々学」と名づけられるべきかという問題を検討し始めている。「郷土研究ということ」（大正十四年十月）では、「私たちの学問、即ち民族固有の思想と信仰と感情、此等のものから生れて来る国の歴史の特殊性の研究」（25－二二六）を説明するために、「郷土研究」という漠然とした名称を採用した理由が述べられている。そして、方法や対象において共通点の多いフォークロアという言葉を使わなかったのは、「従来のフォクロアの領域」（25－二二九）が、宗教儀礼や伝説・昔話などの人間生活のごく狭い部分に限定されていたためだったとされている。「日本の民俗学」（大正十五年四月）では、「自分としては今日迄、実はまだ此名称〔注、民俗学〕を使っては居なかった」とした上で、これから成長していく学問が「名無しの権兵衛」では不自由であるから、「仮に斯うでも言って置こうかと思案して居た所であった」（25－二四八）と述べている。

このように、大正十五年頃には「民俗学」という名称が有力な候補として浮かび上がっていたことがわかる。しかし柳田は、なおもためらいを示していた。というのも、当時「民俗学」という言葉は、「フォークロア」と「エスノロジー」のどちらの意味でも使われる曖昧な用語であった上に、柳田の構想する学問の内容は、これら二つの「民族に関する学問」のいずれとも、ぴったりとは重なり合わなかったからである。柳田が考える新たな学問の満たすべき条件は、（一）合理的な学問、つまり科学であること、（二）文書史料ではなく採集記録を基礎資料とする学問であること、（三）日本人が日本人を研究する学問、すなわちNational（国民的）な学問であること、（四）民族の前代を知り、それを将来の推測に役立てる歴史の学であること、の四つであった。

「フォークロア」は、自国の民間伝承を対象とし、採集を基礎としている点において（二）と（三）を満たすが、（一）の学問としての方法意識に乏しく、（四）の歴史への関心も希薄である。一方の「エスノロジー」は、文化の発展法則の把握をめざす科学であり、探検・調査記録を基礎資料とし、文字に記録されない前代文化を復元するものであることから（一）（二）（四）をほぼ満たすが、基本的に他民族（特にヨーロッパから見た未開民族）の文化の研究であることから、（三）の条件と一致しない。とはいえ柳田は、近年におけるエスノロジーが、（一）から（四）のすべてを満たす新たな学問へと進化しつつあることを指摘している。それはヨーロッパ文明の中に残留する「野蛮の痕跡」から、前代の文化の姿を浮かび上がらせるフレイザーの研究に典型的に現れている。柳田はそうした「エスノロジーの進歩」（25－二五六）を、「フオクロアとエスノロジーとの婚約であった」（25－二五四）と評している。柳田はおそらく、フレイザーの学問を一つの標識としていたのであろう。

しかし当時、フレイザーの学問の呼称としては、民族学、宗教学、社会人類学などの語が多く用いられており、「民俗学」という呼称が定着していた形跡はない。柳田は、異民族研究のニュアンスの強い「民族学」という語を避けたがっていたようである。「社会人類学」を用いたこともあるが、それも一時のことに終わった。「民俗学」という方向性だけは固まってきていたが、それに決定するにはまだ材料が不足していた。

『民間伝承論』と木曜会

旧『民族』の主要メンバーによって「民俗学会」が設立されたのは、柳田が「民俗学」という名称をめぐって試行錯誤を繰り返しているさなかのことであった。意中の有力候補であった「民俗学」という看板を何の相談もなく使われてしまったのであるから、柳田の心中が穏やかなものであったはずはない。「学であるか否かは実はまだ裁決せられて居ない」（『世相篇』24―一二九）という言葉は、拙速に（と柳田には思われたであろう）「民俗学」の旗を揚げた研究者たちに投げつけた、精一杯の皮肉であった。民俗学会設立という出来事は、柳田と若手研究者たちとの溝を深めただけでなく、柳田の中に「民俗学」という言葉を使うことに対する抵抗感を生み出した。両者の感情的わだかまりが頂点に達していた時期に行われた、実質的「民俗学」概論というべき講義に、柳田はあえて「民間伝承論大意」という耳慣れない題名をつけている（このときの配布資料は、昭和八年刊行の『民間伝承論』序となる）。柳田が自らの学問をはっきりと「民俗学」と呼ぶようになるには、それからさらに五年以上の歳月を要したのである。

昭和六（一九三一）年の半ば頃から、柳田と民俗学会メンバーたちとの冷え切った関係はようやく修復の兆しを見せ始める。この年六月に開催された國學院国文学会大会に柳田は講師として招かれ、「座頭文学について」と題する講演を行う。柳田の招請を提案したのは、折口信夫の門下生で柳田宅にも出入りしていた鈴木棠三《とうぞう》であった。「来て下さるかね」と心配していた折口は柳田の来演を喜び、鈴木の労を心からねぎらった（鈴木「柳田先生と折口先生のことども」）。さらに昭和七（一九三二）年七月、柳田は民俗学会の依頼に応じて公開講演会の講師を務め、「フォクロアの蒐集と分類」と題した講演を行っている。

名称については微妙な態度をとりながらも、柳田は「民俗学」の実質的な基礎を固める仕事には引き続き精魂を傾けていた。昭和六年八月には、伊勢の神宮皇學館で「郷土史の研究法」などを四回にわたって講義する。このときの速記録と、同年十一月から翌年にかけて行われた柳田宅での口述筆記をもとにして、昭和十年八月、『郷土生活の研究法』が刊行される。また昭和八年九月からは、自宅に後藤興善《こうぜん》、比嘉《ひが》春潮《しゅんちょう》、大藤《おおとう》時彦、大間知《おおまち》篤三《とくぞう》らを集めて「民間伝承論」の連続講義を行った。その講義録をもとにして民俗学の概論書を出版するというのが、柳田の目論見であった。毎週木曜日に行われた講義は十二回にわたり、その筆録は後藤が担当した。自宅でのこの会合は講義終了の後も継続され、木曜会の名で呼ばれるようになる。木曜会は、昭和二十二（一九四七）年に民俗学研究所の研究会「談話会」に発展解消されるまで三百回余の会合を重ね、日本民俗学の拠点として活躍することになる。

昭和九（一九三四）年八月、共立社「現代史学大系」の第七巻として、『民間伝承論』が刊行される。この書は、フォークロア、即ち「伝承せられた知識」（25-三四二）を研究する学問を仮に「民間伝承論」と呼び、その沿革、目的、意義、対象、方法などについて説いたものである。はっきり「民俗学」と命名しなかったのは、日本のフォークロア研究はまだ十分に「学」として成熟していないという理由からであり、「将来完成すべきフオクロアの学問」を「民俗学」と訳すことには反対はしないと柳田は述べている（25－三四〇～三五六）。つまりこの書は、実質的には「民俗学」の概論であるといってよい。しかしながら、十章からなる全体のうち、柳田自身の筆になるのは「序」と第一章「一国民俗学」、及び第二章「殊俗誌の新使命」の前半のみで、以下は後藤興善が、「筆録したものを土台として、出来るだけ先生の御著述を渉猟してまとめあげたもの」（『民間伝承論』巻末小記）である。その意味では、この本は「厳密な意味の先生の御著述とは言えないもの」（同）であった。

柳田はこの書の出来が気に入らず、のちに「是は失敗であった。筆記のさせ方が悪かったので誤りが多い。その上に是非言うべくして言ってないことが幾つか有る」（「現代科学ということ」31－四）と述べている。自身が編集を指導した『定本柳田國男集』にも、序と第一章以外は収録することを許さなかった。こうした事情から、本書の記述においても、『民間伝承論』からの引用は、柳田の執筆箇所については『定本柳田國男集』、それ以外は共立社版『民間伝承論』によっている。

はじめての民俗学概論

厳密な意味での柳田の著書でなく、また誤記・誤植等の目立つ本ではあったが（たとえば、第二章の表題が本文と目次とで異なっているとか、『看聞御記《かんもんぎょき》』の筆者後崇光院《ごすこういん》を誤って後法興院《ごほうこういん》としているなど）、それにもかかわらず『民間伝承論』は、最も行き届いた民俗学概論の決定版として、学界から高評をもって受け止められた。文化人類学者で柳田の良き論敵であった石田英一郎は、柳田の没後にこの書を評して、「科学者・人類学者としての柳田先生の本領は、最もよくこの著書に発揮されており、今日といえども、これ以上明確に他の諸学に対する日本民俗学の立場を規定することはむずかしい」（「偉大なる未完成」）と述べている。

後藤興善の判断が大幅に入り込んだ著作であるという事情から、『民間伝承論』を扱うには十分な注意が必要であるが、「日本における最初の民俗学概論」（橋川文三『柳田国男　その人間と思想』）としての本書の意義として、少なくとも次のようなことは指摘できるだろう。

第一に、民俗学という学問の要点が、簡潔に示されているということである。

然らばその民間伝承の研究の眼目はどこに在るかというと、其答は何よりも簡明である。我々は民間に於て、即ち有識階級の外もしくは彼等の有識ぶらざる境涯に於て、文字以外の力によって保留せられて居る従来の活き方、又は働き方考え方を、弘く人生を学び知る手段として観察して見たいのである。（25－三四三）

ここでいわれる「民間」は、「常民」と呼ばれる階層に相当する。「民間」とは、「有識階級」以外の人びと、または有識階級自身の内なる「凡俗」なありようである。この「民間」の人びと（常民）が、文字記録によらず、無意識のうちに伝承している「活き方」「働き方考え方」を研究する学問が「民間伝承論」である。そしてそのことを通じて、「人生を学び知る」こと、すなわち「人とはどんなもの、人の生存が如何に導かれ、如何に進み動いて居るかという主要の問題」（25－三四七）を明らかにするのが「民間伝承論」の目的であるとされている。ここでは、柳田が『青年と学問』などで繰り返し説いてきた、新たな学問の骨格が簡潔にまとめられていることがわかるだろう。

第二に、外部からの観察は、「到底自国民同種族の自己省察に及ぶべくもない」（共立社版三七頁）として、「一国民俗学」の確立を主張していることである。そして、前代の伝承を多く残している日本は、西洋に比べて一国民俗学の確立において優位に立っているとし、将来の世界民俗学の実現に向けて日本の果たすべき役割の重要性が説かれている。

第三には、研究の対象となる民俗資料（民間伝承）の種類が三部に分類整理された（25－三三六～三三七）ことである。分類の第一部は外部の者が観察によって知ることのできる「生活外形」、つまり有形の生活文化である。分類の第二部は、言葉を通して知られる「生活解説」で、「物の名称から物語まで、一切の言語芸術」はこれに含まれる。第三部は「生活意識」で、世界観、人生観、信仰、禁忌などの「心意諸現象」がその具体的内容となる。

『民間伝承論』の翌年に刊行された『郷土生活の研究法』では、「民俗資料の分類」と題する一章が設けられ、この三部分類がさらに細分化されて、より詳細な説明が加えられている。ただしこの章は、村落社会学会員の小林正熊が、学会の委嘱を受けて柳田の口述を記録整理したものである。柳田自身の筆になるものではないという理由で、『定本柳田國男集』には収録されていないが、日本民俗学が対象とするものの全体像をイメージするのには便利なので、単行本『郷土生活の研究法』「民俗資料の分類」の章の目次を次に掲げておく。

第一部　有形文化

一　住居、二　衣服、三　食物、四　資料取得方法、五　交通、六　労働、七　村、八　連合、

九　家・親族、一〇　婚姻、一一　誕生、一二　厄、一三　葬式、一四　年中行事、
一五　神祭、一六　占法・呪法、一七　舞踊、一八　競技、一九　童戯と玩具

第二部　言語芸術

一　新語作成、二　新文句、三　諺、四　謎、五　唱えごと、六　童言葉、七　歌謡、
八　語り物と昔話と伝説

第三部　心意現象

一　知識、二　生活技術、三　生活目的　（刀江書院版『郷土生活の研究法』目次三～六頁）

そして第四に、文書記録に残らない平凡な生活の変遷をとらえる方法を、「重出立証法」という用語で示したことである。

同一のことがらにしても、現在の生活面を横に切断して見ると、地方〳〵で事情は千差万別である。其事象を集めて並べて見ると、起原或は原始の態様はわからぬとしても、其変化過程だけは推理することは容易である。（共立社版七四頁）

この方法はすでに見たように、「蝸牛考」や『世相篇』において試みられたものであるが、『民間伝承論』ではその説明のために一節が割かれており（第三章五節「我々の方法」）、そこでは、「我々の重出立証法」が「重ね撮りの写真の方法」（同七六頁）に喩えられている。「重出立証法」が説かれた第三章は、柳田自身が筆を執った部分ではないので問題は残るが、用語自体は柳田自身が講義の中で用いたものと考えられている（福田アジオ「民俗学にとって何が明晰か」）。

日本民俗学の確立

『民間伝承論』に続いて、柳田はさらに二つの民俗学概論を世に送り出している。一つは昭和十（一九三五）年二月に発表された『国史と民俗学』（単行本は昭和十九年刊）、もう一つは八月に刊行された『郷土生活の研究法』である。民俗学が「郷土人自身の自己内部の省察」であり、「人間生活の未来を幸福に導くための現在の知識」（『郷土生活の研究法』25－二七九）であること、文書に記録されない「無歴史区域」「有史以外」（『国史と民俗学』24－九）をフィールドとすること、「偉人の行跡」ではなく「市民の常の日の生活の由来」（『民間伝承論』25－三五二）を知るのが目的であること、有形の物質的な事がらと無形の精神的な事がらとを連続的一体のものとして探究することなど、柳田の考える民俗学の基本的な枠組みは、この三つの概論書においてほぼ出そろったものと見ることができる。

とりわけ注目されるのは、柳田が民俗学を共同的な学問としてとらえている点である。その始めは好事家のばらばらな趣味関心から出発したため、民俗学は職業的な学問として発達しなかった。その結果、かえって「各人の相互連絡、協同の労作」（『民間伝承論』25－三三五）が学問としての基本条件となった。研究主体の共同が求められるだけでなく、学の対象もまた共同的である。すなわち、「過去民衆の生活は集合的な現象であり」、それを変化させるのも「群の力」（『国史と民俗学』24－二六）であるから、一回的な出来事である特定個人の働きをとらえる記録文書主義、「厳格なる単独立証法」（同24－二七）は通用しないというのである。人間を個人としてではなく、共同性においてとらえるのは、産業組合に関わった農政官僚時代から変わらぬ、柳田の基本的な人間観であった。民俗学という学問もまた、共同性を重視する人間観の上に打ち立てられたものなのであった。
折口信夫は、柳田の概論書をめぐって次のように述べている。

先生の学問に対して、われ人共に仰望に堪えぬことは、概論を書いて頂きたいということです。近年其でも相当お書きになりました。が、其等の出るまでの事を思うと、大変だったという気がします。「民間伝承論」・「国史と民俗学」、此等を書かれるまでは、おれは素人だというお考えを捨てきられなかった。世間が、ふおくろりすととして、まず認め、自分でも稍認められた後まで、そうした考えによって、学問を磨ぎすまして居られた。その後、一かたまり――昔話や方言研究が見えて来た。ここに到って、専門家としての自覚が出来て来たのです。(「先生の学問」)

ここで折口は、柳田学の発展過程を、まず「ふおくろりすと」としての声価が高まり、次いで「昔話や方言研究」が手がけられ、そこでようやく概論を書くだけの自覚が出てきたという風に整理している。第一の段階は、雑誌『郷土研究』から『民族』の時代を経て、『明治大正史・世相篇』にいたるまでの時期に相当するだろう。この時期の柳田は、もっぱら三分類第一部の「有形文化」(「生活外形」「生活諸相」)の問題をとり上げていた。境界祭祀を扱う『赤子塚の話』(大正九年)、オシラサマや人形を扱った諸論考、樹木信仰に関する論考、風景と生活との関わりを観察する紀行文(『雪国の春』)、平地人と山人の関係を探究した『山の人生』などである。『都市と農村』と『世相篇』もまた、主に「有形文化」に関わる著作である。

第二の段階、柳田が三分類第二部の「言語芸術」に関する重要な論考を次々と送り出すのは、大正十五年から昭和十年にかけての時期である。その先駆けとなったのは、大正十五年に『アサヒグラフ』誌に連載された「民謡の国」、婦女新聞に連載の始まった「和泉式部の話」（『女性と民間伝承』として刊行）である。昭和二年には、さきに見た「蝸牛考」や「方言と昔」が発表されている。そして昭和七年から十年にかけては、「口承文芸大意」、「桃太郎の誕生」など、「言語芸術」に関する重要な論考が次々に発表されている。三部分類の第一部、第二部を踏破してきたところで、『民間伝承論』などの概論書が出てきたという折口の見立ての通りである。

しかし、このとき柳田は、第三部の無形の文化については、資料面においても方法においてもまだ十分な見通しを持っていなかったと思われる。そのことは、「第三部は形が未だ整って居ないのであるから、此部面を実際よく考えれば、此学問が大いに飛躍するだろうと思われる」（共立社版『民間伝承論』二五九頁）といった言葉からもうかがうことができる。柳田が「俗信とか民間信仰とか」（同）と呼ばれるこの方面の研究に本格的に取り組むのは、日中戦争がいよいよ長期化の様相を見せ始めた昭和十四（一九三九）年あたりからである。この年四月の日本民俗学講座で、柳田は「祭礼と固有信仰」を十二回にわたって講じている。固有信仰における神観念や霊魂の問題はやがて、戦中・戦後における柳田の中心的な研究課題となっていくのである。

ともあれ、折口の示唆するように、日本民俗学（柳田民俗学）は、『民間伝承論』と『国史と民俗学』（『郷土生活の研究法』もこれに加えられよう）という概論書の成立をもって、実質的に確立したということができるだろう。

固有信仰の研究——『日本の祭』

還暦記念講習会

昭和九年（一九三四）四月、柳田は砧村自宅の書斎に郷土生活研究所を設立する。学術振興会からの補助金を受けて、全国の山村調査を実施するためである。研究所の同人には柳田のほか、倉田一郎、橋浦泰雄、守随一、池上隆祐、大間知篤三、瀬川清子、大藤時彦ら木曜会のメンバーが名を連ねている。「日本僻陬《へきすう》諸村に於ける郷党生活の資料蒐集調査」は、昭和九年度から三ヵ年にわたって実施され、その成果は岩波書店から『山村生活の研究』と題して刊行された（昭和十二年六月）。山村調査を終えた後、研究所は引き続き海村調査（「離島及び沿海諸村に於ける郷土生活の調査」）に着手した。しかし、日中戦争（昭和十二年七月勃発）の拡大にともなって補助金が打ち切られることとなり、調査は中断を余儀なくされた。このときの調査結果『海村生活の研究』が発表されたのは、敗戦後四年を経た昭和二十四（一九四九）年のことであった。

昭和十（一九三五）年七月三十一日、柳田は六十一歳の還暦を迎えた。金田一京助、折口信夫ら、周囲の者は、かねてより祝賀の会の開催を申し入れていたが、柳田はかたくなにこれを拒んでいた。柳田の反発には、かつての民俗学会との感情的な対立も尾を引いていたようである。ことに、学会の中心にいた折口信夫に対しては強烈な拒否反応を示していた。折口に依頼されて使者に立った池上隆祐に対し、「折口ごときもんがなんだ」と「ヒステリー起こしちゃって話にも何もならねえ」ありさまで、翌日改めて説得しても、「君、折口だけはいけないよ」と取りつく島もなかったという（池上「柳田国男との出会い」）。

そもそも、雑誌『郷土研究』における最初の出会い以来、折口に対して柳田が抱く感情には複雑なものがあった。二人はそれぞれ、お互いの研究に対するもっとも深い理解者であったが、方法や論証のあり方をめぐっては相容れない部分を持っていた。柳田は折口に大きな期待をかけていた一方で、天才肌の折口に対してひそかに対抗心を燃やしてもいた。雑誌『民族』における「常世及びまれびと」掲載拒否問題は、その一つの現れであった。

「わがまま」で「約束違反すること」（池上）のあった柳田は、折口に対して何度も身勝手な不満をぶつけている。昭和五年から六年にかけて、岡書院の企画した『人類学・民族学講座』と、折口の教え子の企画した『郷土科学講座』が、柳田のかなり無責任な言動によって一方は企画が頓挫、一方は空中分解に陥ってしまうという事件があった（詳しいいきさつは、岡茂雄『本屋風情』所収「『人類学・民族学講座』始末記」参照）。このときも柳田は、折口に責任を転嫁するような言動を示している（昭和六年十二月三日付、及び昭和七年三月三十日付の折口宛書簡・別4－五五〇～五五一）。しかし、そういう柳田の身勝手な態度に対し、誰かが批判がましいことを言ったりすると、折口は、「お前なんかに柳田先生のことをとやかく言われることはない」と、大変な剣幕で怒ったという（池田・谷川『柳田國男と折口信夫』)。そして、「あの先生とてもわがままでね、しょうがねえとこもあるですよ」といわれる柳田に対し、折口は「死ぬまでいちばん暖かくいたわるように」師と仰ぎ続けたのである(池上)。還暦祝いの件は、関係者の辞を低くしての願いを柳田が容れ、祝賀を取りやめる代わりに民俗学の講習会を開催し、あわせて『遠野物語』増補版を記念出版することで決着した。

日本民俗学講習会は、柳田の誕生日七月三十一日から一週間にわたって開催された。講師には、金田一京助、折口信夫をはじめ、伊波普猷、岡正雄、関敬吾、橋浦泰雄らが名を連ね、柳田自身も「採集期と採集技能」(活字化に際して「実験の史学」と改題)と題する講演を行った。この中で柳田は、顕微鏡や試験管の中の操作ばかりが「実験」なのではなく、「素養ある者の、計画あり予測ある観察」(25–五一七)もまた実験であるとし、日本民俗学はまさにそうした「実験」の学なのだと主張する。そして、「我々の疑問は国に属し、又現代に属する」(25–五〇九)と述べ、「人が何故に貧苦を脱し得ないか」、「村がどうして何時までも衰微感の為に悩まされているか」、「選挙がどういう訳で此国ばかり、まっすぐに民意を代表させることが出来ぬか」(25–五一〇)といった眼前の疑問に答えることが、「実験の史学」たる日本民俗学の使命であることを高らかに宣言している。

この講演で柳田は、繰り返し「日本民俗学」という言葉を用いており、「民俗学」という名称への抵抗感が薄れてきていることがうかがえる。また講習会をきっかけとして、険悪だった折口信夫との関係もようやく修復に向かい始めたのである。

民間伝承の会

この講習会の最中、地方からの参加者たちの発案を受けて、民俗学研究者の全国的な連絡機関が設立された。柳田はこれを「民間伝承の会」と命名し、九月からは会報『民間伝承』が発行された。「民間伝承の会」は、昭和二十四（一九四九）年に日本民俗学会と改められ、現在に到っている。

昭和十二（一九三七）年は、「日本民俗学にとって、記念すべき年」（牧田茂「木曜会時代」・『評伝柳田國男』所収）であったといわれる。一月からは、東京の丸の内ビルディングを会場として、三ヵ年にわたって日本民俗学講座が開講された。「民間伝承の会」の会員も順調に増加し、この年には千名に達した。また五月から十月にかけて、柳田は東北帝国大学と京都帝国大学で「日本民俗学」の講義を行っている。日本民俗学は、アカデミズムの世界においても、ようやくその存在を認められるようになったのである。

しかし、民俗学にとってのこの輝かしい年は、日本がやがて世界を相手にすることになる大戦争に突入した年でもあった。柳田が京都帝国大学での「日本民俗学」講義を終えて帰宅した直後の七月七日、北京郊外の盧溝橋で日中両軍が衝突する（当初の呼称は北支事変）。戦線はたちまち拡大し、十一月には戦時最高統帥機関である大本営が設置された。これは、日清戦争、日露戦争につぐ三度目の設置である。宣戦布告のない「事変」が、事実上は、日中両国間の国運を賭けた大戦争となったのである。ようやく体裁が整ったばかりの若い学問である民俗学は、戦争という非常時における幾重もの制約――出版用紙の統制をはじめとする物質的・経済的統制や、文教・思想統制政策など――のもとで、自らを育て上げていかねばならなかったのである。
とはいえ、戦時体制のもとでも日本民俗学は着実に発展の道を歩んでいった。昭和九（一九三四）年一月に始まった柳田邸での研究会「木曜会」は、昭和十二年末までに通算八十七回、アメリカ・イギリス相手の大戦争に突入する十六年末には百七十九回を数えている。「民間伝承の会」の活動も活発で、機関誌『民間伝承』も順調に号を重ねていた。木曜会、民間伝承の会が、旧「新人会」（東京帝国大学学生の社会運動団体）メンバーや、転向マルクス主義者らのよりどころの一つとなったこともよく知られた事実である。柳田その人の研究にもまた、少しも沈滞する様子は見えなかった。沈滞どころか、むしろ豊かな収穫のときを迎えていたといってもよい。昭和十三年には『昔話と文学』、十四年には『木綿以前の事』、『国語の将来』、十五年には『伝説』、『妹の力』、『食物と心臓』、『民謡覚書』と、いずれも古典的名著と呼ばれるにふさわしい力作を次々と公にしている。

朝日文化賞受賞

昭和十六（一九四一）年一月、それらの業績に示された「日本民俗学の建設と普及の功」によって、柳田に第十二回（昭和十五年度）朝日文化賞が贈られた。表彰式では、東京帝国大学倫理学科の教授和辻哲郎が「日本民俗学の創始者」と題して紹介講演を行い、朝日賞受賞は「日本民俗学が、今までに当然受くべきであった承認、尊重、賞賛を、いよいよ決定的な形でもって、広く一般の社会から受けたということを意味します」と祝意を述べた。柳田は「民俗研究について」（のちに「民俗学の三十年」と改題）と題する講演でこれに応えた。

和辻は若年のある時期から講演は一切しないと決めており、二つの例外を除いて、講演の依頼はことごとく断っていた。その例外の一つが、このときの紹介講演であった（もう一つの例外は、昭和十八年四月の海軍大学校での講演、「日本の臣道」である）。古川哲史は、講演嫌いの和辻が柳田の紹介講演を引き受けた理由を、その功績に対する高い評価、郷里を同じくする二人の交歓、さらに柳田が東大倫理学研究室の研究会での講演を受けてくれたことへの返礼の意味などがあったと推測している（古川哲史「思い出」、及び『和辻哲郎全集』十四巻解説）。

朝日賞記念講演会の半年後、今度は柳田が東京帝国大学全学会の依頼で課外の連続講義を引き受ける。全学会は、大政翼賛会の結成（昭和十五年十月）に呼応して作られた全学組織である。全学会の文化部では、学外文化人による教養特殊講義を企画しており、講師の一人として柳田を招いたのである。このときの文化部長は和辻で、和辻門下の古川哲史が柳田との連絡役を務めた。「日本の祭」と題された講義は、六月二十六日から五回（当初の予定では七回）にわたって行われた。「国の固有信仰の有り形」の「要約」（10－一五六）を意図したこの講義の内容は、中止された二回分を含めて、単行本『日本の祭』（昭和十七年十一月刊）にまとめられている。

柳田と和辻との交際は、遅くとも大正の初め頃には始まっていたようである。和辻の出身地、兵庫県神東《じんとう》郡砥堀《とほり》村仁豊野《にぶの》（現姫路市仁豊野）は、柳田の生まれた田原村の隣村であり、二人の生家は直線距離で十キロメートルほどしか離れていない。柳田の次兄井上通泰は、少年時に和辻春次《しゅんじ》（哲郎の叔父）に和歌の師を紹介されている（『柳田国男伝』）。柳田、和辻ほか三名が参加した座談会で、和辻は「三十年近く前」、「まだ文学青年でピイピイしておった時分」に、アナトール・フランスの『白き石の上にて』を「大変いいものだから、ぜひ読め」と勧められたことを披露している（「日本文化の検討」昭和十五年一月）。和辻はそれを読んで、「考えが変るくらいに影響をうけた」といい、「柳田さんの顔を見ると、いつもそれを想い出す」と述べている。

記念講演以外にも、和辻は古稀記念会の発起人や、民俗学研究所の同人に名を連ねている。二人はまた、国民学術協会、日本少国民文化協会、文教審議会などでも席を共にしている。柳田と和辻の親密な関係は、昭和三十五（一九六〇）年に和辻が亡くなるまで変わることなく続くのである。

戦中の神道研究

戦中から晩年に至るまでの、柳田の最大の研究テーマは固有信仰の問題であった。昭和十四（一九三九）年四月、柳田は日本民俗学講座において、「祭礼と固有信仰」を十二回にわたって講義している。牧田茂の指摘するとおり、固有信仰への取り組みはこの頃に始まったものと考えられる。東京帝国大学での講義「日本の祭」は、「固有信仰」における家々の小さな祭が、どのようにして多くの見物者が集まる近代の「祭礼」へと変遷していったかを説いたものである。そしてこの『日本の祭』を皮切りとして、柳田は常民の神信仰と死後の観念をめぐる論考を次々と世に送り出していく。東京帝国大学での講義とほぼ同じ時期には、神社関係者を聴衆として、「神道と民俗学」と題する講演を行っている。「尊い氏神の成立ちと現状」（10－三二七）をテーマとしたこの講演も、単行本『神道と民俗学』（昭和十八年四月）として刊行されているが、その序文において柳田は、この書を『日本の祭』の続編と位置づけ、「その二つを併せ読まれることが、私としては望ましい」（10－三二七）と述べている。

東京帝国大学での講義が始まる直前の六月二十二日、ドイツは独ソ不可侵条約を一方的に破棄してソビエト連邦領内への侵攻を開始した。講義からおよそ半年後の昭和十六年十二月八日、ついに日本はアメリカ、イギリス、オランダ、中国に対して宣戦を布告する。

この大戦争のさなかにも、柳田は精力的に固有信仰の研究を進めていた。昭和十八（一九四三）年六月には、神職講習会において「祭と司祭者」（単行本『氏神と氏子』に収録）、十九年一月には長野県東筑摩郡教育会で「氏神様と教育者」、十九年十月には神祇院で「敬神と祈願」（『氏神と氏子』所収）、敗戦後の昭和二十一年七月には靖国神社文化講座で「氏神と氏子」と、一連の神道に関する講演が行われている。昭和十九年から二十年にかけては、祖霊信仰を主題とする『先祖の話』が書き進められ、あわせて、戦後「新国学談」シリーズとして発表される氏神研究の構想が練られていく。

単行本について見れば、『日本の祭』（昭和十七年十一月）、『神道と民俗学』（昭和十八年四月）、『先祖の話』（昭和二十一年四月）、『祭日考』（昭和二十一年十二月）、『山宮考』（昭和二十二年六月）、『氏神と氏子』（昭和二十二年十一月）の六冊が、戦中から戦後にかけて次々と刊行されている。さらに言うなら、柳田最後の著作となった『海上の道』（昭和三十六年七月刊）もまた、これら一連の研究の延長をなすものと考えられる。

日中戦争から第二次世界大戦へと続く戦争期に、柳田の研究関心が固有信仰(神道)に向けられていたのは偶然ではない。柳田の神道についての問題意識は、昭和十五年頃からの約十年間と、大正六〜八年頃の二つの時期に集中して高まりを見せている(萩原龍男「柳田国男」)。前者はいうまでもなく「戦争のはげしくなりかけから、戦後の混乱期を通じて、やや平静に帰しかけた時期」(萩原)であり、後者は第一次世界大戦の後半からヴェルサイユ講和条約に至る時期である。固有信仰(神道)ということを念頭に置いて二つの時期を比べてみると、そこには大きな共通点があることがわかる。これらはいずれも、国民精神統合の必要に迫られた政府が、そのイデオロギー的基盤として、大々的に敬神思想を利用した時期であった。

信仰と戦争

満州事変・日中戦争から始まる昭和の戦争期には、大正時代のそれの何倍もの規模で敬神思想普及運動が展開された。盧溝橋事件後まもなく、第一次近衛文麿内閣は、戦争遂行に向けて国民を結集するための国民運動を計画した。昭和十二年九月には東京の日比谷公園で政府主催の大演説会が開催され、「挙国一致」「尽忠報国」「堅忍持久」の三大スローガンのもとに、「国民精神総動員運動」が開始された。そして、政府の事実上の指導のもと、神社・皇室陵墓への参拝、勅語奉読式、戦没者慰霊祭、出征兵士・英霊・傷痍軍人の歓送迎などの精神教化運動と、愛国公債購入運動、貯蓄報国運動など経済面での国策協力運動が展開された。昭和十五年には、これらの運動を吸収する形で大政翼賛会が結成されるのである。

近代国家間の総力戦を、国民の精神的統合なしに戦い抜くことはできない。多くの戦死者を出し、生活の上で大きな犠牲を払うことを国民すべてが受け入れることのできる精神的基盤がなければ、戦争は継続できない。しかし日中戦争が始まっていくらも経たないうちに、早くも国力は限界に達し、国民はさまざまな我慢を強いられ始める。政府の不拡大方針にもかかわらず戦線は拡大し、村々には毎日のように戦死者の遺骨が帰ってくる。こうした中で再び政府は、人びとの間の伝統的な敬神崇祖観念に国民精神統合の基盤を求めることになる。多くの兵士たちは出征に当たって氏神に詣で、人びとは村の社で彼らの無事を祈願している。伝統的な神信仰、先祖崇拝は、まさに「国民大多数の圧倒的な信念であり、信仰であった」(阪本是丸『国家神道形成過程の研究』)と考えられたからである。神社界の強い要望に応えて招魂社の改善・整備がなされ、昭和十四(一九三九)年には正規の神職の配される護国神社へと格上げされた。翌十五年には、「敬神思想の普及に関する事項」を扱う神祇院が創設され、貧弱ながらも「国家神道」の体制が成立するのである。

こうした状況下で柳田もまた、「信仰が戦争には欠くべからざることを、今度こそはしみぐ〵と我々は経験させられた」(「氏神様と教育者」29－三〇五)と言う。すでに見てきたように、柳田の学問研究は、どんなに迂遠な形であっても、必ずどこかで現在の社会が抱える現実的な問題への関心と結びついている。「我々の疑問は国に属し、又現代に属す」(25－五〇九)という言葉が示している通り、柳田はいつでも、日本が抱える眼前の最も切実な課題をその標的としていた。昭和の戦争期に柳田が固有信仰（神道）の研究に精魂を傾けたのは、民俗学にとって、「信仰」こそは危機の時代における最大の課題であると考えられたからにほかならない。

固有信仰論の主題

戦中から戦後にかけての、柳田の一連の固有信仰（神道）論に通底する基本主題は、「国民の所謂精神文化の統一」、「一国の信仰」の統一・調和（『日本の祭』10-三二二〜三二三）は、どのようにして成立しているかを明らかにすることにあった。柳田の考えでは、「めい〳〵に所属の神」（同10-三二三）、すなわち家ごとにその先祖の霊を祭るのが、固有信仰の本来の姿である。神は「祖霊の力の融合」（10-三二一）であり、人びとは死ねば自分も先祖として祭られることを信じて、先祖の祭りを絶やすことなく続けてきた。死者の霊魂は、村々から仰ぎ見られる高い山（霊山）に登って行き、「穢れや悲しみから超越して、清い和やかな神になって」（『先祖の話』10-一二四）、永久にこの国土に留まって子孫を守護してくれる。そして、人びとが他の家の祭祀を排除することなく、それぞれの家の先祖祭りを守り続けてきたのが、わが国民俗信仰の基本的な姿である。

では、それぞれに先祖の霊を祭る家々の信仰は、一国の信仰としてどのように統一されているのであろうか。柳田は、この問題を解く鍵となるものが敬神思想であると考える。そして、「日本は神国であるが故に、乃ち神風が吹くであろうなどと思う者」は、「最も尊い敬神の歴史」を忘れた者であると述べ、「敬神」の本質を深く考えもせずにお題目ばかりを唱える政府当局者をさりげなく批判している（『氏神と氏子』11－四五四）。柳田によれば「敬神」とは、本来他者の奉ずる神（祖霊）を承認することを意味している。皇室が祭る一国の宗廟と大社に国民が崇敬を致すのはもちろん「敬神」であるが、一方で臣庶の祭る家々の神を朝家は洩れるところなく公認し、中でも有力な家々の神には、祭りの日に勅使を派遣され、あるいは国家から供物を贈られている。これもまた、「敬神」の一形態である。すなわち、「敬神は最も由緒ある我邦の神祇政策であり、同時に国民相互の間の美徳」（『日本の祭』10－三二二）なのである。

そして、他者の神を尊重する相互承認の思想があったために、家々の祭る神々の合同、連携が可能になったと柳田は考える。有力な一門の神に、周囲の家々の神々が統合されて「氏神」となり、さらにそれが土地の神と結びついて地域共同体を守護する「鎮守」や「産土」へと発展する。小さな神々が、大社といわれるような有力神社に合祀されて系列化され、また逆に、小さな神社の威力を増すために大社の有力な神が勧請される。敬神思想を土台としたこうした動きによって、「一国の信仰は統一し又調和した」（同10－三二三）と柳田は考えるのである。

皇室を含め、個々の家の祭りには祖霊信仰という大きな共通性がある。そして、個々の家を守護する祖霊は、他の家々の祖霊と合同（合祀）することもできる。この構造を柳田は、「宮中のお祭と村々の小さなお宮のお祭とは似ている。これではじめて本当に日本は家族の延長が国家になっているという心持が一番はっきりします」（「民俗学の話」24－五〇三）という言葉でも表している。家の先祖となって祭られ、子孫を守護するという個々人の信仰は、「合祀」という観念を介することによって、神となって国家や共同体を守護するという思想と容易に結合する。このたびの大戦争がきっかけとなって、家々の神への古い信仰が復活してきた。村々の氏神、鎮守が人びとの心の支えとなっている事実は、「今日の如き国難期に於て、何よりも重要な信仰」（『氏神と氏子』11－四五四）なのである。

しかし、明治時代の政府当局者は、村の小さな氏神社が「群の信仰の基礎」として「活きて」働いているという事実を認識せず、「一大字一村社」という画一的原則にもとづいて神社合祀を強行した。その結果、「折角活きて居た祭」が絶えてしまった例は数多い（11－四五八）。いまや当局者は、国民の信仰を一つの型にはめ込もうとする愚を繰り返すことをやめ、「国民の心のおのずからなる動き」（11－四五一）を信じて、彼らの「信仰が自由に発露する余地」（11－四五二）を与えるべきである。たとえば、神祇院の指導の下に「総国協同の祈願」を捧げようとするなら、その社は必ず「国民各自の氏神でなければならぬ」（11－四五九）。柳田は、そのように主張している。

民族を統合するもの

昭和十八（一九四三）年七月に行った講演で、柳田は次のようなことを述べている。

「国が一団となって戦って居る時代」に、「国民の最大多数、殊に兵士を構成する常民の間に、本人とその家族とを通じて神の信仰がどの程度にまで、今も活き〳〵と伝わって居るかということ」は、是非とも知らなければならない重要な事実である。各人が「自然に心に抱いて居る至純の感覚」が、自分一人だけのものではないと知ることは、大きな強みとなる。ましてそれが、二千六百年よりはるか昔から変わらず伝わっているものと知れば、「その悦びと誇り」は測り知れぬものとなろう（「氏神様と教育者」29－三〇六～三〇七）。

このように柳田は、危機の時代にあらわになってきた固有信仰の姿に、国民の「自然の結合力ともいうべきもの」（『祭日考』11－二八三）を見出し、その自由な発露を促すことによって、「民衆の側から、近代日本国家の〝国民信仰〟を構築しようとした」（鈴木満男「盆にくる霊」）のである。柳田が、国民を統合する力としての固有信仰に期待をかけたのは、もともとは戦争に「何とかして勝ってもらいたい気持ち」（今野圓輔『柳田國男先生随行記』）からであった。しかし、日本が敗戦を迎えてからも、固有信仰への期待は薄らぐどころか、以前にも増して大きくなっていった。というのも、日本は国土の構成から見て、もともと統一の容易な国ではなかった。明治新国家の建設に当たっては、「武力の強化」、外敵を想定しての「国民外交の昂揚」、政治・経済・文化の「中央大都市」への集中によって、国家統一を実現してきた。それらのもたらした弊害も大きかったが、新国家建設のためには必要な政策であったことも確かである。

しかし敗戦の今、武力も、外交も、大都市も、すべて灰燼に帰している。こういう場合にこそ、「単一民族の邦を成すという意義」に改めて気づく必要がある。すなわち、「日本人で無ければという物の見方、感じ方」の持つ「自然の結合力」を、もっと簡明率直に利用することを考えなければならない（『祭日考』11－二八三）。そのような考えから、柳田は敗戦後も引き続いて、固有信仰を最大の研究主題としたのであった。

第V章

戦中・戦後の日々

書斎の柳田國男（75歳頃） 昭和22年3月、柳田は自宅書斎に、自らの蔵書を財産として民俗学研究所を設置した。昭和24年4月には「日本民俗学会」が発足し、柳田は初代会長に就任する。こうして、日本民俗学の戦後の体制がスタートしたのである（325頁参照）。

戦火の中で――『先祖の話』

古稀記念会

昭和十八（一九四三）年九月十二日、柳田邸で第二百十四回の木曜会が開催された。その席上橋浦泰雄が、明年古稀を迎える柳田のために記念の会を開くことを提案した。柳田は照れながらも、学問の発達のためになるならと快く了承した。名称は「柳田國男先生古稀記念会」と決定し、準備委員長には折口信夫、発起人には伊波普猷、澁澤敬三、金田一京助、和辻哲郎らが名を連ねた。具体的な記念事業として、全国九ヶ所での民俗学地方大会の開催、外地（京城、北京、新京、台北、張家口）での地方大会開催、記念論文集の刊行、雑誌『民間伝承』特集号の十二回連続発行の四つが計画された。

この頃、ヨーロッパではイタリアが連合国に無条件降伏（九月八日）し、東部戦線ではドイツの敗色が濃厚になってきていた。南太平洋では米軍の大規模な反攻が開始され、日本軍は各地で苦闘を強いられていた。十月には文科系大学生の徴兵猶予が打ち切られ、明治神宮競技場での出陣学徒壮行会を皮切りに次々と学徒兵が出征していった。こうした状況下で迎えた昭和十九（一九四四）年一月、『民間伝承』の「氏神」特集号をもって記念事業はスタートした。さきに言及した柳田の「氏神様と教育者」は、この特集号のために執筆されたものである。四月には、民俗学地方大会の第一弾として大阪で講演会が開催された。

しかし、戦局の悪化は、記念事業のそれ以上の継続を許さなかった。柳田の晩年に『炭焼日記』として公刊された昭和十九・二十年の日記には、「食物が足りないので元気がわるくなる。目方がへったという人多く、有馬大五郎君は十貫目、三原刀自《とじ》〔注、年配の女性の敬称〕六貫目、比嘉春潮君中河幹子刀自などは四貫目、自分は幸いにまだ二貫目ぐらいかと思う」という記述が見られる（十九年六月十三日・別4―六七）。食糧事情だけではなく、交通事情もまた大きく悪化していた。貨物輸送を優先するため列車への乗車が制限され、特急列車・寝台車も廃止されるなどして、鉄道での移動は大きな不便を強いられることとなった。結局、食糧事情の悪化と旅行制限を理由として地方大会は中止され、『民間伝承』も用紙事情などから十九年七・八月合併号を最後に休刊に追い込まれてしまう。二十四冊を予定していた記念論文集も、十冊を刊行したところで中断を余儀なくされるのである。

七月三十一日、誕生日を迎えた柳田は、日記に次のように書き記している。

七十年目の誕生日。どうして斯《こ》う永く活きたかと思う。（別4―八六）

この月の八日にはサイパン島守備隊が玉砕し、ビルマではインパール作戦（作戦中止命令は七月四日）で敗れた第十五軍が悲惨な敗走を続けていた。七月十八日には東条英機内閣が総辞職、後任がなかなか決まらないのを、柳田は「不安やゝ加わる」（別4―八二）思いで見守っていた。

昭和十九年十月八日、東京京橋の泰明国民学校（現在の中央区立泰明小学校）の講堂を借りて、柳田の古稀記念会が催された。約六十人が集まり、石黒忠篤、橋本進吉、石田幹之助らが「いろいろ昔のこと」を話した。『炭焼日記』には、「折口君座長、十時すぎ始まり午時会食、四時半頃まで話をしてわかれる。よき思出なり」（別4－一〇九）と記されている。

十月十五日には神祇院で「敬神と祈願」を講演、上々の出来と思われたが反応は薄かった（「先ず上出来、その割には感動なしと見ゆ」別4－一一二）。神祇院副総裁飯沼一省《かずみ》は、かつて『秋風帖』の旅で島田の町の祭りを案内してくれた郡長であった。日記には、「奇遇なり。秋風帖を贈ることを約す」（別4－一一二）と記されている。

児童のための文化論

日本軍の頽勢は、いよいよ覆いがたくなってきていた。十月十九日には、神風特別攻撃隊が編成された。二十日にはレイテ島に米軍が上陸、二十四日～二十六日の比島沖海戦で連合艦隊は全滅に近い損害を蒙った。しかし、大本営は敗北の実態を覆い隠し、誇張された戦果の報道に終始していた。『炭焼日記』十月十六日には、「海上勝報しきりに伝わる、それもうれしさに堪えず」、二十七日には、「二十四日以来比島東海の戦捷《せんしょう》伝わる。漸く愁眉《しゅうび》を開く」とあるが、前者（台湾沖航空戦）は未熟な搭乗員が敵艦轟沈と見誤った結果の幻の勝報であり、後者（比島沖海戦）では敵に相当な損害を与えたものの、日本海軍は空母四、戦艦三、重巡洋艦六をはじめ多数の艦艇を失い、海上における決戦能力を喪失する結果となったのである。

十一月十日、柳田は『先祖の話』の執筆にとりかかった（「『先祖の話』をかき始む、筆す丶まず」）。

二十四日には、Ｂ29爆撃機が初めて東京を空襲する。二十六日、第二百四十三回の木曜会が開かれる。この日をもって、木曜会は一時中止となる（再開は二十年九月九日）。物資不足に悩まされ、空襲警報に脅えながら、昭和十九年は暮れていった。『炭焼日記』十二月三十一日は、次のように結ばれている。

わびしき年暮る。この後警報三度、所々焼く。（別４－一四三）

しかし、戦時下にあっても、柳田のもとには原稿執筆や講演の依頼が絶えなかった。柳田はその多くを断っていたが、中には自分から積極的に引き受けた仕事もあった。彼が特に力を入れたのは、児童向け読み物の執筆であった。

柳田は子供の言葉や遊戯など、いわゆる児童文化に早くから関心を寄せていた。児童の文化は長い間大人たちの関心の外に置かれていたために、その中には意外な形で古い時代の生活の面影が保存されていると考えられたからである。「ノノサマ」、「アトサマ」という「月」の二つの呼び名や、「シンガラ」「ケンケン」「チンチン」など「片足とび」の呼び名についての考察をまとめた『小さき者の声』（昭和八年刊）、あてもの遊び、「かごめかごめ」、ままごとなど子供の遊戯や、村落社会における児童の役割などを論じた『こども風土記』（昭和十六年刊）は、柳田の児童文化研究を代表する著作である。

児童文化を研究の対象とするだけでなく、柳田は児童の教育にも並々ならぬ関心を寄せていた。かつて柳田は、青年が学問をすることこそが、世の中を救う最大の切り札であると主張していた（『青年と学問』、二二二頁参照）。その青年の中には、もちろんこれから世の中に出て行く学童たちも含まれている。昭和十八年後半から二十年敗戦の夏まで、柳田は、固有信仰研究に関するものを除いて、その精力の多くを少年少女の読める「文化論」の執筆に注ぎこみ、『火の昔』（十九年八月刊）、『村のすがた』（十九年六月〜二十年六月、朝日新聞に連載）、『村と学童』（二十年正月から書き始め、敗戦後の九月に刊行）が相次いで世に送り出された。

『火の昔』は、文化の進歩という問題に関して、「今まで聴いたことが無いというような話」を「若い読者」（小学校上級以上の若者が想定されていると思われる）に聞かせることを目的として書かれたものである（21－一五二）。「世の中が明るくなる」というのは、文字通り「燈火から始った」のであり、文化の進歩を考えるには「火の問題がいちばんわかり易い」（21－一五三）と思う。このような前置きから始まって、燈火の種類、燃料、火の作り方、調理法などの変遷がわかりやすく記されている。

『火の昔』は、研究者でない若い一般読者に向けて書かれた常民生活史ということができる。

『村のすがた』は、日本全国各地から、兵役や勤労動員で一ヶ所に集められて共同生活を送っている若者たちが、のんびりと故郷の思い出を語り合うときの「話の種」を提供するために書かれたものである。「少しもいくさの問題を取り上げぬようにという注文」（21－四〇九）に従って、主に農村の年中行事、生活風景、狩猟の慣習などが短文で記されている。

一方の『村と学童』は、「疎開学童の読物が足らぬ」ということを聞いて、「どうかしなければならぬ」という思いで書かれた、柳田の児童向け読み物の代表作である。世間の学童用読み物の多くは、小学校三、四年生を目当てとして書かれている。しかし、「読書力のやゝ進んだ高学年の児童」は、そういう読み物を甘く見て、ただ読み飛ばして忘れてしまうという悪癖さえ生まれている。柳田はこのように指摘し、この書は読み物の欠乏している「上級の児童、殊に女の子たち」を意識したものであると述べている。ただ、刊行は敗戦後となって、疎開学童向け読み物を提供するという当初の目的は果たせなかった。屋根の葺き方の変遷を記した「三角は飛ぶ」、女性が自ら糸をつむぎ、着物を織るということがなくなったために意味がわからなくなった昔話を紹介する「マハツブの話」などが収められている。

戦時下の公的活動

戦時下の大政翼賛運動のもと、政治、経済、文化などあらゆる分野で戦争に協力するための組織が作られていった。言論や芸術の世界でも、さまざまな官製文化団体が組織されている。

貴族院書記官長、朝日新聞論説委員という経歴と、文化人としての高い知名度を持ち合わせた柳田は、そうした国策文化団体の役員としてまさにうってつけの人材であった。しかも大政翼賛会には、初代事務総長の有馬頼寧（かつての郷土会メンバー）をはじめ、石黒忠篤（農商務省での柳田の後輩）、緒方竹虎（柳田在籍時の朝日新聞編集局長）ら柳田と親しい人物が重要な役職に名を連ねていた。おそらくそうした人脈を通じての要請もあって、柳田は戦争遂行に協力する文化組織のいくつかに関与している。

大政翼賛会結成に先立つ昭和十四年五月、中央公論社社長嶋中雄作の呼びかけで、国民学術協会が発足する（設立認可は翌年二月）。柳田は発足当初からの会員で、のちに理事となっている。この会のことを、柳田は「丸ノ内の常盤で御馳走を食う会だった」（今野圓輔『柳田國男先生随行記』）と言っているが、その活動には積極的に関わっており、「創会以来ずっと出ていた会」（同）であった。柳田は国民学術協会主催の講演会で、「人間が泣くということの歴史」（７－三三七）をとり上げた「涕泣史談」、及び、食物を戸外へ運ぶ容器である「ほかい」を例にとって、盆行事が固有信仰の祭祀に由来することを説いた「行器考《ほかいこう》」と、二つの講演を行っている。

翼賛文化運動に直接関係する組織としては、日本少国民文化協会と日本文学報国会の二つに、柳田はそれぞれ顧問、理事として関わっている。また、翼賛会文化部の「家の委員会」「氏子委員会」にも何度か出席している。少国民文化協会では、「愛国いろはかるた」の選定委員を務めている。また文学報国会では、高浜虚子、折口信夫らとともに連句委員会に加わり、新しい俳諧規則の制定や「大東亜戦争必勝祈願」の献納連句に参加している。

折口春洋《はるみ》の戦死

昭和二十（一九四五）年二月十九日、海空からの圧倒的な支援を受けたアメリカ海兵二個師団が、小笠原諸島の硫黄島に上陸する。

硫黄島に昨日敵上陸三万という（一万余、戦車三百云々）。折口（藤井）春洋君ことばかり考えるも私か。
（別４－一六三）

翌二十日の『炭焼日記』に、そう柳田は記している。「春洋君」とは、折口門下の俊秀藤井春洋のことで、前年七月に折口の養嗣子として入籍、柳田はその証人となっている。春洋は昭和十六年十二月に応召、半年後に召集解除となったが、昭和十八年に再び応召、十九年七月には所属部隊が硫黄島に移動していた。この日から、『炭焼日記』には、硫黄島の戦況に関する記述が繰り返し現れるようになる。三月九日には「きょうは敵機来ず、されど硫黄島の状勢おもしろからず、人気沈滞す、天佑をまつのみ」、三月十六日には「硫黄島もう一月に近し。いよいよあぶなくなる、胸を痛める」と記されている。そして、ついに三月十七日、栗林忠道中将の指揮する守備隊は最後の突撃を敢行し、総員玉砕を遂げた。二十四日の日記には、次のように記してある。

午後折口君久々にて来る。硫黄島のことに付、力を落として居る。「古代感愛集」初刷未製本のものをくれる。今夜よむ。又巻煙草とどけてくれる。又春洋君に送ったよい煙草の残りをくれる。

折口の悲嘆は、柳田にとっても決して他人事ではなかった。五月には柳田の長男為正も応召し、横須賀海兵団に入隊した。自身が婿養子であり、かねがね「家を思う心は、他家から入った婿養子においてひとしお強いものだ」（柳田為正「父の遺したことば」）と語っていた柳田にとっては、何よりも大切な一人息子の出征であった。

硫黄島で死闘が繰り広げられていた頃、柳田は前年十一月に書き始めた『先祖の話』の執筆を急いでいた。未明に東京大空襲のあった三月十日にも、終日『先祖の話』を書き進めていた。四月二十二日には、木曜会メンバーの丸山久子に約二百枚の原稿を託している。丸山が清書した原稿を柳田に届けたのは、為正に召集令状の届いた五月三日のことであった。七月四日にはすべての原稿が筑摩書房に引き渡され、翌昭和二十一年四月、単行本として刊行されている。

『先祖の話』が明らかにしようとするのは、常民の無意識の伝承における死や霊魂をめぐる観念である。盆行事の観察をもとに、柳田は、死後霊魂のあり方を次のようにとらえている。人は死後一定の年限を過ぎると、個性を喪失して「先祖という一つの力強い霊体に融け込み」、「家の為又国の公けの為に働く」（10－一〇六）神となる。「ご先祖様」は、日ごろは高い山の上にあって子孫を見守り、年二度の定期の祭には家に戻って一族と交流する。正月と盆行事とは、もとは同じ一つの先祖祭から分化したものである。霊魂は死後もこの国土に留まり、「子孫が年々の祭祀を絶やさぬ限り」、「時を定めて故郷の家に往来」（10－五五）することができる。ご先祖になるというのは、盆・正月に「還って来て、ゆっくりと遊んで行く家を持つ」（10－一一四）ことにほかならない。それこそは常民の生の究極の目的であり、また、国のために戦っている国民の「生死を超越した殉国の至情」（10－一一八）のよりどころとなっている。国家が危機に瀕している今、国民の「古今に亙った縦の団結」（10－一五二）を支える先祖信仰の意義が改めて見直されねばならない。柳田は、そのように説いている。

『先祖の話』の最終節は、子どもがないまま亡くなった者とその「家」との関係をテーマにしている。折口は独身を通しながらも、家の継承のために藤井春洋を養嗣子としていた。その春洋は、跡継ぎのないまま硫黄島で戦死している。「国の為に戦って死んだ若人」（『先祖の話』10－一五一）だけは、何としても無縁仏にしてはならないと柳田は説く。このとき、柳田が念頭に思い浮かべていたのは、春洋を失って悲嘆にくれる折口の姿であったに違いない。

再出発への決意——『海上の道』

敗戦

昭和二十（一九四五）年八月十五日、日本は戦いに敗れた。その四日前、元警視総監長岡隆一郎からポツダム宣言受諾の政府決定を聞かされた柳田は、日記に「いよ〳〵働かねばならぬ世になりぬ」（別4－二三五）と書き付けている。この情報を柳田は、木曜会メンバーの何人かに伝えている。その一人丸山久子は、「これから大いに働かねばならぬこと、事実を述べることはどんな場合にでも許されなければならない筈だから、民俗学をやる者の真剣に働くときだ」（丸山「終戦のころ」）と諭されたという。八月三十日には除隊した長男為正が帰還、九月九日には比嘉春潮、和歌森太郎、関敬吾、萩原龍男、堀一郎、丸山久子、牧田茂、橋浦泰雄らが集まって木曜会が再開される。この席で柳田は、「氏神」と「山宮祭」のことを話している。こうして、柳田の戦後が始まったのである。

九月二日、降伏条約が調印され、日本は占領軍の統治下に入る。日記には、「降伏条約調印の報をきき浩歎《こうたん》す。大きな歴史なり」（別4－二四三）という感想が記されている。

歴史は大きく動いたが、「事実を述べることはどんな場合にでも許されなければならない筈」の世は簡単には訪れなかった。警察、軍隊による検閲制度は廃されたが、それに替わって今度は占領軍による検閲が実施されることになる（昭和二十年九月三日から二十七年四月二十八日まで）。柳田の著作では、『氏神と氏子』（昭和二十二年刊）が事前検閲で七箇所の削除を命じられている（江藤淳『落ち葉の掃き寄せ』）。降伏調印の二ヵ月後、訪ねてきた毎日新聞記者今野圓輔との間で、米軍の検閲のことが話題になり、柳田は次のように述べたという。

〔米軍は〕思ったより利口だね、心得たもんだ。どうせこのままで良いものでもなし、しばらくは辛抱せねばならぬが、もっと書きもし、言いもしていいと思うよ。半分だけの自由ではあるし、仕方もないが、とにかく思うことは言えず、一方的なことばかりで仕方がないね。戦争中はあれほどの言論弾圧下ではあっても、何とかして勝ってもらいたい気持ちがあったからまだ張りがあった。むずかしい戦争だとは知っていはしたが。だから僕は、当分、新聞・ラジオはいっさい断わっている。僕はそうは思わぬということが言えないじゃしょうがない。

（『柳田國男先生随行記』）

再出発への決意

昭和二十一（一九四六）年一月、柳田は、筑摩書房が新たに創刊した雑誌『展望』誌上に「喜談日録」と題する文章を発表する。同年四月まで四回にわたって連載されたこの文章は、「半分だけの自由」の中で出された柳田の決意表明ともいうべきものであった。「喜談日録」の中で、柳田は、これから取り組むべき自らの課題として、（一）固有信仰の研究、（二）「人の心を和らげる文学」の研究、そして（三）青少年に対する国語教育法の研究、の三つを挙げている。（一）と（二）、すなわち「信仰と和気」は、「国民の活きていく力、心の最少限度の栄養素」であるが、とりわけ現在最も重要な課題は、三つ目の国語教育であると述べている（29－四四七～四四八）。

固有信仰の研究は、戦争中から継続して行われてきていた。すでに見たように柳田は、固有信仰は人びとをこの国土を結びつける絆であり、国民精神の共通の基底をなすものであると考えていた。柳田が戦時中から固有信仰研究に大きな力を注いできたのは、それが、戦争を遂行する上での「民族統一の必要」（『氏神と氏子』11－四五七）という課題に直結するものだったからである。

「民族統一」はしかし、戦争に敗れてからも依然として大きな課題であり続けた。むしろ、日本という国が解体・消滅の危機に瀕している敗戦後においてこそ、「単一民族の邦を成すという意義」（『祭日考』11－二八四）がより一層問われなければならないと柳田は考える。昭和二十一年から三冊立て続けに刊行された「新国学談」シリーズ（『祭日考』、『山宮考』、『氏神と氏子』）は、日本人の古くからの「共同の感覚」を知って、それをもとに戦後日本の「是からの進路をきめさせよう」（『祭日考』同）という願いから書かれたものである。

二つ目の課題「和気」、すなわち、窮乏と憂愁に満ちた生活の中でも「時々の微笑を配給するような、優雅な芸術が、日本には何か有りはしなかったか」（29－四四七）という問いに対しては、柳田は早速『笑の本願』（二十二年一月）、『俳諧評釈』（同八月）の刊行によってこれに答えている。『笑の本願』は、笑いの働き、社会的用途、笑いの芸術の起源と変遷などをテーマとして戦前に書かれた論考をまとめたものである。

この書でもとり上げられているが、日本の代表的な笑いの芸術である俳諧は、戦時下における柳田の数少ない楽しみの一つであった。柳田ははじめ、近世の常民生活を知るための史料として俳諧に関心を寄せていたが、やがて自分の楽しみとして句を詠むようになった。戦時中には、折口信夫や北原白秋門下の穂積忠、折口門下の藤井春洋らと連句を楽しんでいる。また戦争末期には、女婿堀一郎宅での集まりで芭蕉捌《さば》きの歌仙（芭蕉が座を仕切った三十六句形式の連句）を評釈している。『俳諧評釈』は、その際の談話筆記をもとにしてできたものである。俳諧は、「作者が自ら楽しむ芸術」（「病める俳人への手紙」7－四六九）であると柳田は考える。自らが参加して楽しむ芸術が、荒廃した戦後の日本において、「現世の憂鬱を吹き散らすような、楽しい和やかな春の風となって、もう一度天が下に流伝する」（『俳諧評釈』17－三一四）日は必ず来るであろう。柳田は、そのように述べている。

国語教育の改善

国語教育を改善して、すべての国民に「内に根のある語、心で使って居るものが其まゝ音になったのを、心の外でも使い得るように是非させたい」（『国語の将来』19－一八一）というのもまた、柳田のかねてよりの持論であった。柳田が、「御互いがもっと自由に且つ快く、思った通りを言い現わし又聴き取ることを得るようになる」（同19－八）必要を説いたのは、それが良き選挙民を育成するために、最も大切な要件であると考えたからである。明治から大正にかけての議会運営の実態を、官僚として見守ってきた柳田は、無内容な決まり文句を羅列した退屈きわまる演説や討論が世の中にもてはやされるようでは、国の政治はとうてい発達しないと感じていた（『国語の管理者』29－二二〇）。しかも、国民は長い間続いた島国の平和な生活の中で、共同体の「平穏無事を好むあまりに」、「十人並、世間並」を理想として、「群を逸出するような者」を抑えつける教育環境に馴致されてきた（『平凡と非凡』24－四三九）。言い合い・議論はないほうが望ましいとされ、「常識」とか「言わず語らずのうちに」といった不明確な言葉が人びとの言論を拘束してきた。

明治二十三（一八九〇）年に第一回衆議院選挙が行われ、議会政治が始まると、それまでとは変わって、自分が考え、感じていることをはっきり言い表す必要が生じてきた。しかし、「世間並み」教育の中で培われてきた表現法は、「自由に自由人の意見感情を吐露する」には不十分なものであった。ここから、外国語や妙な新造語を振り回す一部のデマゴーグが幅を利かせるようになり、多くの国民は言論に真面目な意味を見出せず、ただ皆が行く方について行こうという事大主義に流れることになる。大正の普通選挙運動の頃から、柳田は繰り返しそのように警告していた。そして、デマゴーグに引きずられずに「わからぬことはわからぬと言い切る勇気」を養い、また他人にものを説くときは、「相手のわかるように言う義務がある」ことを知らしめるような国語教育の必要を力説してきたのである。

思慮や言論の大切さに鈍感で、お付き合いに流される付和雷同性に対する柳田の危惧は、無謀な戦争への突入、そして惨めな敗戦によって現実のものとなった。戦時中、国民が口をそろえて「聖戦完遂」「東洋平和」「鬼畜米英」といった軍国スローガンを唱えたのは、決して強いられたからでも、だまされたからでもないと柳田は言う。彼らは、それ以外の考え方、言い方を修練する機会を与えられてこなかったのである。また、少数者の意見というものがあったとしても、それを聴く教育が進んでいなかったため、はじめから発表しようとする者がいなかった。

こうした悪しき「挙国一致」に再び陥らないために、今こそ我々は「活きた国語」の教え方を考究しなければならない（「喜談日録」29－四五〇）。このように説いて柳田は、未来のあるべき国語教育のあり方を求めて、国語教科書の制作に乗り出していくのである。

国語検定教科書の制作

昭和二十二年、新たな教科書検定制度の実施が発表されると、東京書籍株式会社は、小中学校用国語検定教科書制作の監修者を柳田に依頼する。『近代教科書の変遷・東京書籍七十年史』は、柳田に白羽の矢を立てた理由を次のように記している。

柳田は日本民俗学の創始者として知られる碩学であるが、かねて国語教育にも深い関心を持ち、機会あるごとに発言してその改善向上を呼びかけてきた。戦前の標準語教育、読み方中心の国語教育にはつねに批判的であった。

本社では、戦後の新しい国語教育を指導しうる最適任者と考え、柳田に監修を委嘱すべく懇ろに交渉して承諾を得たのである。　（『近代教科書の変遷・東京書籍七十年史』）

翌年五月、柳田は東京書籍の要請を正式に受諾し、二十五年度用教科書『新しい国語』の制作にとりかかった。『七十年史』によれば、柳田の編集方針は、以下のようなものであった。

（一）児童の大半を占める中以下の子供を対象とする。

（二）文芸に片寄らない。

（三）聞く、話す、読む、書くの全体にわたる教育。

これは、柳田三原則として後々まで「新しい国語」の基本方針となったものである。その考え方の根底には、他人の言動に惑わされず自分の意見が言える健全な選挙民の育成という遠大な願望がこめられていた。（同）

『新しい国語』は、昭和二十六年度から、小・中学校すべての学年向けに供給が始まり、いずれも好評をもって迎えられた。とくに、小学校用は市場占有率五十パーセントを超える販売実績をあげている。昭和二十七（一九五二）年からは、高等学校『国語総合編』の編集にも携わっている。「他人の言論に惑わされず、自らの判断によって自分の意見が述べられる選挙民をつくる」（同）という目標はここでも継承されている。この教科書の編集に当たっては、柳田自身が「異常な情熱をもち、教科書の基本方針を述べるにとどまらず、教材についても具体的に指示し、自らも素材を積極的に委員会に提出した」（同）という。古典では『いぶきおろし』、『鳩翁道話』など多くの口語資料がとり上げられ、現代文では記録文が重視されるなど、「柳田色のきわめて濃厚な教科書」（同）となっていた。

柳田自身も、この教科書に掲載する文章を新たに書き下ろすほどの熱の入れようであった。

高等学校用国語教科書は、小説や詩作品に対する柳田の好みをうかがわせる一面もあり、柳田研究の資料としても興味深いものであった。しかし、大学受験の役に立つ素材が少なかったために売れ行きは伸びず、市場占有率は一割程度にとどまった。柳田は、昭和三十五（一九六〇）年に「高齢の故をもって」（同）監修を辞退するまで、約十年間、東京書籍版国語教科書の制作に携わったのである。

枢密顧問官

昭和二十一（一九四六）年七月十二日、柳田は枢密顧問官に任命された。枢密顧問官は、大日本帝国憲法下における天皇の最高諮詢《しじゅん》機関である枢密院の構成員である。その職務は、「枢密顧問ハ枢密院官制ノ定ムル所ニ依リ天皇ノ諮詢ニ応ヘ重要ノ国務ヲ審議ス」（「大日本帝国憲法」第五十六条）と定められ、天皇の諮問に応じて、皇室制度、憲法・勅令、条約などに関することを審議した。

顧問官任命の内示があったとき、枢密院は一年後に廃止されることが決まっていたので、柳田は、「人を馬鹿にしたことだ」（大藤時彦『柳田國男入門』）と腹を立てて承諾しなかった。しかし当時の首相吉田茂が、「戦後の混乱せる日本を再建するには、野に遺賢なからしむるのが陛下の思召しだから、国家のために引受けて貰いたいという懇切な奨めによってようやく承知された」（同）という。柳田のトレードマークは、和服に白足袋、ソフト帽であったが、同様に吉田茂のそれは和服、白足袋、葉巻であった。どちらもエリート官僚の出身であり、癇癪持ちだが秩序とけじめを重んじる性格にも共通点があった。どこか似た者同士のこの二人の関係について、柳田の長男為正の古くからの友人である中村哲はこんなことを述べている。

〔柳田に〕温容のなかに、時代がかった威厳のあったことも事実で、白足袋の吉田首相とは最後まで深く〔心を〕許していたということを聞くと、いかにもそれが当然な一面であった。
（「武蔵野の柳田国男」『柳田国男の思想』下）

柳田が「陛下の思召し」と「国家のため」という言葉に弱いことを、吉田はよく知っていた。なぜならそれは、明治のエリート官僚たちの志であり、また理想であったからである。吉田の説得に応じた柳田は、昭和二十二（一九四七）年五月二日に枢密院廃止によって任を終えるまで、一年足らずの短い期間ではあったが、真剣にその職務に励んだ。この間柳田は、皇室関係の法案や教育基本法、学校教育法の審議などに加わっている。

民俗学研究所の設置

昭和二十二年三月、柳田は世田谷区成城の自宅書斎に、自らの蔵書を財産として民俗学研究所を設置した（翌二十三年四月、財団法人として認可される）。昭和九（一九三四）年から続けられてきた木曜会は、民俗学研究所の中に発展的に解消し、その会合は研究所の例会に移された。また昭和二十四（一九四九）年四月には、民俗学徒のもう一つの組織である「民間伝承の会」を改称し、「日本民俗学会」が発足する。初代会長には柳田が就任した。こうして、日本民俗学の戦後の体制がスタートしたのである。

民俗学研究所は、研究者育成のため定期的に研究会を開催するとともに、出版、民俗調査、社会科教育の推進などの事業を手がけている。出版事業では、『民俗学辞典』（昭和二十六年）、『総合民俗語彙』（全五冊、昭和三十・三十一年）などが編纂・刊行された。『民俗学辞典』は、昭和二十六年度毎日出版文化賞を受賞している。出版事業の収益は、研究所の財源の一部に当てられている。民俗調査では、「本邦離島村落の調査研究」、「南島文化の総合的調査研究」、「大隅半島を中心とせる民俗の重層性と地域性の総合的研究」が実施された。

民俗学研究所の事業の中で、柳田が特に力を注いだのは、新しい社会科教育の推進活動であった。昭和二十二（一九四七）年三月三十一日、教育基本法及び学校教育法が公布され、四月一日からは、新しい学制による小・中学校が発足した。「社会科」は、六三制義務教育課程において新設された科目で、戦前の「修身」「地理」「歴史」「公民」の内容を統合し、「青少年に社会生活を理解させ、その進展に力を致す態度や能力を養成する」（二十二年版『学習指導要領』）教科と位置づけられた。教育基本法と学校教育法は公布に先立つ三月五日、枢密院に諮詢され、柳田もその審議に加わっている。教育民主化の目玉として新設された「社会科」の理念は、かつて『青年と学問』などで柳田が主張していた郷土研究、常民生活史研究の考え方とも重なり合うものであった。

理想実現の時節到来を感じた柳田は、民俗学徒たちに社会科教育への対応を働きかけ、自らも成城学園の教師たちを招いて研究会を開き、教育方法や教科内容をめぐる議論を深めていった。昭和二十四年からは、民俗学研究所で社会科の実験カリキュラムの作成を開始し、それにもとづく公開授業も実施された。昭和二十六年には民俗学研究所の所員が中心となって、社会科の教科書作りが始まった。

和歌森太郎の仲介で、実業之日本社が発行を引き受けることになった。昭和二十八年五月、小学生用『日本の社会』九冊が完成、同八月文部省検定に合格、翌二十九年度から現場での使用が開始された。一方、中学生用『新しい社会』は、検定不合格となり、教科書として使用されることはなかった。

日本民俗学の将来

昭和二十六年（一九五二）十一月三日、柳田は文化勲章を受章した。すでに昭和二十二年には芸術院会員、二十四年には学士院会員に選ばれており、この受賞で学者・文化人としての栄誉はほぼ極めつくしたことになる。

昭和二十九（一九五四）年十月、日本民俗学会の年会において、八十歳を迎えた柳田のための祝賀会が開催された。しかし祝福の一方で、同じ年会の公開講演において、日本民俗学に対する痛烈な一棒が振り下ろされていた。文化人類学者石田英一郎による、「日本民俗学の将来」と題する講演がそれである。この中で石田は、柳田門下の学徒たちが、他の諸科学から孤立した狭い領域に閉じこもって自己満足に陥っている現状を厳しく批判し、民俗学はその将来の発展のために、文化人類学と結んでその一分科としての道を歩むべきであると説いている。石田のこの議論は、同じ頃に家永三郎が発表した「柳田史学論」（昭和二十八年九月）と並んで、日本民俗学に対するきわめて本質的な批判であった。

昭和三十（一九五五）年十二月四日に開かれた民俗学研究所代議員会の席上、柳田は石田の「日本民俗学の将来」を批判し、「日本民俗学は広義の日本史である。それにもかかわらず、石田の見解に対して批判をあえてするものもなく、民俗学は低調でその発展は心細い。かかる無力な民俗学研究所は解散し、学会の発展に主力を注ぐべしという意味の重大な発言をした」（関敬吾『日本民俗学の歴史』）。

当時の関係者は、この発言の真意をさまざまに推測している。研究所の財政問題、柳田家と研究所との関係などを発言の背景として指摘する向きもある。あるいはそれは、経世済民の学という理念を忘れて「奇談・珍談に走り過ぎる」（「日本民俗学の頽廃を悲しむ（講演要旨）」・新35－一三五）民俗学の現状を憂慮した柳田が、その自立的発展を促すために取った荒療治だったのかもしれない。いずれにせよ、研究所のメンバーの誰にも柳田の発言を覆す力はなく、昭和三十二（一九五七）年八月、研究所は解散し、その蔵書は成城大学に委託されたのである。

『海上の道』

昭和三十六（一九六一）年七月、柳田國男の生涯最後の著作『海上の道』が刊行された。この書は、「日本人は、最初どの方面からどこへ渡って来たか。何百という数の大小遠近の島々のうち、どれへ始めて上陸し、次々にどの方角へ移り拡がって行ったものか」（1－五）という問いに対する、一つの大きな仮説を提示したものである。その中身は、書名となった論文「海上の道」をはじめ、「海神宮考」、「みろくの船」、「根の国の話」、「鼠の浄土」、「宝貝のこと」、「人とズズダマ」、「稲の産屋」の計八編の論文と、今後調査すべき項目を列挙した補説「知りたいと思ふ事二三」からなっている。

主論である「海上の道」では、まず風の性質・風の名称から説き起こし、椰子の実などの漂着物を例にとって、海上移動の発端は漂流・漂着にあるという考えを示す。そして、日本という島国の主たる交通ルートは、島の東海岸沿いに南から北へと向かう「海上の道」であったという仮説を提示するのである。さらに、日本列島への最初の移住のきっかけは、中国大陸の東海岸から宮古島周辺の南西諸島への漂着であり、その周辺海域が古代中国で珍重された宝貝（子安貝）の大産地であったことが、改めて集団的な移住を促したものと結論づけている。この主論を側面から補強する形で、「海神宮考」以下七編の論文では、沖縄諸島に伝わる海上他界観念が天孫降臨神話にはるかに先立つ日本人の他界観の原型であること、南西諸島でかつて首飾りに使用されていたズズダマ（イネ科植物ジュズダマの実）と宝貝との関係、日本本土と沖縄諸島の稲の信仰における文化的関連性などが説かれている。

『海上の道』の中で柳田は、大正九・十年（一九二〇・二一）の沖縄旅行（『海南小記』の旅）の際、琉球王家の末裔である尚順《しょうじゅん》男爵から宝貝の素晴らしいコレクションを見せられたことが、宝貝に着目したきっかけとなったこと（1-二六）、そして、昭和二十年の沖縄の戦闘で、尚順夫妻、その長男一家をはじめ一族の大半が悲惨な最期を遂げたことに言及している。沖縄民俗の研究者大藤時彦は、「第二次大戦の戦禍を受けた沖縄に対して先生くらい深い悲しみと同情とを持たれた人を知らない」（「柳田国男と沖縄研究」）と述べている。『海上の道』という著書には、その柳田の沖縄に対する特別な思いが込められていることは、多くの先学の指摘するところである。

この書に収められた論文は、「鼠の浄土」（昭和三十五年十月）を除いて、いずれも昭和二十五年から三十年の間に書かれている。その間、昭和二十六（一九五一）年にサンフランシスコ講和条約が結ばれたが、北緯三十度以南の南西諸島、小笠原諸島などについてはアメリカが信託統治する権利が留保された。その後、トカラ列島、奄美群島は本土に復帰したが、『海上の道』刊行の年には、沖縄など北緯二十七度以南の諸島と小笠原諸島は依然としてアメリカの統治下に置かれていた（小笠原の復帰は昭和四十三年、沖縄復帰は昭和四十七年）。

柳田はかつて、自分たちの「新たなる国学」（25－三二四）にとって「沖縄の発見ということは画期的の大事件であった」（25－三二六）と述べていた。柳田の見るところ、沖縄は「日本の古い分家」（二六九頁参照）であり、「民族全体の古代を映発する」、「古風保存の場所」であった（『郷土生活の研究法』25－三二七）。いわゆる「日琉同祖論」の立場に立つ柳田からすれば、沖縄施政権の放棄は、国家による民族解体の推進以外の何ものでもなかったろう。

騎馬民族説への反発

福田アジオは、『海上の道』には柳田の次のような思いが込められていると言う。

サンフランシスコ講和条約が沖縄をアメリカに渡す形で日本「本土」が独立するという内容であったことに対する深い憤りと悲しみをこめて、沖縄が日本の不可欠な一部であり、沖縄なくして日本は存在しないことを訴えたものである。それは直接的には表現しないが、日本の分裂・解体への危機意識の表明であり、それを推進する日本政府への激しい怒りであった。人々に沖縄のもつ重要性を訴え、人々の認識を変えることで沖縄と日本「本土」の一体性を回復しようとした

（「柳田国男の民俗学研究と危機意識」）

ものと言えよう。

よく知られているように、『海上の道』は、昭和二十三（一九四八）年に東洋史学者江上波夫が提起した、いわゆる「北方騎馬民族説」を強く意識して書かれたものである。騎馬民族説とは、四世紀初めに天皇家を中心とするツングース系騎馬民族の一派が朝鮮半島から九州に侵入し、その勢力が四、五世紀頃に畿内に王権を確立したという仮説である。柳田はこの説をまったく認めず、学問的な批判を加えるだけでなく、ときに感情的な反発をあらわにしている。騎馬民族説を提起するシンポジウムを受けて開かれた座談会の中で、柳田は、やや興奮した口調で、同席していた折口信夫に向かって次のように問いかけている。

いかがですか。これは容易ならぬことで、よほどしっかりした基礎をもたなければいえぬことだと思う。いったいありうることでしょうか。あなたのご意見はどうです。つまり横取りされたということを、国民に教える形になりますが。

（「日本人の神と霊魂の観念そのほか」『民俗学について　第二柳田國男対談集』）

これに対して折口は、「われわれはそういう考え方を信じていないという立場を、はっきり示していったらいいのではないでしょうか」と答えている。しかし盟友折口信夫も、『海上の道』の完結を待たず、昭和二十八（一九五三）年に六十七歳で世を去っている。

騎馬民族説に対して、柳田が反対を唱える理由の一つは米の問題であった。稲作と無縁の騎馬民族は、「米を以て神を祀る習俗をいつ採用した」（同）のか。どこかの時点で採用したとしても、わざわざそれを携えて、改めて南の島にまで移住していったということは考えられないと柳田は反論する。すなわち、もし騎馬民族征服王朝説を認めるとすると、南島の人びとが日本民族から切り離されてしまうと柳田は考えたのである。柳田八十四歳のときに書かれた自伝的回想集『故郷七十年』（昭和三十四年刊）では、「騎馬民族説への疑問」と題して、次のようなことが記されている。

私は稲作習俗をもった南の人種がこの潮流にのって、島影づたいに来たのではないかと考えている。〔中略〕今日では大陸から朝鮮を南下し、海峡をぴょんと渡って日本へ入って来たろう、文化も人間もみなそうして入って来たろうと、簡単にきめる空気が非常に強いが、私ははっきりとその説に反対している。何故なら南からでなければ稲は入って来ないし、稲が来なければ今の民族は成立しないと思うからである。今の民族は単に百姓が米を作るだけでなく、皇室も米がなければ神様をおまつりすることができないのである。神様を祭る時の食物には必ず稲が入っている。したがって私は日本民族は稲というものと不可分な民族だと確信している。（別3－四〇五）

騎馬民族説に対して柳田が猛烈に反発したのは、おそらくそれが沖縄と日本の一体性、常民と皇室の一体性という理念を根底から揺るがすものだったからである。『海上の道』は、騎馬民族説によって揺るがされた日本民族の全体性を回復するために書かれた、一種の思想書であるといえるかもしれない。

終　焉

昭和三十六（一九六一）年二月、柳田の実質的な著作全集である『定本柳田國男集』の出版が正式に決定した。九月には筑摩書房との間で出版許可契約が交わされたが、この頃から柳田には心身ともに衰えが目立ち始めていた。高齢の老人にありがちなうつろな目をしたり、「ついさっき話したことをもう一度元に戻して尋ねられるという傾向」がしばしば見られるようになった（和歌森太郎「柳田先生を訪ねて」）。

昭和三十七（一九六二）年、柳田は八十八歳の年を迎えた。誕生日（七月三十一日）に先立って、五月三日、日本民俗学会主宰の米寿を祝う会が成城大学で催された。体力が弱っていたため、会場から自宅へ車で戻って休憩を取りながらの出席であった。世話人たちの打ち合わせでは、柳田には少しだけ顔を出してもらって、少しでも早くお帰りいただこうということになっていたという。今野圓輔は、そのときの模様を次のように記している。

予定した時間は、どんどん過ぎていった。

世話人たちのあいだで「もう立ってもらわなくては……」「もうあきらめていただこう」などの私語が、しきりに交わされはじめた。だが先生は、意外にも、

「もう少しいいだろう君、えっ、もうだめかい。私は大丈夫なんだよ。ちっとも疲れていやしないんだ。もう少し居るわけにはいかんのかね……」

そう何度もおっしゃって頑張ろうとなさる。会場の誰彼を目で追いながら、

「あゝ、あんなところにA君が居た」

「Bもやって来ていたか」

と、つぶやいては、手を差しのべたそうに、なつかしそうになさる。強引に催促して席を立っていただき、帰りはじめると、皆さんがどっと慕い寄って来られた。ぐっと近くなった門下の誰彼の顔を見た先生の足はまた止る。先生は、呼吸を整えながら、ひとりひとりに、ゆっくりと話しかけられる。その都度、先生を抱えこむようにしながら、二歩三歩と人垣を押し分けて進む。

「ちょっと話したいんだ。あ、C君が来ている。君、もうちょっと居るわけにはいかないかね。え、ほんの少しずつでいいんだが……。あゝ、みんな、君、あんな遠方から来てくれて……」

二百三十余名の参会者のうち、直接に先生と話のできた人は、十分の一も居なかったろう。私はもう、こみあげる激情を噛みしめながら、先生のからだを連れ出すことだけに夢中で、誰の顔も区別がつかなくなっていた。おそらく、ちょっとしたきっかけで、みんながワッと泣きだしながら、先生のところに殺到するにちがいない。そんな異常な雰囲気になりかけていた。

「これが先生との今生の御別れになるだろう」と、大部分の人たちが直感していたにちがいなかった。

（「先生と師匠と」「定本二十八巻月報」）

そのおよそ三ヵ月後、昭和三十七（一九六二）年八月八日、柳田國男は成城の自宅で八十八年の生涯を閉じた。死因は心臓栓塞となっている。葬儀は、柳田家の菩提寺円通院住職を導師として、仏式で執り行われた。戒名は永隆院殿顕誉常正明國大居士、遺骨は多摩丘陵にある公園墓地春秋苑（川崎市多摩区生田）に納められた。

終　章

柳田の思想世界

純白の羽を広げる鳳凰（伊藤若冲画「老松白凰図」宮内庁三の丸尚蔵館蔵）

鳳凰とは空想上の瑞鳥。柳田は、芥川龍之介から紹介された、本所（東京都墨田区）の空を飛ぶ白い鳳凰の幻覚の話に感嘆している（358 頁参照）。

夢まぼろしの共同性

妖怪の居場所

今、仮に世界を自然の領域と人間精神の領域とに分けてみたとする。このとき、たとえば一つ目小僧や河童といった妖怪は、一体どちらの領域に属することになるのだろうか。

多くの人は、それらは空想上の生き物（？）なのだから、当然人間精神の領域に属すものだと考えるかもしれない。しかし、空想の中に住んでいるにしては、彼らはあまりにもはっきりとした輪郭とディテールを具えている。柳田も、ただ何となく怖いなどという「輪郭の不鮮明な妖怪」は、自慢ではないが一つも知らぬと豪語している（5－一一八）。彼の知っている（？）妖怪、たとえば一つ目小僧はこういうものである。

大抵は雨のしょぼ〳〵と降る晩、竹の子笠を被った小さい子供が、一人で道を歩いているので、おう可愛そうに今頃どこの児かと追いついて振回って見ると、顔には眼がたった一つで、しかも長い舌を出して見せるので、きゃっといって遁げて来たというようなことである。（「一目小僧」同）

一つ目小僧に限らず、たいていの妖怪は、ほぼ一定の性質を具え、日本全国いたるところに生息（？）している。明らかに彼らは、特定の作者のでっち上げた虚構ではないし、一人や二人の人間の「万八《まんぱち》や見損い」（同）の産物とも考えられない。一つ目小僧、河童、ザシキワラシ等々の妖怪変化は、非常に多くの人が、同じようなものを「見た」「出会った」という経験を基礎として「存在」しているのである。ましてや女に化けたり、死人を起き上がらせたりする狐（4－四三～四四）や、和尚に化けて諸方に書画を遺していった狸（4－九二）に至っては、妖異をなすとはいえ、狐や狸である以上、自然界の動物であることに違いはない。彼らは、寂しい峠道や黄昏の街角、古寺の庫裏や家の中の暗がりなど、人間の頭の「外」の世界に、確かに「いる」のである。

河童と相撲を取った、ザシキワラシに会ったなどというのは、幻覚か、さもなければ夢でも見たのであろう。どれほどリアルであっても、所詮それらは、頭の中で生まれた妄想の一種に過ぎない。おそらく人は、そう言って反論するだろう。そして、事実はその通りであるのかもしれない。だが翻って考えてみるに、そもそも昔から今に至るまで、日本中の極めて多数の人びとが、同じ夢、同じ幻覚を見てきたという事実を、一体どのように理解すればよいのだろうか。「私」の見た夢や幻覚なら、それは私の頭の中にあるのだろうが、他人が見た同じ夢、同じ幻覚もまた、私の内部、私の精神に属すということができるのだろうか。

事がらを、もう少し精確に言い直してみよう。妖怪が、多くの人が見る共同幻覚、あるいは共同の夢の形であるとして、それは「主観」、「客観」のいずれに属しているのだろうか。「私」の見た幻覚、夢であれば、それは私の主観に属する。しかし、大勢の「私」の見る同一の幻覚や夢は、一人ひとりのこの「私」の主観に対しては、「外」にあるものではなかろうか。妖怪が、あるいは夢まぼろしが世界のどこに位置するかという問いは、こうして、共同幻覚は主観であるのか、それとも客観であるのかという、ひどく奇妙な、それでいてある意味、本質的な問いに行き着くことになる。

人間共同の根底

話が妙な方向にそれていると思われるかもしれないが、思想家としての柳田國男の全貌を描き出すためには、日本人の「まぼろしの歴史」（17―八〇）の問題を避けて通るわけにはいかない。

すでに見てきたとおり、柳田の関心は一貫して人間共同のあり方へと向けられている。日本人は古くから、主に農業を生業とする暮らしを営んできた。農業は土地に根ざし、また労働力の結集を必要とする産業である。それゆえ日本人の先祖たちは、一定の人数が集まって家をなし、家々の集まりが村落共同体を作って一つの土地に居住していた。人びとの間では、共同体を作って定住することが、幸福な生活を追求するための基本条件であると考えられていた。「孤立の淋しさと不安とから免れたい」（24―三八六）というのが島国の民族に共通する心情であり、漂泊する旅宿の境涯はそのまま不幸な生活（12―四三七）を意味していた。

人びとが定住共同体を形成したのは、農業生産（共同労働）のためである。しかしより古い動機は、子孫を増やすのに都合がよいこと（配偶者を見つけやすく、子育ての安全も保たれやすい）という、人間という動物の「無限に遠い」「来し方」（15―一〇）にまでさかのぼると柳田は言う。人びとが集まって住むことは、食物の確保（生産）と子孫の繁栄（種の保存）という二つの意味において、幸福な生活の「自然的」な基礎となる。まずは、そのように言うことができる。

しかしながら、日本の農村共同体における人びとの結合・共同性のあり方を、すべてそうした自然的基底における統一に還元し去ることはできない。確かに、村には共同作業や相互扶助などによる「経済的統一」があり、また親族・一族間の血縁的な秩序が存立していた。しかし、村落共同体の経済的統一が、経済だけでは説明できない「経済学以外の理法」(「九州南部地方の民風」)に規定されていた(一〇二頁参照)ように、血縁的な共同性にもまた、生物的な自然には解消できないある種の幻想がまとわりついている。のちに触れるが、柳田はこれを「伝統」(『先祖の話』10-一二三)とか、「家に専属した一種の趣味、または隠れたる性癖」(「熊谷弥惣左衛門《くまがいやそうざえもん》の話」5-三四〇)などと呼んでいる。

統一の快楽

まずは、共同労働について見てみよう。田植えのように村人が集まって行う共同作業は、共同体の横の連帯、共時的・空間的な共同性が典型的に発現する場面である。そこでは、どのようなことが起こっているか。柳田は次のように言う。

田植え歌のような労働歌は、軍隊の号令や楽長の指揮棒のように動作を指揮するものではなく、「人の心を一心にし、大きな一つの群が働いて居るという感じ」に人びとを誘導する手段であった。この統一の感覚は、太古以来人間とわずかな動物のみに与えられた「生存の悦楽」であって、「ウタ」はその状態に人を導く特別な音声だった。人が働くために統一を求めたのは後のことで、最初はむしろ、「統一の快楽を味う」ために「戦いもすれば踊りもし、又働きもしたのである」(17－二五六)。骨折と遊びと、今日の経済学ではプラスとマイナスの如く考えて居るものを、総括して我々の民謡が支配して居るのは、つまりは其差別のまだ立たなかった時代から、もう此物の存在した証拠である。日本の国情のよそと異なって居たのは、一番大切で且つ苦しかった田植の労働が、つい近い頃まで労働だか祭だか、はっきりとは見極めのつかなかったということである。

(『民謡の今と昔』17－二五六～二五七)

ここで述べられているのは、生きるための手段と、生きる目的とが分裂していない、全体としての生の顕現である。辛い労働を快楽に変え、「生と労とを、一つに結び付けて見る」(16－二九八)のは、人びとの共同団結の力であり、かつての村人は、生涯の間に何度もその幸福を感じていたと柳田は言う(16－三〇一)。労働と遊び、手段と目的、自然的なものと精神的なもの、これらは人びとが共同することにおいて一つのものとなる。共同団結の中で、人は真に満ち足りた生の味わいを体感する。「尋常なる毎日の生活の繰返し」(6－一四〇)の中に、時を定めて現れる「興奮の興味」「花々しい活気」は、「我々の祖先の、村に住む一つの幸福でもあった」(『都市と農村』16－三二九)のである。

村の生活には、単なる経済的協力関係では説明できない「隠れた連帯」(16－一七六、八一頁参照)がある。それは利害の一致による共同ではなく、「統一の快楽」、「群の快楽」(24－三八九)、「共同の興奮」(25－二〇八)として経験される共同性である。陶酔の坩堝《るつぼ》の内に心が一つになる経験、幻想の共同性とでもいうべきこの経験が、民俗世界の共同性の本質をなしていると柳田は考える。この共同性は、たとえば村人たちの間にある「共同の感覚」、「共同の思惟」を形づくっている（19－一七九）。

夢もまた、そうした幻想レベルでの合一体験をもたらすものの一つであった。人びとは異様な夢を見れば、その内容を周囲に語ってそれを共有しようとした。人びとの間に類似した内容の夢がしばしば現れるという事実は、夢が共同のものである証拠であると信じられた。夢は人びとによって共有される心の体験であり、「一家のうちでは、夢も本来は共有の物であった」（6－一三二）。共同体において共有されるこうした心的な体験の形を、柳田は「共同幻覚」とか「共同の夢」の名で呼んでいる（6－一三一～一三二）。

人びとは共同の興奮の中で、十全な生のあり方を経験する。そのとき、人びとを結びつけている共同性は、「一村数十人の者が、我も人も同時に」（4－三八二）起こす幻覚という形をとって現前する。田植えや祭りのような共同労作において、人びとは働き、踊り、歌うといった同一の所作を介して身体的な共同を実現する。人びとは、魚の群れのような一つの大きな身体の一部となる。しかし、それだけではない。人びとの心もまた、別々の知覚・思考を持つそれぞれの心であることをやめて、一つの知覚・一つの思考だけを持つ一つの心に統合される。歌や酒は、本来この共同幻覚の体験へと人びとを誘導する手立てであったと柳田は考える。また、祭りに入る前に一定期間厳しく守られる斎忌も、神がかり状態を作り出して、共同幻覚（託宣や夢占）を呼び出す条件となっているという。そして、「尋常なる毎日の生活の繰返しに於て、到底得られない経験」、すなわち「共同幻覚」の体験を記憶・保存し、「同じ感動を次から次へ、運ばせ」るための媒体が、人びとの間に発生した「文芸」だったのである（「文芸と趣向」6－一四〇）。

共有されるまぼろし

一つの共同体は、共同幻覚の記憶としての説話や伝説を共有している。たとえば『遠野物語』は、遠野という山間の共同世界の共有する幻覚の集積体である。『遠野物語』は、しばしば「データそのものであるが、同時に文学」（三島由紀夫「柳田国男『遠野物語』」）であるといわれる。柳田の意識においては、「一字一句をも加減せず感じたるまゝ」（4－五）を聞き書きした採集記録であるにもかかわらず、しばしば柳田の筆力が作り出した文学（ときには、事実を捻じ曲げた虚構であると非難する論者もいる）であると感じられるのは、おそらくは物語の姿をとって現前する共同幻覚に、聴き手の柳田自身の心意が共振・同調してしまっているからなのであろう。言葉となった共同幻覚は、伝播し、感染するのである。

民間の口承文芸は、共同幻覚の実在形態である。たとえば、こんな話がある。ある馬方が、夕方に坂道を通りかかると、婦人が現れて手紙を託される。いささか不審に思って、途中で出会った山伏に手紙を読んでもらうと、手紙には「前略、馬を引く男の腸ひとそろい、右進呈いたします」と書いてあった。馬方は仰天し、自分に都合のよいように書き換えてもらって事なきを得たというものである。この話の類型は、全国に（のみならず海外にも）分布しており、柳田はそれを「己が命の早使ひ」と名づけている。

この話がどこかから伝わってきたものだとすると、こんな突拍子もない話を、人はなぜわざわざ遠くまで運ぼうとしたのかが問題である。また、各地に同じ話があるのが偶然の一致であるなら、普通には思いつかないような空想が、まるで申し合わせたように、人の頭の中に出現するのはなぜか。そのことこそは、「学者が、万年かかっても、とても明らかにする事の出来ない人類の秘密」であり、「やはり宇宙第一の不思議は、人間その物であるといわねばならぬ」（『妖怪談義』4－三七六）と柳田は述べている。

こうした伝承は、もちろん、体験された幻覚をまるごとそのまま写しているわけではない。だが、それが生まれてきた元には、ある共通の状況下における同じような興奮（快感、喜び、驚異、畏怖など）があったのは確かであろう。そして、その体験がいったん言語の形で保存されてしまうと、それは独立した実在となって、人から人へと伝播することも、形を変えて新たな文芸を生み出すこともできるようになる。すなわち、最初の幻覚が、体験した当事者を超えて、さらに多くの人びとに共有されることが可能になるのである。

日本という国ほど、「土地〳〵の生活事情の幾通りにも変化して居る国」（25－一八八）は珍しい。郷土研究が明らかにしたのは、日本が国土の構成から考えて統一の容易でない国である（11－二八三）にもかかわらず、同じような内容の共同幻覚の記憶が、全国いたるところに残されているという事実であった。柳田はその背景として、氏の神を分祀したり、大きな神を勧請したりしながら農民が各地へ移住していった歴史、あるいは、文芸を流布しながら諸国を漂泊した職人や宗教者集団の存在を想定している。常民たちの信仰行事や生活慣習は、どこの土地でも符節を合わせたように一致している。「西は筑紫の海の果から、東は南部津軽の山の蔭に及ぶまで、多くの農民の行事が殆ど些かの変化も無しに、一時一様に」（『雪国の春』２－一四）行われているという事実は、一つの同じ伝承世界（民俗世界）が全国的に共有されていることを物語っている。日本という国もまた、同じ共同幻覚を共有する一つの大きな民俗世界なのである。

死者との交感

同様のことは、同時代の横の共同関係だけでなく、先祖から子孫へとつながる「年代を超越した縦の結合体」（『先祖の話』10－二四）についても当てはまる。「文学は同時代人の間の一つの連鎖であると共に、親や祖父母との交感の手段でもあった」（「文芸とフォクロア」６－一四九）と柳田は言う。もちろん、ここで直接思い描かれているのは、子供が炉辺で年寄りの物語を聞くといった場面である。しかし、その一見平凡な光景もまた、「宇宙第一の不思議」と奥深くつながっている。

「世の中に、「人」ほど不思議なものはない」（「熊谷弥惣左衛門の話」５－三四〇）。こう言って柳田が挙げるもう一つの例は、江戸浅草にあった熊谷稲荷に関する伝承である。「熊谷弥惣左衛門（あるいは安左衛門）」という人物が、かつて助けた狐の恩返しを受けるというこの伝承は、全国各地に分布している。そして武蔵の熊谷（現在の埼玉県熊谷市）から出て全国に分布する熊谷一族には、なぜかしばしば「弥惣左衛門」という通称の人物が現れる。たとえば、と言って柳田は、親しい先輩で農学士の「熊谷八十三《やそぞう》」や、歌人香川景樹の高弟「熊谷直好《なおよし》」の通称「八十八《やそはち》」などの例を挙げる。そして、「鈴木という家の人がよく三郎と名づけられ、あるいは亀井という苗字にはしばしば六郎と名乗る人が多い」のと同様に、これは「家に専属した一種の趣味、または隠れたる性癖ではないか」（5－三四〇）と述べている。

いうまでもなく、「弥惣左衛門」という名前は、熊谷という家門の時間を超えた共同性を表示する共同幻覚の形である。柳田がそのことを、「不思議」であると感嘆するのは、見も知らぬ遠い先祖たち、つまり死者たちとの直接的合一が、今ここにおいて体験されているからである。日本の家々の多くは、家の祭祀を通じて先祖との交感を絶やさずにいる。また、名字や地名を手がかりとして、家門の来歴をたどることもできる。家は、時間を超えて幻覚を共有する生者と死者との共同体である。無意識の裡に伝えられる家風とか家の伝統と呼ばれるものが、生者と死者に共有される共同幻覚の形である。

幻想としての共同性

吉本隆明が、「共同性としてこの世界と関係する観念の在り方」を共同幻想と名づけ、『遠野物語』と『古事記』を素材として『共同幻想論』を著したことはよく知られている。共同幻覚の形態であるところの「伝承」を共有することにおいて成り立つ共同性、すなわち柳田の考える民俗世界の共同性は、吉本の言い方では「共同幻想性」「幻想としての共同性」ということになるだろう。吉本は、この「幻想としての共同性」を個に対する桎梏《しっこく》・抑圧として働くものととらえ、その克服をめざした。

しかし柳田は、幻想の共同性を基本的に望ましいものとしてとらえている。「以前は町とちがって常の日は故郷は睡って居た」(24－二三六)と柳田は言う。田植えや収穫、祭りや吉凶の行事を除いては、村は静かに沈みこんでいた。「常の日」を支配しているのは、「遺瀬無い生存の痛苦」、「どんなに働いてもなお迫って来る災厄」、「別離」、「明朝の不安」(「清光館哀史」2－一一〇)の数々であった。そうした「生の痛み」を癒す「バルサム」(二五七頁参照)として、幻想の共同性は「世に存在する」(同)。共同労働や祭りの中で立ち現れる共同性において、人はつかの間ではあるけれども、十全な生の手ざわりを体験する。だからこそ、「村の少女は悉く新しい笠と襷とを用意して、さゞめいて田植の日の来るのを待兼ねた」(17－二五七)のである。

もっとも、柳田も手放しで「統一の快楽」を礼賛しているわけではない。柳田は、こうも述べている。

国民の凝り性と淋しがり、人が多勢で催して居る仕事には、何でもかでも仲間に入らずには居られず、入れば又心から楽しくなるという気質は、政治には毒だが文学には健全な結果を齎して居る。(『笑の本願』7－一七五)

「皆が進む方向についていきさえすれば安全だという考え方」、「魚や渡り鳥のように群れに従う性質」(『日本人』)は、確かに普通選挙時代の民主政治にとっては「毒」である。柳田は団結共同、心の合一の価値を強調する一方、それが事大主義、付和雷同、他人任せの無責任に陥ることを厳しく戒めている。特に、普通選挙が始まった時期には、「現在は寧ろ多くの無意味なる団結を抑制して、個人を一旦は自由なものにすること」（『世相篇』24―三九二）が大切であると説いている。柳田が「群れ」の心性に自由な個人のあり方を対置するとき、その彼方には、漂泊する山人や江戸時代の流浪の文人菅江真澄《すがえますみ》のような寂しい旅人の姿が思い描かれていた。柳田の中では、漂泊者・旅人のイメージは、定住共同体に由来する心性を相対化する独立不羈《ふき》の精神を象徴するものとしてあったのである。

霊魂の共同体

とはいえ、総体としてみれば、柳田が孤立よりも統一の価値に重きを置いていたことは否めない。そのことはとりわけ、死後の霊魂をめぐる考えにはっきりと現れている。

柳田は農政をめぐる議論の中で、国家というものを、死者と生者、これから生まれてくる者たちの共同事業であると述べていた。死者、生者、子孫からなるこの共同体は、単なる人の集合体なのではない。その共同は、やはり一つの幻想としての共同性の上に成り立っている。柳田は、日本国、あるいは日本民族のレベルで見られた幻想の共同性の形態を、「固有信仰」の名で呼んでいる。生者を結びつけるものが幻想の共同性であるなら、生者と死者、死者と死者との共同もまた共同幻覚、共同の夢のレベルにおける結合であるだろう。幻想の共同性の根源をなす経験は、群れの中に融合していく「昏睡忘却」、「静かな陶酔」（17―二五七）である。この融合の境域に入っていくためには、歌や酒、一定の準備期間（斎忌）などが必要とされるが、柳田は同様のことが死者の霊魂のあいだでも起こるものと考えている。

生者の世界と同様に、死者の世界にも、定住して共同体を作る霊魂と孤立漂泊する霊魂とがある。前者は先祖として祭られる霊、後者は祭る者のいない無縁の霊魂、「寂しい個人の霊」（『先祖の話』10―一〇七）である。そして、先祖の霊魂は一定期間を過ぎると、「人間の私多き個身を棄て去って、先祖という一つの力強い霊体に融け込み」（10―一〇六）、神となって高い山の上から子孫を見守っている（三一六頁参照）とされる。このように柳田は、祖霊の集合体が神の起源であると見ている。もっともこの考えには、「人間は死によってなぜ神となるかを充分に説明しているものではない」（中村哲『柳田国男の思想』）という批判も出されている。しかし、それが果たして「説明」になるかどうかは別として、柳田が「一定の年月を過ぎると、祖霊は個性を棄てて融合して一体になる」（『先祖の話』10―九五）という信仰を、共同の労作を通じて心が一つになる体験とパラレルにとらえていることは確かである。

この二つはどちらも「個性」を滅却し、「穢れや悲しみから超越」（10―一二四）した純一な忘我の境地として思い描かれている。死者は「現世生活の最後の名残」（10―一三二）である肉体を静かに消滅させ終わったとき、「清い和やかな神」（10―一二四）となる。「とぶらい上げ」（10―九四）のような、死者を清らかで静かな境地に送り出す手続きは、人びとを没我一体の境地に導くための一定期間の禁欲（斎忌）と表裏している。共同体の個々の具体的な成員としてのあり方を消し去ることによって（すなわち、「清まわる」ことによって）、祖霊は「氏神」という神になる。祖霊の融合体である氏神は、家門という共同体の純粋な一体性、共同性そのものを神格とするのである。

柳田は、「眼に見えぬ一つの力、一つの愛情」（10－一三二）となった「氏神」が、取りも直さず「田の神」であった（10－一二三）と考える。田植えの場に降臨する神は、すでに亡き先祖たちの共同団結のかたちである。人びとは田植えの興奮の中で、死者たちの霊魂との合一を体験しているのである。

うちなる原始人

幻想のレベルにおける死者たちの共同性と生者のそれとは、パラレルであるだけでなく、連続したものでもある。柳田は、『遠野物語』の語り手佐々木喜善が娘を亡くしたときに見た夢の話を紹介している。三十日祭の前夜には、岩石の聳え立つ山の中腹を娘が登っているさまを夢に見た。四十日祭の前夜には、朗らかな青空のもと、宙を踏んで歩く娘の姿を見た。そのときには、どこからともなく、追分節の長く引いた歌声が聞こえてきた。そして五十日の近づく頃、今度は長い橋の上で娘と行き会った夢を見たという。それからしばらくして、佐々木が秋田県に旅行した折に、偶然耳にしたイタコという巫女の歌う神降ろしの歌の前半が、夢で聞いた追分節の通りの節であった。

もちろん、こうした「夢の一致」は、何とでも合理的に説明できる。追分節に似た神降ろしの歌が秋田にあるなら、岩手県の住民である佐々木も、それを耳にする機会があったであろう。無意識の裡のその記憶が、たまたま夢に現れてきただけなのかもしれない。柳田も、「少なくともフロイドの学徒などは、そう断じてしまおうとするだろう」と、そのことを認めている。しかしながら、信越国境碓氷峠を昇り降りする馬方の歌（信濃追分節）と、神降ろしに携わる者が伝えてきた歌の曲調が相似していることの理由、また追分節が、恋慕の情を歌う港町の座敷歌（江差追分節）になっていった理由や経路は、いまだ解き得ない謎である。

さらに大きな謎は、愛する娘を失うという「人間の一大事」に際して、よりによってなぜ追分の節が人間愛の彩りとしてよみがえってきたのかということである。たとえ、「潜在意識の潜在」は突き止められたとしても、潜在意識の根源、「起伏して絶えざる流れの水上」を探りあてた者はいない。このように述べた上で柳田は、碓氷峠は日本武尊《やまとたけるのみこと》が亡き妻を慕った伝説の地であること、田植えの日の早乙女が臨時の巫女であったこと、かつては馬方が神に愛される若者を象徴していたこと、お産のとき馬に牽かれて山の神を迎えに行く習俗が各地に分布していることなど、潜在意識の流れの湧出点を探査していく。

そして柳田は、佐々木喜善の見た夢の「一致」の根源は、「山が我々の後世前世であった時代」の記憶にあったのではないかと推測する。我々がそこから生まれてくるところの「自然」、死んで帰って行くところの「自然」、そして我々の生の営みとしての「自然」、この三つの自然が不可分であった太古の記憶、それが「山」という夢まぼろしとなって、今の人びとの中にも伝えられ共有されている。人間の自然性と内面性とが、よそよそしく対立することはなく、親密に重なり合っていた、その全体的な生の経験は、夢や幻、あるいは無意識といった、自然とも精神ともつかない境域として変わらず保存されている。柳田は、そのように考えている（『広遠野譚』17-七五〜七七）。

こうした無意識の裡に原初の記憶が保存されているありようを、鶴見和子は「われらのうちなる原始人」と呼んでいる（鶴見「われらのうちなる原始人」）。幼少時に何度か「神隠し」に遭いかけ、また不思議な幻覚を見た（4－三二九〜三三二）柳田自身も、明らかに「田夫野人」を胸の中に住まわせた近代人の一例（25－二五七）であった。

遺伝する「豊熟の歓喜」

柳田の著作の中には、念仏踊りの群れの熱狂（『石神問答』）や、狩りで獲物を追う武士たちの歓喜（『後狩詞記』）など、人びとが集団で陶酔境に陥る異常心理への言及がそこここに見られる。

そして柳田は、そうした「群の快楽」、「共同の興奮」の源泉を、人が原始未開の時代に体験したと想像される大きな感激の中に求めている。狩猟と採集の生活を送っていた原始の時代、先祖たちはときに無尽蔵の獲物を手にする機会に恵まれた。柳田が阿蘇男爵家で見せられた下野狩の絵巻は、そうした「天然物採取時代の印象深かりし幸福」（24－三三七）のありようを如実に伝えるものであった。「人と動物とが対等な交際をした時代」（6－一一九）には、狩猟・採集は生業であると同時に戦いであり、娯楽でもあった。鹿や猪を包囲し、追い詰め、矢で射すくめる。勝利と流血の熱狂の中で、「取れども尽きぬ」（24－三三七）獲物の山に歓喜の声を挙げる。「斯うして富を楽しみ又人生を味わった時代が曾てあったのだ」（「サン・セバスチャン」22－三七四）と、柳田は言う。

人びとはかつて「豊熟の歓喜」（16－三〇一）の中で、宗教的な法悦にも等しい忘我の境地を味わっていた。その印象は、採りきれないほどのきのこを見つけたり、釣り針を下ろす間ももどかしいほどの入れ食い状態に出会ったときの興奮の中で、今も繰り返し再現されている。もしかしたら、消費の限度を忘れてしばしば生産過剰に陥る我が国の生産政策は、太古の「豊熟の歓喜」に引きずられているのではないか。柳田は、そのようなことまで推測している（『世相篇』24－三三七〜三三八）。

人間が、自然界に対する人間の社会を見出していったのは、そうした野獣の社会との交渉を通じてであったと柳田は考える。「茫漠として威圧する無限の山野」に直面して、「我々と共に活き、或は敵として又は友邦として、隣を接して居た幾つかの獣の社会」を知らずには生活できない時代がかつては確かにあり（『孤猿随筆』22－三一〇）、動物たちとの交渉は、人間が「天然の中に自分を見出すの途」（24－二三三）であった。そして、もしそうであるとするなら、原始の時代に先祖たちが味わった興奮の本質は、「豊熟の歓喜」にあるというよりは、むしろそこにおいて人びとの心が一つに融け合うこと自体、すなわち自然界の中で人間が共同すること自体の喜びにあったということができるだろう。

サン・セバスチャンのモチーフ

柳田は、ヨーロッパ滞在中に眼にした、池に追い込まれた鹿に無数の矢が射られている絵と、よく太って色の白い若者が、「後ろ手に樹に縛られた腕やら胸腹に篦深《のぶか》く箭《や》を射付けられて、それが折れて血を流して居る」絵（聖セバスチャン殉教図）とを引き比べて、次のようなことを述べている。

宗教画にしばしば見られる殺戮や流血のシーンは、狩猟の場で体験された原初の興奮の反映である。宗教の世界で「いまわしい残忍な絵」が「高く掲げて賞美」されているのは、残虐な光景そのものへの嗜好からではなく、それによって見る者に「祖先伝来の大感激」をよみがえらせ、「彼等の霊なる力の集中と活躍」を促すためである。つまり、「情感を統一し単純化させ」て、人を宗教的法悦の境地に導く手段として、血にまみれた殉教や戦闘の場面が描かれるのである、と（「サン・セバスチャン」22―三七七〜三七九）。

「豊熟の歓喜」に由来するモチーフが呼び起こすのは、かつて共同の興奮の中で体験された忘我の境地である。人と動物との距離が近かった太古においては、動物との交渉は直接自然に根ざした、自然界の出来事であった。しかし戦いの熱狂の中で、人が経験する情感の統一、魂の集中は、人間精神の中の出来事である。それはちょうど、「火」の「炎」と「色」の「原始的なる魅惑力」（『雪国の春』2―三五）が自然に根ざし、「火を焚けば話がはずむ」（同2―四五）という現象が、人間社会の起源に結びついているのと同断である。柳田の思考に即すならば、人間共同の本質をなす幻想の共同性の起源は、自然と精神とが交わりあう境界の領域にあるということができる。そこはまさに、動物でも観念でもない「妖怪」が住まう領域、模糊とした「まぼろし」の世界なのであった。

夢見る思想家

社会改良論を裏打ちする「まぼろし」

柳田が表立って説き続けた日本民俗学の「思想」は、現在の日本社会の根底をなすものを研究し、それを社会改良に役立てるという主張にほぼ尽きている。日本民俗学は、日本人である我々自身の生活改良のために、「日本人の今日ある所以乃至は日本が永く日本で無ければならぬ理由を、動かぬ社会現象からの証拠材料に由って納得させる迄」研究する「どこ迄も国民的」な学問、つまり、一種の「国学」である（「雑誌は採集者の栞」25－五〇三～五〇四）。その研究関心は、先祖から子孫へと受けつがれてきた日本人の生活の持続と変化のありかたを明らかにすることに向けられる。社会が変化していく中で、人びとの生活の内のどれだけのものが変わらずに残るのか。どれだけの部分が保存されれば、国・民族の永続と言えるのか。そして我々の意思・判断は、どこまでその持続ないし変化を左右できるのか。こうした問いによって構成される「生活の永続という問題」（『婚姻の話』15－一六）への関心は、日本民俗学が、過渡期の変革に対処するための「経世済民」の学であることをよく示している。

自己省察を基礎とする世のため人のための学問という、「日本民俗学」について柳田が繰り返すテーゼは、思想としてはきわめて単純でわかりやすい。ひとからげに言ってしまえば、それは歴史主義に根ざした社会政策論の一種であり、少し毛色の変わった社会改良論以上の何ものでもない。

吉本隆明は、柳田の「民俗学的な業績などを分類」したりしても、結局は「白けた論理」を運ぶだけだという（吉本『柳田国男論』）。吉本のように、「柳田国男の民俗学的な成果など、できれば論じないで済ましておきたい」（同）とまでは言い切れないにしても、柳田が正面切って説き立てる「思想」は、確かに通俗的といってもよいほどに平板である。

吉本は、柳田の「文体と方法があたえる流れが連続する感じ」、「既視の感じをしている彼の文体と方法」の中に、柳田の「思想の核心」を見出し、それを一つの自然哲学としてとらえ返している。「自然はどこから来たのか。そしてどこから尽きない自然は送りこまれてくるのか」（同）というのが、柳田の思想の始めと終わりをなす問いであったと吉本は述べている。

吉本の柳田論そのものはさておき、少なくとも表向きの叙述の「空隙」にこそ、柳田の本領があるという指摘は十分に首肯できるものである。多くの先学が指摘するように、柳田の議論は、政策論であっても「個人の主観的な心情に重きがおかれる」傾向があり、「経済史的な過程」も、決して「自然史的な過程」としてではなく、「人々の心の世界に分け入るという方法」で探究されている（天艸一典「柳田国男　農政学から民俗学への展開」）。「何故に農民は貧なりや」という政策的な問題の解決のために、「上代信仰の問題」、「世に隠れたる御国振り」を明らかにするという迂回路が取られる（『郷土生活の研究法』25－三二七）。あるいは、敗戦の混乱の中での「新しい社会組織が考え出されなければならぬ」という提言に、「民族の自然と最もよく調和した」（『先祖の話』10－四）という枕詞がつくのが、柳田の「経世済民」論、社会政策論の特色である。柳田の思想家としての本領は、確かにその迂回路の中にある。その回り道ゆえに、柳田の政策提言はいつもわかりにくく、実効性に乏しいものとして、政治の世界にはあまり受け入れられることがなかった（柳田の政策論の回りくどさは、敗戦後の民法改正案に対する参考人としての意見陳述「婚姻の要件、夫婦財産制及び離婚手続き」（新31－三七二～三八四）などを見るとよくわかる）。

真実在としての夢まぼろし

しかし、政策論のわかりにくさは、その前提とされる「自然」や「信仰」に関する議論があまりにも壮大であったことと表裏をなしている。柳田の社会改良論は、人間の自然性と内面性とが交錯する「夢」「まぼろし」の領域へのまなざしに裏打ちされている。

我々は、身体においては、死者たちとも、生きている他者たちとも切り離されている。また、明瞭な意識・自覚においても、個としての私であるほかはない。しかし、私の夢やまぼろしの中では他者は私の一部であり、他者の夢の中では私が彼らの一部である。柳田が固有信仰の研究に力を注いだのも、信仰というものが個人の心の問題ではなく、幻想における共同的な生の体験であると考えたからにほかならない（「信仰はたゞ個人の感得するものでは無くて、寧ろ多数の共同の事実だった」・『先祖の話』10－一一九）。柳田は、このような幻想レベルでの共同性を一つの実在として探究し、それにもとづいて現在と未来の社会組織のあり方を考えようとした。現代という時代が、フロイト学派に見られるように「夢の理論の弁証の許さる、世」である以上は、「まぼろし」を一つの実在と見て、その「歴史を推究すること」もいたずらごとではないと柳田は言う。

柳田の愛読した小説の中に、あるとき仙女の幻が現れて、こんなことを語るシーンがある。

> 知識はそらごと、空想こそはすべてです。空想したもののほか何もありはしないのです。私は空想が生んだもの。それこそあるということではありませんか。人が私の夢を見る、すると私は姿を現わします。すべてはただ夢ばかりです。ところがシルヴェストル・ボナールさん、誰もあなたの夢なぞ見る者はないのですから、あなたこそこの世にありはしないのですよ。
>
> （伊吹武彦訳『シルヴェストル・ボナールの罪』一〇一～一〇二頁）

柳田の身近にあった多くの人は、彼が「霊魂と、霊力の存在を信じて」（堀一郎「柳田国男と宗教史学」）いると感じていた。柳田自身もまた、「幽明界というものの存在をぼんやりと信じていた」（『柳田國男対談集』「日本人の道徳意識」）と語っている。幽冥思想の元祖平田篤胤は、我々が暮らす「うつし世（顕世）」は、しばしの生を受けた「寓世（かりのよ）」に過ぎず、「幽冥界」こそが人間にとって本来あるべき「本世（もとつよ）」であると述べている（『古史伝』二十三之巻、二二頁参照）。この世の生は百年に過ぎないが、「幽世（かくりよ）」の生は無窮である。この世の幸福は真の幸福ではないし、この世の不幸も真の災いではない。幽冥界の幸福こそが、真の幸福であるというのである。

この現実世界ではなく、模糊とした幽冥の境域こそが真の実在である。この平田の思想は、夢まぼろしにおける共同的な生の体験に「幸福」・「快楽」を見出す柳田の中にもおそらく受けつがれている。

真実の世界は、人が妖怪や一つ目小僧の幻覚において共有する世界の側にある。なぜならば、人間は死ぬし、文明もまた移ろい滅びていく。しかし、お化けは「どうでも居るもの」（4－二九二）と信じる人は、少なくはなっても、決して無くなることはない。人は死ぬが、お化けは死なないからである。

柳田の参加したある座談会（『柳田國男対談集』「銷夏奇談」）の中で、芥川龍之介は、維新の前に「僕の親爺の友達」が、元旦の朝本所（東京都墨田区）の空を白い鳳凰が飛ぶのを見た、という話を紹介している。これを聞いた柳田は、「それは完全な幻覚です。しかし佳い幻覚ですね。その幻覚の持てる人間が、まだそんな近い時代までおったんですかね」と感嘆している。その口吻は、シルヴェストル・ボナールから仙女の幻覚の話を聞いたガブリー夫人の反応とまるで瓜二つである。

美しい夢でございますね。そんな夢を見ようと思えば、よくよくの才がいりますわ。

（伊吹武彦訳、一〇四頁）

日本人は、ガブリー夫人の言う「よくよくの才」に恵まれた国民であったと柳田は考えている。日本人は「よく夢みる国民」（6－一四五）であり、柳田自身もまたよく夢見る人であった。

しかし、かつて人びとの「生存の興味」を賦活《ふかつ》してきたその夢見る力が、今日では次第に失われつつある。柳田は、自らの夢見る「才」を駆使して、「国民の胸を波うたせて居た、古い大きな感動」（6－一四一）を復元し、そこから逆に、近代日本の現実を捉え直すことを試みた。夢まぼろしを光源として現実を照らし出すこと、それこそが、思想家柳田國男の根本戦略だったのである。

あとがき

初めて読んだ柳田の著作は『日本の昔話』、次が『昔話と文学』である。昭和四十七年、高校二年の五月のことであった。四月に学校内のサークル「民俗学研究会」に入部し、その二冊が輪読会のテクストとなっていたはずだから、記憶に間違いはないと思う。当番に当たったとき、「隠れ里」について発表したこともよく覚えている。角川文庫版のその二冊は、今でも手元にある。

当時、萩原朔太郎『猫町』の「風景の裏側」という詩想に完全にかぶれていて、オートレース場の帰り道、薄暮の街角で山姥に会うという出だしで始まる長編散文詩を構想していた。詩作の糧にするというのが、高校ではあまり見かけない民俗学のサークルに入った動機である。しかし、もしかすると本当の理由は、そこが女子部員しかいないサークルだったからなのかもしれない。

柳田國男と聞くと、今の若い人たちの多くは、ザシキワラシや河童を思い浮かべるのではないだろうか。今や妖怪は一地方都市に若い観光客を呼び寄せる資源であり、『妖怪談義』は、世のいわゆる妖怪ファンのバイブルとさえなっている。しかし、その当時（昭和四十年代後半から五十年代にかけて）の若者たちにとっては、『遠野物語』は一つの重たい思想書であった。彼らが関心を寄せた民俗世界は、妖怪趣味の世界などではなく、「経済外強制」とか「封建遺制」といった語で示される、日本近代化過程におけるアポリアの象徴であった。農村世界は、資本主義の合理的な社会機構に消化されない一種の治外法権領域を形成しており、それが天皇制という前近代的な機構を支えている。戦前・戦後の社会主義思想家たちは、おおむねそのように考えていた。農政学者柳田が切り開いた民俗世界の研究は、そうした農村世界の持つ反近代的性格を解明するものとして期待されたのである。吉本隆明が著書『共同幻想論』において、観念形態としての国家を捉えつくすための材料として『遠野物語』を分析対象としたことも、柳田思想ブームに一層拍車をかけていた。

もっとも筆者自身は、そういった社会主義革命のシナリオとは無縁のところで柳田と付き合っていた。大学に進学し、言葉は実践的了解の自覚であるとする和辻倫理学の伝統を汲む研究室の一員となると、柳田は今度は、我々の依拠する解釈学的方法への手強い批判者として立ち現れてきた。

言葉の意味・形・用法は、一世代の間にもどんどん変化する。書物に書かれた言葉は、生活の現実と切り離され、形式となって固定化した真情のこもらない言葉である。柳田はそうした考えを、たとえば次のような形で示している。

　サヨウナラは響きの好い音だが、古い語では無い。左様という漢字に意味が無く、サヨウという日本語も元はなかった。　（『方言と昔』18―三七七）

生成変化する言葉の現場である方言の研究を根拠としたこういう発言は、たとえば「あるということ」という言葉の解釈から、人間の存在了解のあり方を導き出す解釈学的方法を根底から揺るがす衝撃的なものであった。

しかし、そうした批判は刺激として受け止めながら、個人的には相変わらず「風景の裏側」への関心から柳田の著作を読みふけっていた。幽霊はその対象に含まれないとされる「倫理」の学徒にとって、当然のように妖怪や幽霊を対象とした経済政策を展開する柳田学は、いかにも新鮮な魅力に満ちていた。「自然の背後に隠れて居る」という、萩原朔太郎のややマニアックな詩が柳田の好みであったらしいと知ったのも、妖怪の経済学に惹かれていったことの副産物である。

柳田との初めての出会いから五十年が過ぎたが、山姥の長編詩はまだ一行もできていない。しかし、柳田の「日本人生活の内に横たわった人生の詩を表現する技術」（折口信夫「柳田国男著・民謡覚書」）に刺激され続けたことで、夢を見る能力が錆びつくのだけは辛うじて食い止められている。本所の空に白い鳳凰を見るほどの才はないけれども、時計を持って走り回るウサギの夢くらいは見ることができるような気がする。

筆者の力量不足のせいで、本書の原稿は、当初の予定よりはるかに遅れてようやく完成することができた。清水書院の杉本佳子さんの励ましがなかったら、本書は本当に夢まぼろしになってしまうところだった。長い間辛抱強く原稿を待っていて下さった杉本さんには、心よりお礼を申し上げたいと思います。

ありがとうございました。

令和五年二月二十六日

菅野　覚明

参考文献

I 本文

『定本柳田國男集』
定本柳田國男集編纂委員会、全三十一巻・別巻五 ―― 筑摩書房 一九六二～一九七一
『柳田國男全集』
編集委員 伊藤幹治・後藤総一郎・宮田登・赤坂憲雄・佐藤健二・石井正己・
小田富英、全三十六巻・別巻二 ―― 筑摩書房 一九九七～（未完）
『柳田國男全集』 全三十二巻 ―― ちくま文庫 一九八九～一九九一
『文豪怪談傑作選 柳田国男集 幽冥談』 東雅夫編 ―― ちくま文庫 二〇〇七
『民間伝承論』 柳田國男 ―― 共立社 一九三四
『郷土生活の研究法』 柳田國男 ―― 刀江書院 一九三五
『日本人』 柳田国男編 ―― 毎日新聞社 一九五四
『困蟻功程』 柳田國男 『伝承文化』第五号所収 ―― 成城大学民俗学研究室 一九六六
『柳田國男農政論集』 藤井隆至編 ―― 法政大学出版局 一九七五
『柳田国男 南方熊楠 往復書簡集』 飯倉照平編 ―― 平凡社 一九七六
『柳田國男対談集』 ―― 筑摩書房 一九六四
『民俗学について 第二柳田國男対談集』 大藤時彦編 ―― 筑摩書房 一九六五
『柳田国男談話稿』 柳田為正・千葉徳爾・藤井隆至編 ―― 法政大学出版局 一九八七

対談による学者自傳「私の歩んできた道」柳田國男・問う人 堀一郎
『伝記』第一巻第六号所収 ―― 青柿堂 一九四七
「村の信仰」柳田國男 思想の科学研究会編『私の哲学』所収 ―― 中央公論社 一九五〇
座談会「民俗学の過去と将来」上・下『民間伝承』十三巻一号・二号所収 ―― 民間伝承の会 一九四九
対談「近代文学の源流をたづねて」季刊『表象』第一輯所収 ―― 日本文学美術協会 一九五八
座談会「現代文学と国語の問題」季刊『表象』第二輯所収 ―― 日本文学美術協会 一九五九
「旧派歌がたり」上・下 森直太郎筆記『季刊柳田國男研究』第七号・八号所収 ―― 白鯨社 一九七四・七五

Ⅱ 伝記、回想（単行本）

『柳田国男伝』後藤総一郎監修・柳田国男研究会編著 ―― 三一書房 一九八八
『柳田國男』牧田茂 ―― 中公新書 一九七二
『評伝 柳田國男』牧田茂編 ―― 日本書籍 一九七九
『柳田國男 民俗学への模索』岩本由輝 ―― 柏書房 一九八二
『続柳田國男 民俗学の周縁』岩本由輝 ―― 柏書房 一九八三
『柳田国男 感じたるまゝ』鶴見太郎 ―― ミネルヴァ書房 二〇一九
『柳田國男回想』臼井吉見編 ―― 筑摩書房 一九七二
『父との散歩』堀三千 ―― 人文書院 一九八〇
『柳田國男先生随行記』今野圓輔 ―― 河出書房新社 二〇二二

Ⅲ　研究論集、資料集

『柳田国男研究資料集成』第一期　後藤総一郎編　全十巻・別巻一――日本図書センター　一九八六
『柳田国男研究資料集成』第二期　後藤総一郎編　全十巻・別巻一――日本図書センター　一九八七
人と思想『柳田国男』後藤総一郎編――三一書房　一九七二
『季刊柳田國男研究』一～八号　谷川健一・伊藤幹治・後藤総一郎・宮田登編――白鯨社　一九七三～七五

Ⅳ　論文、研究書など

天艸一典「柳田国男　農政学から民俗学への展開―そのイエの認識をめぐって」『日本思想史叙説』第二集所収――ぺりかん社　一九八四
天艸一典「柳田国男　農政学から民俗学への展開―都市と農村の問題をめぐって」『季刊日本思想史』第25号所収――ぺりかん社　一九八五
有賀喜左衛門「聟入考と柳田國男」『季刊柳田國男研究』第八号所収――白鯨社　一九七五
家永三郎「柳田史学論」『現代史学批判』――和光社　一九五三
池上隆祐「柳田国男との出会い」『季刊柳田國男研究』第四号・五号所収――白鯨社　一九七三・七四
池田弥三郎・谷川健一『柳田國男と折口信夫』――思索社　一九八〇
石井正己『遠野物語の誕生』――ちくま学芸文庫　二〇〇五
石田英一郎「日本民俗学の将来―とくに人類学との関係について」『日本民俗学』第二巻第四号所収――日本民俗学会　一九五五
伊藤幹治『柳田国男　学問と視点』――潮出版社　一九七五

伊原宇三郎「紅梅」『定本柳田國男集』月報11所収　――　筑摩書房　一九六二

色川大吉『日本民俗文化大系1　柳田國男　常民文化論』　――　講談社　一九七八

岩本由輝『柳田國男の農政学』　――　御茶の水書房　一九七六

岩本由輝『もう一つの遠野物語』　――　刀水書房　一九八三

内田隆三『柳田国男と事件の記録』　――　講談社　一九九五

大藤時彦「柳田先生の学問」『心』第十五巻第十号所収　――　平凡社　一九六二

大藤時彦『柳田國男入門』　――　筑摩書房　一九七三

岡田良一郎「再たび柳田國男氏の報徳社と信用組合論を読む」『斯民』第一巻所収　――　中央報徳会一九〇六

岡茂雄『本屋風情』　――　平凡社　一九七四

岡正雄「柳田国男との出会い」『季刊柳田國男研究』創刊号所収　――　白鯨社　一九七三

岡正雄「追懐座談会記録・岡正雄氏談話」『渋澤敬三』下　――　澁澤敬三伝記編纂刊行会　一九八一

岡村民夫『柳田国男のスイス　渡欧体験と一国民俗学』　――　森話社　二〇一三

岡谷公二『柳田国男の青春』　――　筑摩書房　一九七七

小倉倉一『近代日本農政の指導者たち』　――　農林統計協会　一九五三

小倉武一「近代農政史断簡」『小倉武一著作集』第一巻　――　農山漁村文化協会　一九八二

折口信夫「柳田國男著『民謡覚書』」『東京朝日新聞』昭和十五年七月一日掲載　――　一九四〇

折口信夫「先生の学問」『折口信夫全集』第十六巻　――　中公文庫　一九七六

川田稔『柳田国男　知と社会構想の全貌』　――　ちくま新書　二〇一六

菅野覚明『神道の逆襲』　――　講談社現代新書　二〇〇一

金田一京助「雪国の春」『時事新報』昭和三年四月十八日掲載 ―― 一九二八
桑原武夫「遠野物語から」『文学界』第四巻第七号所収 ―― 文藝春秋 一九三七
後藤総一郎『柳田国男論』 ―― 恒文社 一九八七
後藤総一郎監修『註釈遠野物語』 ―― 筑摩書房 一九九七
小林秀雄「信ずることと知ること」『考えるヒント3』 ―― 文春文庫 一九七六
小松和彦「柳田民俗学の現代的蘇生」『経済セミナー』二四七号所収 ―― 日本評論社 一九七五
櫻井徳太郎「柳田国男の祖先観」上・下『季刊柳田國男研究』第七・八号所収
―― 白鯨社 一九七四・七五
佐藤健二『柳田国男の歴史社会学』 ―― せりか書房 二〇一五
澁澤龍彦『思考の紋章学』 ―― 河出書房新社 一九七七
周作人「遠野物語」『周作人文芸随筆抄』 ―― 冨山房 一九四〇
鈴木満男「盆にくる霊」『民族学研究』第三十七巻第三号所収 ―― 日本民族学会 一九七二
住谷一彦「楕円的思想体系」『季刊柳田國男研究』第八号所収 ―― 白鯨社 一九七五
関敬吾「日本民俗学の歴史」『日本民俗学大系2　日本民俗学の歴史と課題』 ―― 平凡社 一九五八
高藤武馬『ことばの聖―柳田國男先生のこと』 ―― 筑摩書房 一九八三
谷川健一「山人と平地人―ある挫折と転向」『現代思想』第三巻第四号所収 ―― 青土社 一九七五
谷川健一『柳田国男の民俗学』 ―― 岩波新書 二〇〇一
谷沢永一「『時代ト農政』前後」『国語と国文学』第三十九巻第十二号 ―― 明治書院 一九六二
千葉徳爾『柳田國男を読む』 ―― 東京堂出版 一九九一
鶴見和子「われらのうちなる原始人」『思想の科学』別冊1所収 ―― 思想の科学研究会 一九六九

鶴見和子「解説」『近代日本思想大系』第十四巻 ―― 筑摩書房 一九七五
東京書籍株式会社社史編集委員会『近代教科書の変遷―東京書籍七十年史』―― 東京書籍 一九八〇
東畑精一「農政学者としての柳田国男」『文学』第二十九巻第一号所収 ―― 岩波書店 一九六一
長崎健吾「故郷と未来」『群像』第七十三巻第十二号所収 ―― 講談社 二〇一八
中村哲『柳田国男の思想』上・下 ―― 講談社学術文庫 一九七七
南江二郎「柳田國男氏に」『民俗芸術』第二巻第十一号所収 ―― 民俗芸術の会 一九二九
野沢虎雄「柳田国男との出会い」『季刊柳田國男研究』第七号所収 ―― 白鯨社 一九七四
橋浦泰雄「柳田国男との出会い」『季刊柳田國男研究』第二号所収 ―― 白鯨社 一九七三
橋川文三『柳田国男　その人間と思想』―― 講談社学術文庫 一九七七
花田清輝「柳田国男について」『近代の超克』―― 未来社 一九五九
福田アジオ「民俗学にとって何が明晰か」『季刊柳田國男研究』第五号所収 ―― 白鯨社 一九七四
福田アジオ「柳田国男の民俗学研究と危機意識」シンポジウム1　柳田国男の現代的意義『社会思想史研究』一九号所収 ―― 北樹出版 一九九五
藤井隆至『柳田國男　経世済民の学』―― 名古屋大学出版会 一九九五
藤村安芸子「風景と人生―柳田国男の紀行文をめぐって」『季刊日本思想史』第六十二号所収 ―― ぺりかん社 二〇〇二
藤原辰史「官僚文学論―『遠野物語』の報告書的性格について」『現代思想』第五十巻第八号所収 ―― 青土社 二〇二二
古川哲史「思い出」『定本柳田國男集』月報26所収 ―― 筑摩書房 一九六四
堀一郎「柳田國男と宗教史学」『国文学―解釈と教材の研究』第十八巻第一号所収 ―― 学燈社 一九七三

堀三千「思い出すことなど」『定本柳田國男集』月報25所収 ―― 筑摩書房 一九六四
益田勝実「『炭焼日記』存疑」『民話』第十四・十五・十七号所収 ―― 民話の会 一九五九〜六〇
益田勝実「解説　柳田国男の思想」『現代日本思想大系29』 ―― 筑摩書房 一九六五
松村武雄「柳田國男氏に」『旅と伝説』第三巻第五号所収 ―― 三元社 一九三〇
丸山久子「終戦のころ」『定本柳田國男集』月報28所収 ―― 筑摩書房 一九六四
三島由紀夫「柳田国男『遠野物語』」『読売新聞』昭和四十五年六月十二日掲載 ―― 一九七〇
三島由紀夫『小説とは何か』 ―― 新潮社 一九七二
宮田登『新版　日本の民俗学』 ―― 講談社学術文庫 一九八五
宮本常一「民俗学への道」『宮本常一著作集1』 ―― 未来社 一九六八
柳田為正「父を語る」『季刊柳田國男研究』第八号所収 ―― 白鯨社 一九七五
吉本隆明『共同幻想論』 ―― 河出書房新社 一九六八
吉本隆明『柳田国男論・丸山真男論』 ―― ちくま学芸文庫 二〇〇一
和歌森太郎「柳田国男著『明治大正史・世相篇』」『朝日新聞』昭和三十五年九月九日掲載 ―― 一九六〇
和歌森太郎「柳田國男先生を訪ねて」『日本民俗学会報』第二十二号 ―― 日本民俗学会 一九六一
和辻哲郎「日本民俗学の創始者」『日本民俗学のために』第一輯所収 ―― 民間伝承の会 一九四七

V　その他

東雅夫『百物語の怪談史』 ―― 角川ソフィア文庫 二〇〇七
安藤更生『銀座細見』 ―― 中公文庫 一九七七
家永三郎『津田左右吉の思想史的研究』 ―― 岩波書店 一九七二

石川啄木「千九百十二年日記」『石川啄木全集』第六巻 ―― 筑摩書房 一九六七
石川理紀之助『適産調要録』『明治大正農政経済名著集14』 ―― 農山漁村文化協会 一九七六
石田英一郎編『シンポジウム 日本国家の起源』 ―― 角川文庫 一九七二
井上圓了『妖怪学』第一巻 ―― 巧人社 一九三三
宇野弘蔵『増補 農業問題序論』『宇野弘蔵著作集』第八巻 ―― 岩波書店 一九七四
エッゲルト、ウドー『日本振農策』『明治大正農政経済名著集3』 ―― 農山漁村文化協会 一九七五
江藤淳『落葉の掃き寄せ――敗戦・占領・検閲と文学』 ―― 文藝春秋 一九八一
大西伍一『改訂増補 日本老農伝』 ―― 農山漁村文化協会 一九八五
河上肇『貧乏物語』 ―― 岩波文庫 一九四七
河上肇『日本農政学』『明治大正農政経済名著集6』 ―― 農山漁村文化協会 一九七七
菅野覚明「石川理紀之助」『月刊武道』六四四号所収 ―― 日本武道館 二〇二〇
阪本是丸『国家神道形成過程の研究』 ―― 岩波書店 一九九四
笹森儀助『南嶋探験』1・2『東洋文庫』411・428 ―― 平凡社 一九八二・八三
佐藤寛次『産業組合講話』『明治大正農政経済名著集11』 ―― 農山漁村文化協会 一九七六
須々田黎吉「斎藤萬吉の人となり」『明治大正農政経済名著集9』月報所収 ―― 農山漁村文化協会 一九七六
田山花袋『妻』 ―― 新潮文庫 一九五二
津田真道「天狗説」(『明六雑誌』第十四号)『明治文化全集 第五巻 雑誌篇』所収 ―― 日本評論社 一九二八
中村吉治「歴史と私・農民史への出発」『歴史手帖』第四巻十二号所収 ―― 名著出版 一九七六

新渡戸稲造『農業本論』『明治大正農政経済名著集7』――農山漁村文化協会　一九七六
新渡戸稲造「地方の研究」『随想録』――タチバナ教養文庫　二〇〇二
野呂栄太郎『日本資本主義発達史』――岩波文庫　一九五四
ハイネ、ハインリヒ『流刑の神々・精霊物語』小沢俊夫訳――岩波文庫　一九八〇
バーク、エドマンド『フランス革命についての諸考察』水田洋ほか訳
『世界大思想全集11』――河出書房　一九五七
平泉澄『国史学の骨髄』――至文堂　一九三二
平泉澄「神道の眼目」『平泉澄博士神道論抄』――錦正社　二〇一四
平田篤胤『古今妖魅考』鷲尾順敬編『日本思想闘諍史料』第九巻――東方書院　一九三〇
平田篤胤『古史傳』二十三之巻『平田篤胤全集』第三巻――内外書籍　一九三三
平田篤胤『霊の真柱』『日本思想大系50』――岩波書店　一九七三
平田篤胤『仙境異聞　勝五郎再生記聞』――岩波文庫　二〇〇〇
平田東助『産業組合法要義』『明治大正農政経済名著集4』――農山漁村文化協会　一九七七
広沢吉平「佐藤寛次先生の思い出」
『明治大正農政経済名著集11』月報所収――農山漁村文化協会　一九七六
フランス、アナトール『白き石の上にて』権守操一訳
『アナトオル・フランス長編小説全集』第十一巻――白水社　一九五〇
フランス、アナトール『シルヴェストル・ボナールの罪』伊吹武彦訳――岩波文庫　一九七五
マイエット、パウル『日本農民ノ疲弊及其救治策』『明治大正農政経済名著集3』
――農山漁村文化協会　一九七五

松浦静山『甲子夜話』1・5『東洋文庫』306・338 ―――― 平凡社 一九七七・七八
宮地正人『日露戦後政治史の研究 帝国主義形成期の都市と農村』―――― 東京大学出版会 一九七三
向井清史『沖縄近代経済史 資本主義の発達と辺境地農業』―――― 日本経済評論社 一九八八
山折哲雄・佐藤正英・宮田登監修『宮負定雄幽冥界秘録集成』―――― 八幡書店 一九九四
山本瀧之助『地方青年団体』―――― 洛陽堂 一九〇九
横井時敬『第壹農業時論』『明治大正農政経済名著集17』―――― 農山漁村文化協会 一九七六
横井時敬『農村行脚三十年』『明治大正農政経済名著集17』―――― 農山漁村文化協会 一九七六

人名さくいん

あ　行

か　行

さ　行

た　行

な　行

は　行

ま 行

や 行

ら 行

わ 行

柳田國男年譜

西暦・元号	年齢	できごと
1875（明治８）	1	７月31日、兵庫県神東郡田原村辻川に、松岡操・たけ夫妻の六男として誕生。
1877（明治10）	3	12月、兄泰蔵、井上家の養子となり、通泰と改名。
1878（明治11）	4	５月、弟静雄（のちに海軍大佐）誕生。
1879（明治12）	5	春、辻川の昌文小学校に入学。
1881（明治14）	7	７月、弟輝夫（のちに日本画家、映丘と号す）誕生。
1883（明治16）	9	この年、昌文小学校を卒業。河西郡北条町の高等小学校に入学。
1884（明治17）	10	冬、一家は北条町に移転。
1885（明治18）	11	この年、高等小学校を卒業。卒業後約一年間、辻川の蔵書家三木氏に預けられる。
1887（明治20）	13	２月、長兄鼎、茨城県北相馬郡布川町で医院を開業。 ８月末、兄井上通泰に伴われて上京。 ９月、布川の長兄のもとに預けられる。
1889（明治22）	15	９月、両親と二弟が布川の長兄宅に同居。 11月、『しがらみ草紙』第二号に短歌一首が掲載される。
1890（明治23）	16	冬、上京して兄井上通泰宅に同居。この頃文学に志し、通泰の紹介で森鷗外のところに出入りする。
1891（明治24）	17	この年、開成中学校に編入学。 ６月、桂園派の歌人松浦萩坪に入門、田山花袋と知り合う。
1892（明治25）	18	この年、郁文館中学校に転校、進級する。
1893（明治26）	19	２月、長兄一家が千葉県南相馬郡布佐町に移住。 ５～11月、笹森儀助が南西諸島を巡回調査。 ９月、第一高等中学校入学。寄宿舎に入る。
1895（明治28）	21	11月、『文学界』に筆名を使って新体詩を発表。この頃、島崎藤村と出会う。
1896（明治29）	22	７月、母たけ死去（57歳）。 ９月、父操が急死（65歳）。 11月、田山花袋とともに国木田独歩を訪問。
1897（明治30）	23	４月、宮崎八百吉編『抒情詩』刊（柳田の詩集『野辺のゆきゝ』を収録）。 ７月、第一高等学校卒業。 ９月、東京帝国大学法科大学政治科に入学。
1898（明治31）	24	夏、渥美半島の伊良湖崎に約1ヵ月間滞在。海岸で漂着物の中に椰子の実を見出す。

1900(明治33)	26	３月、産業組合法公布・施行。 ７月、東京帝国大学卒業、農商務省に入省。
1901(明治34)	27	２月、製糸業視察のため、群馬県に初めての出張旅行。 ５月、柳田直平・琴夫妻の養嗣子として入籍。 10月、早稲田大学で農政学の講義を開始。 11〜12月、長野に講演旅行。帰途、島崎藤村を訪ねる。
1902(明治35)	28	１月、社会政策学会の鉱毒事件調査委員となる。 ２月、内閣法制局参事官に任官。 ９月、専修学校で農業政策学の講義を開始。 12月、『最新産業組合通解』刊。
1903(明治36)	29	２月、徴兵検査のために浅草に寄留、検査結果は丙種。 11月、全国農事会の嘱託幹事となる。
1904(明治37)	30	３月、捕獲審検所検察官となる。 ４月、婚約中の柳田直平四女孝（19歳）と結婚。 この年、岐阜県・奥美濃で山番の老人が実子二人を殺害（柳田が法制局で扱った特赦事案）。
1905(明治38)	31	１月、奈良県農会主催の産業組合講習会で講演。 ９月、『新古文林』誌に「幽冥談」を発表。
1906(明治39)	32	３月、奥美濃で実子を殺害した老人が特赦で仮出獄。 ８月〜10月、東北・北海道・樺太を視察旅行。
1907(明治40)	33	２月、第１回のイプセン会。
1908(明治41)	34	５〜８月、九州旅行（『後狩詞記』の旅）。 10月、「戊申詔書」発布。 11月、水野葉舟が遠野の佐々木喜善を伴って来訪。
1909(明治42)	35	２月、長女三穂誕生。 ３月、『後狩詞記』を自家出版。 ５月〜７月、木曽・飛騨・北陸を視察旅行（『北国紀行』の旅）。 ８月、遠野へ旅行。
1910(明治43)	36	８月、韓国併合に関する法案作成に当たる。 12月、新渡戸稲造宅で郷土会を創立。 この年、『石神問答』『遠野物語』『時代ト農政』刊。
1911(明治44)	37	６月、韓国併合の功により勲五等瑞宝章を授与される。 12月、『新小説』誌に「己が命の早使ひ」発表。
1912(明治45・大正1)	38	１〜５月、『斯民』誌に「塚と森の話」を連載。 ４月、フレイザー『金枝篇』を読み始める。 ９月、次女千枝誕生。明治天皇の大喪の儀に奉仕。
1913(大正２)	39	３月、雑誌『郷土研究』を創刊。 12月、和歌山県田辺に南方熊楠を訪問。

1914(大正３)	40	４月、貴族院書記官長となり、官舎に入る。
1915(大正４)	41	５月、長男為正誕生。 10〜11月、大正天皇の大礼に奉仕。
1917(大正６)	43	３月、三女三千誕生。『郷土研究』休刊。 ３〜６月、台湾、中国、朝鮮を旅行。
1919(大正８)	45	１月、四女千津誕生。 ５月、九州旅行。途次、長崎で菊池寛、芥川龍之介と会う。12日、議員宿舎火災の報を聞き帰京。 12月、貴族院書記官長を辞任。
1920(大正９)	46	５月頃、農政関係の蔵書を帝国農会に寄贈。 ６月、佐渡旅行。 ８月、朝日新聞社客員となる。９月にかけて東北旅行(『雪国の春』の旅)。 10〜11月、中部・関西・中国地方を旅行（『秋風帖』の旅)。 12月、九州・沖縄の旅に出発（『海南小記』の旅)。
1921(大正10)	47	２月、首里に尚順男爵を訪問、宝貝のコレクションを見る。国際連盟委任統治委員就任を受諾。 ７月、ジュネーブに到着。 ９月、国際連盟総会に出席。 10月、第一回委任統治委員会開会。 12月、帰国。
1922(大正11)	48	４月、第一回南島談話会開催。 ６月、再度渡欧。委任統治委員会終了後、ジュネーブの下宿で年を越す。この間、欧州各地を旅行。
1923(大正12)	49	１月〜３月、イタリア旅行。 ４月〜５月、ジュネーブ大学で講義を聴講。 ７〜８月、委任統治委員会出席。 ９月２日、ロンドンで関東大震災の報に接す。 11月８日、横浜に帰着。10日、「国民精神作興に関する詔書」発布。 12月、国際連盟委任統治委員を辞任。
1924(大正13)	50	２月、吉野作造とともに朝日新聞社論説委員となる。吉野とともに、講演会講師を務める。 ４月、内ヶ崎作三郎の選挙応援演説で宮城県下を回る。慶應義塾大学文学部講師となり、民間伝承を講義（昭和４年３月まで)。
1925(大正14)	51	４月、『海南小記』刊。 11月、雑誌『民族』創刊。

1926(大正15・昭和１)	52	２月、吉右衛門会発会。 11月、『山の人生』刊。
1927(昭和２)	53	２月、『随筆』誌に「サン・セバスチャン」発表。 ４～７月、『人類学雑誌』に「蝸牛考」を連載。 ４～10月、『アサヒグラフ』誌に「方言と昔」を連載。 ５月、芥川龍之介らと座談会（「銷夏奇談」)。 ８月末、東京府北多摩郡砧村に書斎・書庫兼別宅が完成。
1928(昭和３)	54	２月、『雪国の春』刊。 ３月、東京帝国大学史学会で「婚姻制の考察」を講演。 ４月、『青年と学問』刊。 ９月頃、岡正雄、砧村の柳田邸を出る。
1929(昭和４)	55	３月、『都市と農村』刊。 ４月、『民族』誌休刊。 ７月、民俗学会設立、柳田は不参加。
1930(昭和５)	56	11月、朝日新聞社論説委員を辞任。
1931(昭和６)	57	１月、『明治大正史・世相篇』刊。 ８月、神宮皇學館で郷土史研究法を講義。 12月、『日本農民史』刊。
1932(昭和７)	58	１月、養母柳田琴死去。 ７月、民俗学会大会で「フオクロアの蒐集と分類」を講演。 12月、養父柳田直平死去。
1933(昭和８)	59	９月、自宅で民間伝承論の講義を開始。
1934(昭和９)	60	１月、第一回木曜会開催。長兄松岡鼎死去。 ４月、自宅書斎に郷土生活研究所を設立。 この年、『一目小僧その他』『民間伝承論』刊。
1935(昭和10)	61	２月、「国史と民俗学」(『岩波講座日本歴史』17) 発表。 ７～８月、日本青年館で日本民俗学講習会開催、期間中に民間伝承の会の設立がきまる。 ８月、『郷土生活の研究法』刊。 ９月、雑誌『民間伝承』創刊。
1936(昭和11)	62	５月、弟松岡静雄死去。
1937(昭和12)	63	１月、東京の丸の内ビルディングで日本民俗学講座開催。 ５～10月、東北帝国大学、京都帝国大学で日本民俗学を講義。
1938(昭和13)	64	３月、弟松岡輝夫（映丘）死去。
1939(昭和14)	65	５月、国民学術協会発会式に出席。 ６月、東京帝国大学倫理研究会で講演。 この年、『木綿以前の事』『国語の将来』『孤猿随筆』刊。

1940(昭和15)	66	10月、日本方言学会創立、初代会長となる。 この年、『食物と心臓』『民謡覚書』『妹の力』『野鳥雑記』など刊。
1941(昭和16)	67	1月、第十二回朝日文化賞を受賞。 6月、東京帝国大学で「日本の祭」を講義。 8月、兄井上通泰死去。
1942(昭和17)	68	2月、次女赤星千枝死去。 3月、国民学術協会理事に就任。 この年、『菅江真澄』『方言覚書』『日本の祭』刊。 また、折口信夫らとたびたび連句の会を催す。
1943(昭和18)	69	4月、『神道と民俗学』刊。 7月、長野県松本の国民学校で氏神の話をする。 11月、原町田で陸川某老人に会う。この老人の「先祖になる」という言葉が『先祖の話』の材料となる。
1944(昭和19)	70	5月、国際電気通信講習所で「先祖の話」をする。 10月、民間伝承の会の主催で古稀記念会が開かれる。同月、神祇院で「敬神と祈願」を講話。 11月、『先祖の話』の執筆を開始。同月26日をもって木曜会は中断。
1945(昭和20)	71	3月、硫黄島守備隊玉砕、折口春洋戦死。 5月、長男為正に召集令状(8月30日復員)。 8月15日、日記に「十二時大詔出づ、感激不止」と記す。 9月、『村と学童』刊。同月9日、木曜会再開。
1946(昭和21)	72	7月、枢密顧問官となる(～昭和22年5月)。 この年、『笑の本願』『先祖の話』『毎日の言葉』『家閑談』『祭日考』など刊。
1947(昭和22)	73	3月、木曜会を発展解消、民俗学研究所を設置。 4月、共産党機関紙『赤旗』の「私は共産党へ投票する」欄で、参議院議員候補の中野重治を推薦する。 7月、芸術院会員となる。 この年、『口承文芸史考』『山宮考』『氏神と氏子』など刊。
1948(昭和23)	74	5月、東京書籍株式会社の国語検定教科書監修を受諾。 この年、『西は何方』『婚姻の話』など刊。
1949(昭和24)	75	2月、国立国語研究所評議員に任命される。 3月、学士院会員となる。 4月、日本民俗学会発足、初代会長となる。 この年、『北小浦民俗誌』など刊。

1950(昭和25)	76	7月、國學院大学教授就任を受諾。 10～11月、折口信夫と関西旅行。
1951(昭和26)	77	1月、民俗学研究所編『民俗学辞典』刊。 4月、朝日新聞社有志主催による下村海南、長谷川如是閑、柳田國男三翁喜寿祝賀会開催。 11月、第十回文化勲章を受章。
1952(昭和27)	78	5月、九学会連合大会で、「海上生活の話」と題して特別講演。これが論文「海上の道」の原型となる。
1953(昭和28)	79	2月、国立国語研究所評議会会長となる。 9月、折口信夫死去。 11月、折口信夫追悼会で「根の国とニルヤのこと」を講演。
1954(昭和29)	80	10月、日本民俗学会主催の80歳の祝賀会開催。
1955(昭和30)	81	12月、民俗学研究所理事・代議員会で、研究所は解散すべしと発言する。
1956(昭和31)	82	12月、『妖怪談義』刊。
1957(昭和32)	83	2月、国立国語研究所評議員会長、及び評議員を辞任。 3月、NHK放送文化賞を受賞。 4月、民俗学研究所代議員会が研究所閉鎖を正式決定。
1958(昭和33)	84	11月、『炭焼日記』刊。
1959(昭和34)	85	11月、『故郷七十年』刊。
1960(昭和35)	86	5月、國學院大学教授を辞任。 9月、東京書籍の教科書監修を辞退。
1961(昭和36)	87	7月、『海上の道』刊。 9月、筑摩書房と『定本柳田國男集』の出版許可契約を締結。
1962(昭和37)	88	5月、日本民俗学会主催の米寿祝賀会開催。 8月8日、心臓栓塞のため死去。享年88歳。戒名は永隆院殿顕誉常正明國大居士。 8月12日、青山斎場で、日本民俗学会葬として仏式で葬儀が執り行われる。 9月11日、川崎市生田の春秋苑墓地に埋葬される。

柳田國男■人と思想199　　定価はカバーに表示

2023年 9 月25日　第 1 刷発行Ⓒ
2024年 1 月25日　第 2 刷発行

・著　者 ………………………………… 菅野《かんの》　覚明《かくみょう》
・発行者 ………………………………… 野村　久一郎
・印刷所 ………………………………… 広研印刷株式会社
・発行所 ………………………………… 株式会社　清水書院

検印省略
落丁本・乱丁本は
おとりかえします。

〒102-0072　東京都千代田区飯田橋3-11-6
Tel・03(5213)7151～7
振替口座・00130-3-5283
http://www.shimizushoin.co.jp

CenturyBooks

Printed in Japan
ISBN978-4-389-42199-1

Century Books

清水書院の〝センチュリーブックス〟発刊のことば

近年の科学技術の発達は、まことに目覚ましいものがあります。月世界への旅行も、近い将来のこととして、夢ではなくなりました。しかし、一方、人間性は疎外され、文化も、商品化されようとしていることも、否定できません。

いま、人間性の回復をはかり、先人の遺した偉大な文化を継承して、高貴な精神の城を守り、明日への創造に資することは、今世紀に生きる私たちの、重大な責務であると信じます。

私たちがここに、「センチュリーブックス」を刊行いたしますのは、人間形成期にある学生・生徒の諸君、職場にある若い世代に精神の糧を提供し、この責任の一端を果たしたいためであります。

ここに読者諸氏の豊かな人間性を讃えつつご愛読を願います。

一九六七年

清水 雄山

SHIMIZU SHOIN